Hinschauen!

Geschlecht, Rechtspopulismus, Rituale
Systemische Probleme oder individuelles Fehlverhalten?

8. Workshop des Arbeitskreises „Innere Führung im Einsatz" 2017

Herausgegeben von Angelika Dörfler-Dierken

Mit einem Geleitwort des Evangelischen Militärbischofs

Hinschauen!

Geschlecht, Rechtspopulismus, Rituale

Systemische Probleme
oder
individuelles Fehlverhalten?

8. Workshop des Arbeitskreises
„Innere Führung im Einsatz" 2017

Herausgegeben von
Angelika Dörfler-Dierken

Mit einem Geleitwort des
Evangelischen Militärbischofs

2019

Carola Hartmann Miles-Verlag

Bibliografische Information der Deutschen Nationalbibliothek

Die Deutsche Nationalbibliothek verzeichnet diese Publikation in der Deutschen Nationalbibliografie; detaillierte bibliografische Daten sind im Internet über www.dnb.de abrufbar.

© 2019 Carola Hartmann Miles-Verlag

www.miles-verlag.jimdo.com

email: miles-verlag@t-online.de

Herstellung: Books on Demand, Norderstedt

Titelbild: Bundeswehr

Printed in Germany

ISBN 978-3-945861-83-7

Inhalt

Geleitwort

Nicht zufällig vereinen sich die Autokraten dieser Erde im Kampf gegen freie Berichterstattung. Was unredlich ist, scheut das Licht der Öffentlichkeit – und umgekehrt bewahrt kritische öffentliche Aufmerksamkeit Mächtige vor Schritten, die sie nur zu gerne gehen wollten. Hinschauen wirkt.

Transparenz, öffentliche Kritik, letztlich: Wahrheit – das macht frei.

Die Bundeswehr ist dadurch ausgezeichnet – weniger: gekennzeichnet! –, dass sie immer wieder Gegenstand kritischer Berichterstattung und Untersuchung wird. Defizitäre Ausstattung, schlechte Ausbildung, Mängel in der Führungskultur, alles dies gibt es fraglos in jeder Armee der Welt. Wo darüber öffentlich gesprochen wird, ist jedoch nicht die reale Lage besonders schlimm, sondern vielmehr die Hilfe am nächsten. Man muss kein fundamentalistischer Gegner des Militärs sein, um der Auffassung beizupflichten, dass Hierarchie und das Prinzip von Befehl und Gehorsam das Entstehen intransparenter Geflechte begünstigen. Auch in der Bundeswehr herrscht an manchen Stellen noch eine unaufgeklärte Fehlerkultur vor, die Vertuschung und Schönfärberei fördert und unterstellten Soldatinnen und Soldaten zum Schaden gerät.

Das Bewundernswerte an der Führungsphilosophie der Bundeswehr, wie wir sie mit den Schlagworten „Staatsbürger in Uniform" und „Innere Führung" belegen, ist, dass von der Entstehungsphase der westdeutschen Nachkriegsarmee an konsequent zivile, bürgerschaftlich-kritische Elemente in das militärische Gefüge integriert wurden. Der demokratische Rechtsstaat Bundesrepublik Deutschland wollte, aus der Katastrophe damals „jüngster" Vergangenheit belehrt, einem eigengesetzlichen „Staat im Staate" vorbauen und seine neue Militärorganisation an demokratisch-partizipatorische Normen binden.

Dies hatte seine Vorgeschichte. In ihrem Gothaer Programm von 1875 proklamierten die Sozialdemokraten „allgemeine Wehrhaftigkeit", nahmen die Landesverteidigung – ganz im Sinne der Französischen Revolution – dem militaristischen Obrigkeitsstaat aus der Hand. Eine „Volkswehr" sollte an die Stelle der stehenden Heere treten, in der das autoritäre Gefälle von Vorgesetzten und Untergebenen durch staatsbürgerliche Beteiligung überwunden werden sollte. 1918/1919 machten die besonnenen Revolutionäre sich diesen Ansatz zu eigen – scheiterten aber, mit den bekannten Folgen, eingeschlossen den moralischen Bankrott einer Wehrmachtsführung, die ihr Millionenheer sehenden Auges ins Verderben befahl.

Nach 1945 nun kam es zwar nicht zur radikalen Demokratisierung der neuen Bundeswehr, doch erhielten deutsche Soldaten fortan Beteiligungs- und Einspruchsrechte, wie sie auch in der westlichen Hemisphäre ihresgleichen suchen. Leitstern der Führungsphilosophie der Bundeswehr ist die Menschenwürde. Was das Grundgesetz als oberste Verpflichtung allen staatlichen Handelns festschreibt, soll durch unsere Armee nicht nur nach außen verteidigt, sondern im Innern geschützt und gepflegt werden. Dies setzt Vorgesetztenwillkür und gruppendynamischer Kameraderie energisch Grenzen.

Die deutsche Nachkriegsdemokratie nahm sich der militärischen Ordnung deshalb so nachdrücklich an, weil sie – zu Recht, da historisch sensibilisiert – die Eigengesetzlichkeit einer hierarchisch gegliederten totalen Gemeinschaft fürchtete und aus der inneren Gärung des Militärapparates heraus mögliche Bedrohungen demokratischer Grundregeln heraufziehen sah. Wo Macht nicht kontrolliert wird, führt sie in Versuchung.

Insgesamt hat die Bundeswehr in über sechzig Jahren den „Demokratie-Test" sicherlich mit Bravour bestanden. Daraus abzuleiten, die Bundeswehr verdiene heute und in Zukunft kein kritisch-rechtsstaatliches Augenmerk mehr, wäre indes zumindest naiv. Die Beiträge dieses wichtigen Bandes belegen das vielfältig.

Es kann gar nicht genug betont werden: Wer Missstände kritisiert, handelt loyal. Wer hingegen „Nestbeschmutzung" verunglimpft, Korpsgeist anmahnt und das Hinschauen unterbindet, trägt komplizenhaft zur Verfestigung schlechter Verhältnisse bei.

Die Militärseelsorge ist in ihrem von staatlicher Weisung unabhängigen Status eine Zwillingsschwester der Inneren Führung. Unser Auftrag ist, jedem einzelnen Staatsbürger in Uniform ein herausfordernd-kritischer Gesprächspartner zu sein, im Licht des Evangeliums Menschen zu eigenverantwortlichem Handeln zu ermutigen und so zum Gedeihen von Staat und Armee beizutragen. Schmiermittel im militä-

rischen Getriebe und Claqueure sind wir nicht, eher Stein des Ansto-
ßes und fragender Partner, damit der Einzelne seine Eigenheit bewahren kann. Mit den Worten Wolf Graf Baudissins erinnert die Militärseelsorge den an Befehl und Gehorsam gebundenen Soldaten daran,
dass er „noch einen anderen Herrn hat". Schon dies macht jede Tota-
lisierung hierarchischer Macht unmöglich.

Dass Wahrheit frei macht, ist ein Kernsatz der biblischen Botschaft
(Johannes 8,32). Wahrheit gibt es auf der Erde aber niemals ohne die
Bereitschaft zu kritischem Hinschauen und zum Konflikt.

So danke ich allen Mitarbeitenden dieses Bandes sehr herzlich für
ihren Einsatz und hoffe, dass das Buch in der demokratischen Öffentlichkeit und in „der Truppe" die Aufnahme findet, die ihm ge-
bührt. Denn Hinschauen wirkt.

Berlin, im Oktober 2018

Dr. Sigurd Rink
Bischof für die evangelische Seelsorge in der Bundeswehr

Vorwort
Angelika Dörfler-Dierken

Am 26. Oktober 2017 fand am Zentrum für Militärgeschichte und Sozialwissenschaften der Bundeswehr (ZMSBw) der 8. Workshop des Arbeitskreises „Innere Führung im Einsatz" statt. Dieser in Zusammenhang mit Diskussionen um das veränderte Berufsprofil von Soldatinnen und Soldaten an der Helmut-Schmidt-Universität / Universität der Bundeswehr in Hamburg entstandene Kreis von Wissenschaftlerinnen und Wissenschaftlern sowie Soldaten in Führungsverantwortung diskutiert aktuelle Fragen mit Bezug auf die Führungskonzeption der Bundeswehr, die Innere Führung und das Leitbild des Staatsbürgers in Uniform. Die grundlegenden Vorschriften A 2600 / 1 *Innere Führung. Selbstverständnis und Führungskultur der Bundeswehr* sowie die A 2-2530/0-0-1 *Lebenskundlicher Unterricht,* der vorsieht, dass Soldatinnen und Soldaten *Selbstverantwortlich leben und Verantwortung für andere übernehmen können,* geben klare Verhaltensleitlinien vor und sollten in der Bundeswehr allgemein bekannt sein. Die Vorschriften zur Politischen und zur Historischen Bildung in der Bundeswehr sowie der in diesem Jahr veröffentlichte und breit diskutierte Traditionserlass zeugen davon, dass die politische Leitung und die militärische Führung Regelungsbedarf sehen.

Auch die Jahresberichte des Wehrbeauftragten des Deutschen Bundestages zeigen immer wieder, dass die Grundsätze der Inneren Führung wohl nicht so tief internalisiert sind, wie es nötig wäre. Sowohl im Grundbetrieb in der Heimat wie auch im Auslandseinsatz werden alljährlich viele Verstöße gegen die Grundsätze der Inneren Führung offenbar – die Arbeit ist dem Wehrbeauftragten noch nie ausgegangen. Deshalb entstand der Wunsch zu verstehen, ob es möglicherweise systemische Konstellationen gibt, die dazu beitragen, dass in der Bundeswehr immer wieder Probleme bekannt werden, besonders in den Bereichen Geschlecht, Rechtspopulismus und Ritual. Im Bericht des Wehrbeauftragten für das Jahr 2017 findet sich mehrfach die Aufforderung, hinzuschauen, vorhandene Probleme in den Blick zu nehmen und mit den vorhandenen Instrumenten für Abhilfe zu sorgen.

Der Begriff Hinschauen konnte so zum Leitbegriff des Workshops und des nun vorliegenden Sammelbandes werden.

In den letzten Jahren tagte der Arbeitskreis „Innere Führung im Einsatz", begründet und maßgeblich geprägt von Prof. Dr. Kai Uwe Hellmann / TU Berlin, an verschiedenen Orten in Hamburg, Berlin und Potsdam. In die Vorbereitungen einbezogen waren als Mitveranstalter Prof. Dr. Angelika Dörfler-Dierken vom Zentrum für Militärgeschichte und Sozialwissenschaften der Bundeswehr / Universität Hamburg sowie der Berliner Soziologe und Kommunikationswissenschaftler PD Dr. Dierk Spreen. Der (bewusst doppeldeutige) Titel dieser Workshop-Reihe „Innere Führung im Einsatz" zielt einerseits auf den Umstand, dass die Bundeswehr zu einer Einsatzarmee geworden ist; er zielt andererseits auf die Tatsache, dass Innere Führung zwar in Zentralen Dienstvorschriften festgeschrieben und rechtlich verbindlich geregelt, dass sie aber nicht der soldatischen, politischen und gesellschaftlichen Diskussion enthoben ist, sondern vielmehr im Gespräch zwischen Bundeswehr, Politik und Gesellschaft angeeignet und weiterentwickelt werden muss.

Das achte Treffen des Arbeitskreises Innere Führung im Einsatz am 26. Oktober 2017 trug den auffordernden und mahnenden Titel „Hinschauen!", um sich mit den politischen, sozialen und organisationalen Herausforderungen für die Führung der Bundeswehr zu beschäftigen, die in den Monaten zuvor offensichtlich geworden waren. Der Workshop war hochkarätig besucht – die Fragen der Organisationssteuerung treiben viele Verantwortliche in der Bundeswehr um und laden ein zu kontroversen Diskussionen.

Die Vortragenden beim Workshop „Hinschauen!" haben ihre Beiträge für diese Veröffentlichung zur Verfügung gestellt. Darüber freue ich mich sehr und danke ihnen allen ganz herzlich dafür, denn das Themenfeld Geschlecht, Rechtspopulismus und Ritual, dessen sie sich angenommen haben, ist für die Bundeswehr von hoher Aktualität. Die Vielzahl und Unterschiedlichkeit der in diesem Sammelband abgebildeten Perspektiven ist unmittelbar inspirierend und regt die militärische Führung dazu an, die Wahrnehmung der eigenen Dienstpraxis zu überprüfen. Soldatinnen und Soldaten mit Führungsverantwortung mögen sich fragen: Schaue ich genau genug hin? Sehe ich, was ist – oder sehe ich doch nur das, was ich sehen will oder sehen soll? Und die Soldaten ohne Führungsverantwortung werden durch die Lektüre dieses Sammelbandes gestärkt, die gruppendynamischen Prozesse in ihrem Umfeld zu durchschauen und gegebenenfalls nachzufragen, wenn ihnen Kameraden- oder Vorgesetztenverhalten merkwürdig oder möglicherweise sogar ganz falsch erscheint.

Ich freue mich, dass dieses spannende Themenfeld, das viele Forschungs- und Projektbereiche des Zentrums für Militärgeschichte und Sozialwissenschaften der Bundeswehr in Potsdam berührt, bearbeitet werden konnte. Danken möchte ich dem Evangelischen Militärbischof Dr. Rink für sein Geleitwort und für die Ermöglichung der Publikation dieses Sammelbandes. Mögen die Leser in Wissenschaft, Politik und Öffentlichkeit sich an der Diskussion der hier angesprochenen Themen aus ihrer je unterschiedlichen Perspektive und Erfahrung lebhaft beteiligen.

Einführung
Angelika Dörfler-Dierken

Armeen sind – sozialpsychologisch betrachtet – komplexe Gebilde, in denen Gesetze, Weisungen und Vorschriften unterschiedlichen Verbindlichkeitsgrades und verschiedener Regelungsweite sowie Befehle einerseits, Brauchtum und Rituale andererseits den Alltag der Soldatinnen und Soldaten bestimmen oder doch zumindest beeinflussen. Es verwundert nicht, dass wohl in allen Armeen der Welt – wie in allen Bereichen, in denen Menschen eng zusammenarbeiten – Verhaltensweisen und Verhältnisse vorkommen, die Außenstehende merkwürdig anmuten. Manche solcher befremdenden Verhaltensweisen oder Verhältnisse können sogar gegen Recht und Gesetz, gegen die Menschenwürde, verstoßen. Deshalb ist für die Bundesrepublik Deutschland 1956 das Amt des Wehrbeauftragten des Deutschen Bundestages eingeführt und bestimmt worden, dass dieses Hilfsorgan des Parlaments als „Ombudsmann" der Soldatinnen und Soldaten und der Bundeswehrangehörigen die Verhältnisse in der Truppe überwacht. Inzwischen hat der Bericht des Wehrbeauftragten für das Jahr 2017 (vorgelegt am 20. Februar 2018) einige Vorkommnisse des letzten Jahres mit der nötigen Präzision aufgearbeitet und die öffentliche Aufmerksamkeit über tatsächliche oder vermeintliche Skandale ist ein wenig verebbt – ohne dass hinreichend deutlich geworden wäre, warum es zu die Menschenwürde von Kameradinnen und Kameraden oder Untergebenen verletzenden Vorfällen, zu rechtsextremen Äußerungen oder fremdenfeindlichen Verhaltensweisen überhaupt immer wieder kommt. Schließlich ist 2017 nicht das einzige Jahr, in dem es entsprechende Monenda gab. Dabei wäre aus organisationskultureller, gruppendynamischer und individualpsychologischer Perspektive zu klären, warum es in der Bundeswehr zu solchen Übergriffen und Verstößen gegen Recht und guten Ton überhaupt kommt und wie die Zahl solcher Vorfälle minimiert, wie sie am besten ganz abgestellt werden können. Dem Versuch, die inkriminierten Vorfälle zu begreifen, widmen sich die vorliegenden Beiträge.

Das Konzept der Inneren Führung soll die Organisationskultur und das Selbstverständnis der Soldatinnen und Soldaten der Bundeswehr prägen. So ist es seit Aufstellung der Bundeswehr festgelegt, auch wenn es noch lange dauerte, bis aus dem Handbuch Innere Führung (1957) die erste Zentrale Dienstvorschrift Innere Führung (1972) entwickelt wurde. Gegenwärtig gilt die Zentrale Dienstvorschrift A 2600/1 Innere Führung. Selbstverständnis und Führungskultur der Bundeswehr (2008). Häufig wird die Innere Führung als Leitlinie für die Führung von Menschen und als Richtschnur für den Umgang der Bundeswehrangehörigen miteinander bezeichnet, obwohl sie auch auf die Integration der Bundeswehr in die Gesellschaft, auf die Legitimation der Bundeswehreinsätze und auf die Motivation der Soldaten abzielt. Den Ausgangspunkt der Überlegungen, die zur Konzeption einer eigenen und neuartigen Organisations- und Führungskultur der Bundeswehr führten, bildete die Neuaufstellung von Streitkräften im demokratischen Nachkriegsdeutschland. In deutlicher Abgrenzung zu Reichswehr und Wehrmacht sollten die – damals noch ausschließlich männlichen – Soldaten der Bundeswehr künftig gewissengeleitet, verantwortlich und aus Einsicht handeln. Innere Führung sichert, dass die Normen und Werte des Grundgesetzes in der Bundeswehr umgesetzt werden. Sie ermöglicht es dem Staatsbürger in Uniform, Staatsbürger in der Demokratie zu sein – mit allen Rechten und Pflichten, die das Grundgesetz den Staatsbürgern gewährt. Innere Führung erlaubt es den Soldatinnen und Soldaten, ihre Persönlichkeit zu entwickeln, denn sie sollen in einem ganz umfassenden Sinne Bürger und Menschen sein bzw. zu solchen heranreifen können. Innere Führung gilt also nicht nur für Vorgesetzte, sondern soll jeder Soldatin und jedem Soldaten den Sinn, die Bedeutung und die Verantwortung des Soldatenberufs einsichtig machen. Eine zentrale Zielsetzung der Inneren Führung besteht deshalb darin, den Bundeswehrangehörigen das Selbstbild eines „Staatsbürgers in Uniform" zu vermitteln, der über ein stabiles Wertegerüst verfügt.[1]

---

[1] Vgl. ZDv A 2600 / 1, im Internet greifbar unter
https://www.bmvg.de/resource/blob/14258/a0e22992bc053f873e402c8aaf2efa88
/b-01-02-02-download-data.pdf; letzter Zugriff am 23.05.2018. Vgl. in diesem Zusammenhang auch den neuen Erlass Die Tradition der Bundeswehr. Richtlinien zum Traditionsverständnis und zur Traditionspflege (2018).

Dass die Realität in der Truppe nicht immer mit dem idealischen Leitbild der Inneren Führung übereinstimmt, weiß der Wehrbeauftragte des Deutschen Bundestages zu berichten. Wenn er mit seinen Jahresberichten über den inneren Zustand der Bundeswehr informiert, muss er immer wieder auch von Fällen von Extremismus, Antisemitismus, Fremdenfeindlichkeit sowie von Mobbing und sexueller Belästigung berichten.[2] Neben 70 Hinweisen aus Eingaben erreichten den Wehrbeauftragten im Jahr 2017 weitere 235 Meldungen über „Meldepflichtige Ereignisse" wegen des Verdachts auf Straftaten gegen die sexuelle Selbstbestimmung.[3] Dazu zählten sowohl bundeswehrexterne als auch bundeswehrinterne Delikte. Das Spektrum der bundeswehrinternen Vorfälle reicht von verbaler sexueller Belästigung, über Cyber-Mobbing bis hin zu sexueller Belästigung durch Berührung sowie Vergewaltigungen oder entsprechende Versuche (vgl. Deutscher Bundestag 2018: 77).[4] Weitere besondere Vorkommnisse des Jahres 2017 werden im Bericht des Wehrbeauftragten wie folgt zusammengefasst: „Ein in Illkirch (Frankreich) stationierter deutscher Oberleutnant (Franco A.), der ein bizarres Doppelleben als anerkannter syrischer Flüchtling führte; am selben Ort ein an Wehrmachtszeiten erinnernder Aufenthaltsraum; eine Tanzstange in einem

---

https://www.bmvg.de/resource/blob/23234/6a93123be919584d48e16c45a5d52c1 0/20180328-die-tradition-der-bundeswehr-data.pdf; letzter Zugriff am 23.05.2018. Vgl. auch die ZDv A 2 – 2530/0-0-1, früher ZDv 10/ 4 Selbstverantwortlich leben - Verantwortung für andere übernehmen (2011).

[2] Gerade die letztgenannten Aspekte werden auch durch Studien des Zentrums für Militärgeschichte und Sozialwissenschaften der Bundeswehr (ZMSBw), z.B. zur Integration von Frauen in die Streitkräfte, gestützt (vgl. beispielsweise Kümmel (Hg.) 2017).

[3] Im Jahr 2017 haben sich diese „Meldepflichtigen Ereignisse" im Vergleich zum Vorjahr nahezu verdoppelt. Es ist allerdings unklar, ob es tatsächlich zu einem deutlichen Anstieg entsprechender Vorfälle kam, oder ob eine erhöhte Sensibilisierung für diese Thematik bzw. die Ermutigung zu einer „Kultur des Hinschauens" zu einem anderen Meldeverhalten geführt hat (vgl. Deutscher Bundestag 2018: 12).

[4] Im Jahresbericht 2017 des Wehrbeauftragten, mit Schreiben des Wehrbeauftragten vom 20. Februar 2018 dem Deutschen Bundestag vorgelegt (DS 19/700) wird zudem erstmalig auf die im Jahr 2017 neu eingerichtete Ansprechstelle Diskriminierung und Gewalt in der Bundeswehr und die zugehörige Hotline verwiesen, welche nach Auskunft der dort tätigen Mitarbeiter acht bis zwölf Mal pro Woche, von Männern und Frauen gleichermaßen, kontaktiert wird (vgl. Deutscher Bundestag 2018: 78).

Gemeinschaftsraum einer Kaserne in Pfullendorf, neben der eine Leine mit Damenslips nebst Tafel mit obszöner Beschriftung hing; erniedrigende Aufnahmerituale unter Mannschaftssoldaten am selben Standort und überzogene Ausbildungsmethoden in Sondershausen. Schließlich der gravierendste Fall, der Tod eines Rekruten während eines Ausbildungsmarschs in Munster." (Deutscher Bundestag 2018: 11) Angesprochen sind hier vier Themenkreise, die in diesem Band aufgegriffen werden sollen: Rechtsradikaler Nationalismus, Verstöße gegen die sexuelle Selbstbestimmung, gegen die Menschenwürde verstoßendes Brauchtum und falsche Anforderungen in der Ausbildung (Deutscher Bundestag 2018: Sp. 16b, 19b, 58a, 79ab u.ö.) Zudem gab es auch in diesem Jahr wieder Beleidigungen, angeblich militärischen Umgangston, der „eher an Hollywood-Drill-Sergeants erinnert als an einen souveränen Umgang mit den Grundsätzen der Inneren Führung" (bspw. Deutscher Bundestag 2018: Sp. 16a, 17a, 18a) und Auswüchse von Respektlosigkeit oder überzogener Härte (bspw. Deutscher Bundestag 2018: Sp. 17b). Leser des Berichts fragen sich, warum es noch immer – fast 60 Jahre nach Einrichtung des Amtes des Wehrbeauftragten des Deutschen Bundestages – notwendig ist, die Umsetzung der Inneren Führung so genau zu überwachen, und vor allem, warum es immer noch notwendig ist, mit Hilfe des Berichts die Grundsätze der Inneren Führung jedes Jahr aufs Neue den Soldatinnen und Soldaten einzuprägen. Zu fragen ist aber auch, was diese und ähnliche problematische Verhaltensweisen von Vorgesetzten und Kameraden für die Menschen bedeutet, die in Uniform in der Bundeswehr Dienst tun. Sie können in ihrem Vertrauen in die Institution, der sie sich freiwillig einordnen, beschädigt werden oder durch ihre Erfahrungen sogar traumatisiert werden (Latz 2017)

Eine genaue Aufstellung aller „Meldepflichtigen Ereignisse" nach Dienstgradgruppe bleibt der Bericht des Wehrbeauftragten zwar schuldig,[5] doch kann vermutet werden, dass das Risiko, Opfer von

---

[5] Es existiert eine Aufstellung nach „Vorgängen", diese umfassen aber auch eine Vielzahl an Anliegen, die nichts bzw. nicht unbedingt etwas mit Mobbing oder sexueller Belästigung zu tun haben, z.B. Personalangelegenheiten, Vereinbarkeit von Familie und Dienst, Infrastruktur, Versorgung und Soziales (vgl. Deutscher Bundestag 2018: 95-97). Ob die bei dieser Hotline angesprochenen Fälle auch dem Wehrbeauftragten gemeldet worden sind bzw. dort zeitgleich gemeldet werden, ist unklar.

unzulässigem Verhalten durch Kameraden oder direkte Vorgesetzte zu werden, generell für diejenigen Soldatinnen und Soldaten höher ist, die am Ende der Befehlskette stehen, weil diese einerseits weniger Kenntnis von den Ver- und Geboten haben – bis heute gibt es kaum Lehrgänge und Unterrichte für Mannschaftssoldaten[6] und kaum einschlägige Literatur für sie[7] – andererseits seltener ihre Interessen verbal vertreten können oder über ihre Beschwerdemöglichkeiten hinreichend informiert sind.

Bisher gibt es keine wissenschaftlichen Untersuchungen zu den öffentlich sehr beachteten Vorkommnissen des Jahres 2017 in der Bundeswehr, die sich den Themenfeldern Rechtspopulismus, Sexismus und gegen die Menschenwürde verstoßende Rituale widmen. Die Beiträge dieses Sammelbandes helfen also einem Desiderat ab, wenn sie Perspektiven anbieten, die zur Diskussion der Gründe für bestimmte Vorkommnisse einladen und demokratiefeindliche Strukturen bzw. undemokratisches Gedankengut deutlich machen. Geordnet werden die Beiträge nach den drei Themenfeldern, die im Titel genannt sind: sexuelle Belästigung (Gerhard Kümmel), Rechtspopulismus (Dierk Spreen) und Rituale – aus der Sicht der Organisationssoziologie (Martin Elbe) und aus der Sicht von früheren Offizieren der Bundeswehr (Jan Peter Gülden und Philipp Fritz). Ergänzt werden die Beiträge durch einen Artikel zur Begründung der Notwendigkeit berufsethischer Bildung für junge Soldatinnen und Soldaten (Meike Wanner / Angelika Dörfler-Dierken), zu Gelegenheitsstrukturen und Subkulturen (Jens Warburg) sowie zur immer wieder diskutierten Frage der angeblichen Notwendigkeit einer „Erziehung zur Härte" (Hildegard Hamdorf-Ruddies). Abschließend werden Wege für die weite-

---

Zudem werden immer wieder Briefe, die bestimmte Vorgänge schildern, direkt an die Bundesministerin der Verteidigung adressiert. Die andernorts gemeldeten Vorkommnisse werden im Jahresbericht des Wehrbeauftragten nicht mitgezählt, weil sie nicht mit dem Instrumentarium des Wehrbeauftragten aufgearbeitet werden.

[6] Abgesehen vom Lebenskundlichen Unterricht, der von den Militärgeistlichen beider Konfessionen als ethischer Unterricht erteilt wird, sowie den Unterrichten zur Politischen bzw. Historischen Bildung, die von den Disziplinarvorgesetzten erteilt werden sollen.

[7] Abgesehen von der Zeitschrift der Evangelischen Militärseelsorge JS (= Junge Soldaten) sowie der vom ZMSBw erarbeiteten Verteilschrift Innere Führung – konkret (Erstauflage 2017).

re Entwicklung der Inneren Führung skizziert und diskutiert (Matthias Rogg).

Die Menschen innerhalb und außerhalb der Bundeswehr wissen, dass die Innere Führung ein elastisches und dynamisches Konzept ist, das sich verschiedenen sicherheitspolitischen und friedensethischen Szenarien sowie neuen Herausforderungen anpassen kann. Denn die Grundidee der Inneren Führung ist die Figur des gewissensgeleiteten Staatsbürgers, des Menschen im Sinne des Grundgesetzes, der aus Einsicht Verantwortung für Demokratie, Recht, Freiheit und Sicherheit zusammen mit den Verbündeten der Bundesrepublik Deutschland in NATO, EU und UNO übernimmt.

Literatur

Deutscher Bundestag (2018), Jahresbericht 2017 des Wehrbeauftragten, mit Schreiben des Wehrbeauftragten vom 20. Februar 2018 dem Deutschen Bundestag vorgelegt (DS 19/700) 2018: 12).

Erlass Die Tradition der Bundeswehr. Richtlinien zum Traditionsverständnis und zur Traditionspflege (2018).
https://www.bmvg.de/resource/blob/23234/6a93123be919584d48e16c45a5d52c10/20180328-die-tradition-der-bundeswehr-data.pdf, letzter Zugriff am 23.05.2018.

Innere Führung – konkret (2017). Verteilschrift, erarbeitet vom ZMSBw.

Kümmel, Gerhard (Hg.) (2017): Soldatinnen in der Bundeswehr – Integrationsklima und Perspektiven. Dokumentation des Symposiums an der Führungsakademie der Bundeswehr in Hamburg am 10. und 11. Juli 2014, im Auftrag des ZMSBw hg. von Gerhard Kümmel, Potsdam.

Latz, Andrè (2017): Vertrauen durch Führung – Demokratisierungskompetenzen in der Deutschen Bundeswehr, Augsburg, München.

Zentrale Dienstvorschrift A 2 – 2530/0-0-1. Früher ZDv 10/4 Selbstverantwortlich leben – Verantwortung für andere übernehmen (2011), nicht öffentlich zugänglich.

Zentrale Dienstvorschrift A 2600/1 Innere Führung. Selbstverständnis und Führungskultur der Bundeswehr (2008), im Internet greifbar unter
https://www.bmvg.de/resource/blob/14258/a0e22-992bc053f873e402c8aaf2efa88/b-01-02-02-download-data.pdf; letzter Zugriff am 23.05.2018.

Innere Führung – konkret für junge Soldatinnen und Soldaten

Einige Zahlen, Daten und Fakten zur Begründung der Notwendigkeit berufsethischer Bildung für Mannschaften und Unteroffiziere

Meike Wanner, Angelika Dörfler-Dierken

Dieser Beitrag geht der Frage nach, warum es überhaupt zu inkriminierenden Vorkommnisse in der Bundeswehr kommt – trotz Innerer Führung. Deshalb werden anhand von aktuellen Strukturdaten der Bundeswehr sowie auf der Basis einer empirischen Befragung innerhalb der deutschen Streitkräfte zwei mögliche Einflussfaktoren diskutiert: Zum einen wird untersucht, ob die Gruppe der Soldatinnen und Soldaten strukturelle Besonderheiten aufweist, die eventuell dazu beitragen können, dass nicht erwünschtes Sozialverhalten zu Tage tritt. Zum anderen wird der Frage nachgegangen, inwiefern die Grundsätze der Inneren Führung in der Bundeswehr überhaupt bekannt sind und wie sich die Bundeswehrangehörigen selbst zur Inneren Führung positionieren. Denn ein Führungs- bzw. Verhaltenskodex kann nur dann Wirkung zeigen, wenn er bekannt und akzeptiert ist.

1. Strukturelle Einflussfaktoren

Die Bundeswehr ist eine junge Armee. Diese Aussage wird durch aktuelle Strukturdaten der Bundeswehr bekräftigt. Demnach dienen 131.586 Soldatinnen und Soldaten in der Bundeswehr, die ihren 36. Geburtstag noch nicht vollendet haben. In Prozentwerten ausgedrückt sind das 73 Prozent, also rund drei Viertel des militärischen Personals der deutschen Streitkräfte. Von diesen jungen Soldatinnen und Soldaten bildet die Altersgruppe der 26 bis 35-Jährigen mit 46 Prozent die größte Untergruppe (vgl. Tabelle 1). Gefolgt von der Altersgruppe der 22 bis 25-Jährigen (15 Prozent) und den Soldatinnen und Soldaten, die zwischen 17 und 21 Jahre alt sind (12 Prozent). Betrachtet man die letztgenannte Gruppe etwas genauer, dann erfährt man, dass derzeit auch 763 minderjährige Soldatinnen und Soldaten in der Bundeswehr dienen. Diese dürfen jedoch nicht am Schießtraining teilnehmen, und sind auch ansonsten gemäß der Vorschriften des Jugendschutzgesetzes zu behandeln.

Tabelle 1: Soldatinnen und Soldaten nach Altersgruppen

(Angaben in Prozent)	Männlich	Weiblich	Gesamt
17 bis 21 Jahre	10	2	12
22 bis 25 Jahre	13	2	15
26 bis 35 Jahre	40	6	46
36 bis 45 Jahre	14	1	15
46 bis 55 Jahre	10	0	10
56 Jahre und älter	1	0	1

Anmerkung: Die Summe aller Altersgruppen ergibt nicht 100 Prozent, da die dargestellten Prozentwerte gerundet wurden.

Quelle: Strukturdaten der Bundeswehr (Stand: 31.12.2017).

Ein weiterer sehr deutlich zutrage tretender Befund, der nicht überrascht: in der Bundeswehr verrichten vor allem junge Männer ihren Dienst (vgl. Tabelle 1). In absoluten Zahlen ausgedrückt: 158.349 Soldaten stehen lediglich 21.213 Soldatinnen gegenüber (in Prozentwerten: Männer: 88 Prozent; Frauen: 12 Prozent). Das tägliche Miteinander in der Bundeswehr wird demnach stark durch männliche Werte, Ansichten und Verhaltensweisen geprägt.

Die aktuellen Strukturdaten der Bundeswehr geben auch Auskunft über das Bildungsniveau der Truppe. Insgesamt betrachtet weisen 35 Prozent der Soldatinnen und Soldaten ein hohes, 46 Prozent ein mittleres und 18 Prozent ein geringes Bildungsniveau auf.[8] Betrachtet man an dieser Stelle die Altersbänder der jungen Soldatinnen und Soldaten bis 36 Jahre etwas genauer, dann zeigt sich ein interessanter Befund (vgl. Tabelle 2): Der Anteil der hoch gebildeten Soldatinnen

---

[8] Als hohes Bildungsniveau wurden alle Abschlüsse definiert, die dem Abitur gleichwertig oder darüber liegen. Als mittleres Bildungsniveau wurden alle Abschlüsse definiert, der der mittleren Reife entsprechen und als geringes Bildungsniveau wurden die Abschlüsse von Haupt- und Sonderschule definiert.

und Soldaten geht mit zunehmendem Alter zurück. Von 44 Prozent bei den 17 bis 21-Jährigen auf 29 Prozent bei den 26 bis 35-Jährigen. Andersherum verhält es sich bei den Anteilen der gering Gebildeten, diese sind bei den 26 bis 35-Jährigen häufiger vertreten (22 Prozent) als bei den 17 bis 21-Jährigen (14 Prozent). Dies kann im Dienstalltag zu Konstellationen, von – im Extremfall – hoch gebildeten Untergebenen und wenig gebildeten Vorgesetzten führen, welche Konflikte und unangemessenes Verhalten begünstigen können. Anders sieht dies bei den älteren Soldatinnen und Soldaten ab 36 Jahren aus. Hier ist mit zunehmendem Lebensalter auch ein höheres Bildungsniveau verbunden. Beachtlich ist der Anstieg der Hochgebildeten im Altersband der Soldatinnen und Soldaten, die 56 Jahre oder älter sind. In dieser Gruppe weisen neun von zehn (92 Prozent) ein hohes Bildungsniveau auf. Deshalb sind in dieser Gruppe weniger konfliktträchtige Konstellationen, die sich mit unterschiedlichem Bildungsniveau erklären lassen, von Untergebenen und Vorgesetzten zu erwarten. Stabsoffiziere, Oberste und Generale – die meisten der älteren Hochgebildeten haben diese höchsten Dienstgrade erreicht – verfügen über andere Konfliktregelungsmechanismen.

Tabelle 2: Verteilung Bildungsniveaus nach Altersgruppen

(Angaben in Prozent)	Hoch	Mittel	Gering
17 bis 21 Jahre	44	43	14
22 bis 25 Jahre	36	45	20
26 bis 35 Jahre	29	49	22
36 bis 45 Jahre	38	49	13
46 bis 55 Jahre	42	42	16
56 Jahre und älter	92	7	1

Anmerkung: Einzelne Prozentangaben ergeben mitunter in der Summe nicht 100 Prozent, da sie gerundet wurden.

Quelle: Strukturdaten der Bundeswehr (Stand: 31.12.2017).

Die aktuellen Strukturdaten der Bundeswehr erlauben auch eine Kategorisierung der Soldatinnen und Soldaten nach Dienstgradgruppen sowie nach Status. Betrachtet man die Anteile der unterschiedlichen Dienstgradgruppen in der Bundeswehr, dann erkennt man, dass acht von zehn Bundeswehrsoldaten den Mannschaften und Unteroffizieren zuzuordnen sind (vgl. Tabelle 3). Die größte Gruppe stellen die Unteroffiziere m.P. (33 Prozent), dicht gefolgt von den Mannschaften (30 Prozent) und den Unteroffizieren o.P. (17 Prozent). Die Anzahl der Soldatinnen und Soldaten mit diesen Dienstgraden übersteigt die Anzahl der Offiziere, Stabsoffiziere und Generale/Admirale um ein Vierfaches: 143.901 Mannschaften und Unteroffiziere im Verhältnis zu 35.661 Offizieren, Stabsoffizieren und Generalen/Admiralen. Oder anders ausgedrückt: auf einen Offizier kommen in der Bundeswehr vier Soldatinnen oder Soldaten im Dienstgrad Mannschaften bzw. Unteroffiziere.

Tabelle 3: Anteile Dienstgradgruppen in der Bundeswehr

(Angaben in Prozent)	**Absolute Zahlen**	**Prozent**
Mannschaften	54.229	30
Unteroffiziere o.P.	31.280	17
Unteroffiziere m.P.	58.392	33
Offiziere	21.780	12
Stabsoffiziere	13.677	8
Generale/Admirale	204	0

Quelle: Strukturdaten der Bundeswehr (Stand: 31.12.2017).

Betrachtet man anschließend die Kombination der Merkmale Alter und Dienstgradgruppe, dann kann man eine Dreiteilung erkennen (vgl. Abbildung 1). In den beiden jüngsten Altersbändern überwiegen die Anteile der Mannschaften (17 bis 21 Jahre: 79 Prozent; 22 bis 25 Jahre: 48 Prozent); die Zahl der Offizieranwärter liegt bei einem Prozent. In den folgenden drei Altersgruppen überwiegen die Anteile der Unteroffiziere m.P., wobei sich das Altersband der 26 bis 35-Jährigen

hinsichtlich des Dienstgrades am heterogensten erweist. Hier über-
wiegt der Anteil der Unteroffiziere m.P. (35 Prozent) nur knapp, gefolgt von den Mannschaften (28 Prozent) und den Unteroffizieren
o.P. (23 Prozent) sowie den Offizieren (13 Prozent) und Stabsoffizieren (2 Prozent). In der letzten Altersgruppe der Soldatinnen und Soldaten, die 56 Jahre und älter sind, finden sich fast ausschließlich Offiziere, wobei die Gruppe der Stabsoffiziere den größten Anteil stellt.
Neun von zehn Soldatinnen und Soldaten im Altersband von 56 Jahren und älter sind der Dienstgradgruppe der Stabsoffiziere zuzuordnen.

Abbildung 1: Verteilung Dienstgrade nach Altersgruppen

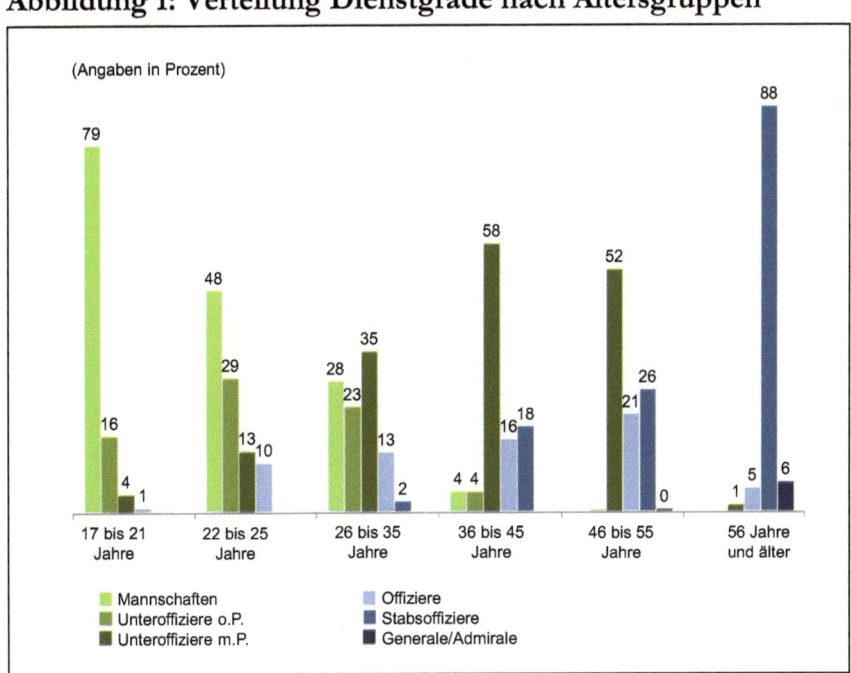

Anmerkung: Einzelne Prozentangaben ergeben mitunter in der Summe nicht 100 Prozent, da sie gerundet wurden.

Quelle: Strukturdaten der Bundeswehr (Stand: 31.12.2017).

Abschließend wird noch der Status der Soldatinnen und Soldaten in
den Blick genommen. Insgesamt betrachtet sind die Soldatinnen und

Soldaten, die aktuell in der Bundeswehr dienen, zu zwei Dritteln (66 Prozent) Soldaten auf Zeit (SaZ), 29 Prozent sind Berufssoldaten (BS) und 5 Prozent sind Freiwillig Wehrdienst Leistende (FWDL). Betrachtet man auch in diesem Fall noch die Kombination der Merkmale Alter und Statusgruppe, um Kenntnisse über die Altersverteilung der Freiwillig Wehrdienst Leistenden, Soldaten auf Zeit oder Berufssoldaten in den unterschiedlichen Altersgruppen zu erhalten, dann zeigt sich, dass in den drei jüngsten Altersbändern die Anteile der Soldaten auf Zeit überwiegen (vgl. Tabelle 4). Rund ein Drittel (35 Prozent) der 17 bis 21-Jährigen ist zudem der Gruppe der Freiwillig Wehrdienst Leistenden zuzuordnen. Ab der Altersgruppe der 36 bis 45-Jährigen dienen überwiegend und ab 46 Jahren (fast) ausschließlich Berufssoldaten in der Bundeswehr. Diese Verteilung lässt die Vermutung einleuchtend erscheinen, dass die Bindung der jüngeren Soldatinnen und Soldaten an den Arbeitgeber Bundeswehr schwächer ausgeprägt ist als bei den Älteren, da ein (freiwilliges) Ausscheiden aus der Bundeswehr nach dem Erreichen des Dienstzeitendes vorgesehen oder die Ernennung zum Berufssoldaten noch ungewiss ist.

Tabelle 4: Verteilung Status nach Altersgruppen

(Angaben in Prozent)	**FWDL**	**SaZ**	**BS**
17 bis 21 Jahre	35	65	0
22 bis 25 Jahre	5	95	0
26 bis 35 Jahre	0	87	13
36 bis 45 Jahre	0	21	79
46 bis 55 Jahre	0	2	98
56 Jahre und älter	0	2	98

Quelle: Strukturdaten der Bundeswehr (Stand: 31.12.2017).

2. Bekanntheit und Akzeptanz der Inneren Führung

Als zweiter Einflussfaktor zur Erklärung von nicht erwünschtem Sozialverhalten wird nachfolgend untersucht, wie bekannt und akzeptiert die Innere Führung unter den Soldatinnen und Soldaten ist. Die im Folgenden dargestellten Ergebnisse stammen aus der Bundeswehrumfrage 2013 des Zentrums für Militärgeschichte und Sozialwissenschaften der Bundeswehr (ZMSBw). Dabei handelte es sich um eine Onlinebefragung, die im Intranet der Bundeswehr realisiert wurde. Die Befragungsteilnehmer wurden zufällig ausgewählt und per Lotus-Notes kontaktiert. Insgesamt 7.744 Soldatinnen und Soldaten beteiligten sich an der Befragung. Verzerrungen der realisierten Stichprobe im Vergleich zur Grundgesamtheit, die sich u.a. dadurch ergaben, dass Mannschaften seltener über einen Lotus-Notes-Zugang verfügen und deshalb seltener den Fragebogen ausgefüllt haben, wurden durch eine Datengewichtung korrigiert. Dieses Vorgehen führte dazu, dass die Stichprobe, auf der die hier dargestellten Analysen beruhen, strukturell nahezu der Grundgesamtheit aller Soldatinnen und Soldaten der Bundeswehr zum Befragungszeitpunkt entspricht (vgl. Dörfler-Dierken & Kramer 2014).

Hinsichtlich der nachfolgend dargestellten Ergebnisse ist darauf hinzuweisen, dass die Bezeichnung der Zentralen Dienstvorschrift zur Inneren Führung verwendet wird, die zum Befragungszeitpunkt im Jahr 2013 aktuell war: ZDv 10/1. Erst im März 2014 wurde eine überarbeitete Fassung der ZDv 10/1 als Zentrale Dienstvorschrift A-2600/1 „Innere Führung – Selbstverständnis und Führungskultur" veröffentlicht (vgl. Bundesministerium der Verteidigung 2014). Im Rahmen der Bundeswehrumfrage des ZMSBw wurde zunächst erfragt, ob die Zentrale Dienstvorschrift zur Inneren Führung überhaupt bekannt ist. Insgesamt betrachtet geben 14 Prozent der Soldatinnen und Soldaten an, dass sie sich intensiv damit beschäftigt haben und alle wesentlichen Fakten und Zusammenhänge kennen, 41 Prozent sagen, dass ihnen zumindest einige Fakten und Zusammenhänge zur Inneren Führung bekannt sind, 36 Prozent haben zwar schon mal davon gehört oder gelesen, wissen aber nichts Konkretes und 8 Prozent geben an, dass sie noch nie etwas von der ZDv Innere Führung gehört oder gelesen haben und dass sie sich auch nichts darunter vorstellen können. Betrachtet man diese Fragestellung entlang der unterschiedlichen Altersgruppen, dann wird deutlich, dass die Innere Führung für mehr als zwei Drittel (68 Prozent) der unter 26-jährigen Soldatinnen und Soldaten eine Unbekannte darstellt (vgl. Abbildung 2). Rund die Hälfte (51 Prozent) der jüngsten Soldatinnen und Soldaten weiß nichts Konkretes und 17 Prozent geben sogar an, dass sie noch nie von der ZDv Innere Führung gehört haben und sich darunter auch nichts vorstellen können. Sie bringen ihren Dienst und das ihnen vorgegebene berufliche Leitbild nicht zusammen. Mit höherem Lebensalter, längerer Verweildauer in der Bundeswehr und damit verbunden häufig auch höherem Dienstgrad ändert sich das Bild: Die Kenntnis der Inneren Führung nimmt zu: 52 Prozent der 26 bis 30-Jährigen, 65 Prozent der 31 bis 35-Jährigen, 73 Prozent der 36 bis 45-Jährigen, 83 Prozent der 46 bis 55-Jährigen und 84 Prozent der Soldatinnen und Soldaten, die 56 Jahre und älter sind geben an, sich entweder intensiv mit der Konzeption der Inneren Führung beschäftigt zu haben und alle wesentlichen Fakten und Zusammenhänge zu kennen oder wenigstens davon gehört bzw. gelesen zu haben und einige Fakten und Zusammenhänge zu kennen. Ein Grund für die geringe Bekanntheit der Inneren Führung unter den jungen Soldatinnen und Soldaten könnte darin bestehen, dass zu wenig zielgruppenspezifische und ansprechende Informationsangebote über die Innere Führung und ihre Grundsätze, die sich speziell an die jungen Menschen in der Bundeswehr richten, vorhanden sind. Eine Problematik, die wahrscheinlich mit der Tatsache korrespondiert, dass Innere Führung häufig nur bzw. überwiegend als Handlungsleitfaden für Vorgesetzte begriffen wird und der nicht minder wichtige Aspekt der Persönlichkeitsentwicklung der Soldatinnen und Soldaten, die durch die Grundsätze der Inneren Führung geprägt werden soll, außer Acht gelassen wird. Innere Führung leidet, aus Sicht der jungen Soldatinnen und Soldaten, an einem Relevanz- und Vermittlungsdefizit. Anstelle zielgruppengerechter Wissensvermittlung über die Grundsätze der Inneren Führung und des zentralen Konzepts des Staatsbürgers in Uniform, manifestiert sich im Dienstalltag vieler junger Soldatinnen und Soldaten lediglich die Forderung an deren Vorgesetzte, dass Innere Führung vorgelebt und dadurch erfahren und vermittelt werden soll. Diese Problematik spricht auch der Wehrbeauftragte des Deutschen Bundestages in seinem Jahresbericht an: „allerdings empfinden und beurteilen die

Soldatinnen und Soldaten die Grundsätze der Inneren Führung oft als zu wenig konkret, als interpretationsbedürftig und praxisschwach. Nicht jeder Soldatin oder jedem Soldaten scheint der Kern der Inneren Führung gut genug im politischen, historischen und Ethik-Unterricht vermittelt worden zu sein. Das mag eine Erklärung dafür sein, dass […] niemand von sich aus aktiv wurde, dass in Pfullendorf weder Tanzstange noch Leine [mit Damenunterwäsche] entfernt wurden, und dass der seltsame Oberleutnant von Illkirch lange als besonders guter Soldat galt." (Dt. Bundestag 2018: 12)

Abbildung 2: Bekanntheit der ZDv Innere Führung nach Altersgruppen

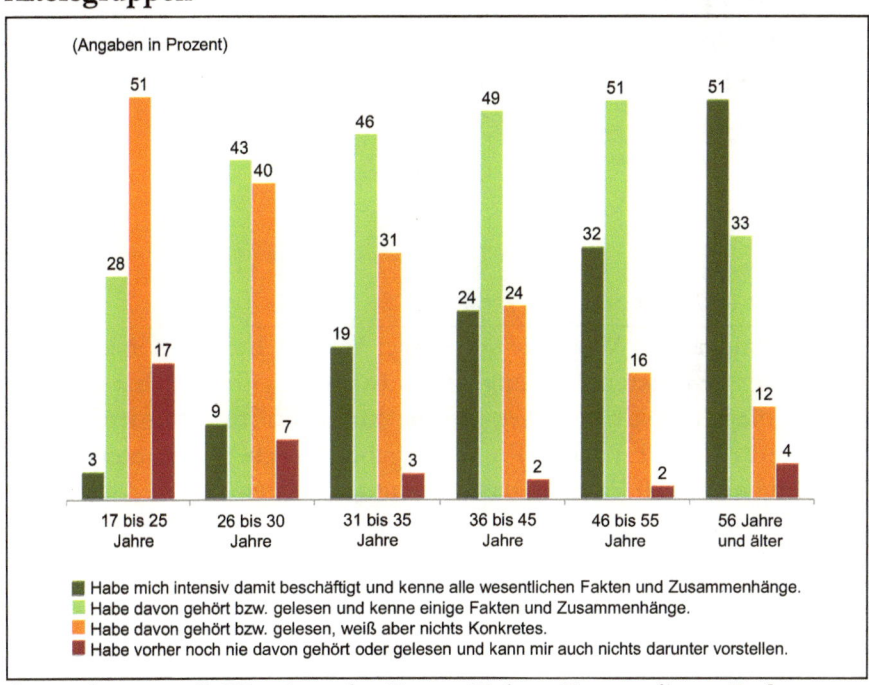

Anmerkungen: 1) Wortlaut der Frage: Haben Sie vor dieser Befragung schon einmal von der ZDv 10/1 Innere Führung (2008) gehört oder gelesen? Und was wissen Sie darüber? 2) Einzelne Prozentangaben ergeben mitunter in der Summe nicht 100 Prozent, da sie gerundet wurden.

Quelle: Bundeswehrumfrage des ZMSBw 2013.

Wenn man die Soldatinnen und Soldaten im Anschluss daran nach ihrer persönlichen Einstellung zur Inneren Führung fragt, dann zeigt sich, dass insgesamt betrachtet sechs von zehn (58 Prozent) angeben, eine positive Einstellung zur Inneren Führung zu vertreten, rund ein Drittel ist geteilter Meinung (34 Prozent) und 8 Prozent stehen der Inneren Führung, nach eigenen Angaben, kritisch gegenüber. Betrachtet man auch diese Fragestellung nach Altersgruppen, dann erkennt man, dass die persönliche Einstellung zur Inneren Führung mit zunehmendem Alter immer positiver wird (vgl. Tabelle 5).

Tabelle 5: Persönliche Einstellung zur Inneren Führung nach Altersgruppen

(Angaben in Prozent)	Positiv	Teils/teils	Negativ
17 bis 25 Jahre	45	47	7
26 bis 30 Jahre	53	38	9
31 bis 35 Jahre	62	30	8
36 bis 45 Jahre	69	26	6
46 bis 55 Jahre	74	18	7
56 Jahre und älter	88	8	5

Anmerkungen: 1) Wortlaut der Frage: Wie ist Ihre persönliche Einstellung zur Inneren Führung? 2) Antwortkategorien „Eher negativ" und „Negativ" sowie „Eher positiv" und „Positiv" wurden zusammengefasst. 3) Einzelne Prozentangaben ergeben mitunter in der Summe nicht 100 Prozent, da sie gerundet wurden.

Quelle: Bundeswehrumfrage des ZMSBw 2013.

Während die 17 bis 35-Jährigen eine zum Teil positive aber auch zum Teil unentschiedene (teils positive, teils negative) Haltung zur Inneren Führung aufweisen, kann man in den höheren Altersgruppen eine klare Tendenz (69 bzw. 74 Prozent) und in der ältesten Altersgruppe (56 Jahre und älter) ein klares positives Bekenntnis zur Inneren Führung erkennen. Neun von zehn (88 Prozent) Soldatinnen und Soldaten dieser Altersgruppe bezeichnen die persönliche Einstellung zur Inneren Führung als positiv. Die Zahl der Soldatinnen und Soldaten, die der Inneren Führung ablehnend gegenüberstehen, schwankt entlang der unterschiedlichen Altersgruppen - auf niedrigem Niveau - zwischen 5 und 9 Prozent.

Neben der eigenen Einstellung wurden die Teilnehmer der Bundeswehrumfrage des ZMSBw aus dem Jahr 2013 auch darum gebeten, Meinungsklimaeinschätzungen zur Akzeptanz der Inneren Führung abzugeben. Sie sollten sowohl die Mehrheitsmeinung der Kameraden als auch des unmittelbaren Vorgesetzten zur Inneren Führung antizipieren. Insgesamt betrachtet erkennt man eine klare Tendenz: die Haltung der meisten anderen Kameradinnen und Kameraden zur Inneren Führung wird negativer und die Einstellung der unmittelbaren Vorgesetzten wird positiver eingeschätzt als die persönliche Einstellung (Anteile positive Einstellung zur Inneren Führung: Persönlich: 58 Prozent, Kameraden: 40 Prozent, Vorgesetzte: 62 Prozent). Offenbar besteht die allgemeine Wahrnehmung, dass die Kameraden die Organisationsphilosophie der Bundeswehr weniger schätzen als man selbst. Innere Führung leidet im Kameradenkreis, so scheint es, unter einem Imageproblem, das folgendermaßen ausgedrückt werden kann: ‚Ich persönlich finde die Innere Führung ja gut – aber die anderen um mich herum stehen der Inneren Führung eher kritisch gegenüber.'

Betrachtet man die Meinungsklimaeinschätzungen jedoch getrennt nach Altersgruppen, dann zeigt sich ein interessanter Befund. Nimmt man zunächst die drei Altersgruppen der jüngeren Soldatinnen und Soldaten in den Blick, dann zeigt sich das bereits beschriebene Bild, welches auch in der Gesamtbetrachtung aller Soldatinnen und Soldaten vorherrscht (vgl. Abbildung 3). Die Meinung der meisten anderen Kameradinnen und Kameraden der eigenen Einheit oder Dienststelle wird weniger positiv eingeschätzt als die eigene Haltung zur Inneren Führung (-15 bis -21 Prozentpunkte). Die Einstellung der unmittelbaren Vorgesetzten wird hingegen positiver eingeschätzt, zumindest bei den Altersgruppen der 17 bis 25-Jährigen und 26 bis 30-Jährigen (+9 bis +16 Prozentpunkte). Bei dem Altersband der 31 bis 35-Jährigen scheint sich in diesem Punkt jedoch das Blatt zu wenden, denn hier wird die Einstellung des bzw. der unmittelbaren Vorgesetzten zur Inneren Führung sogar geringfügig negativer eingeschätzt als die persönliche Einstellung. Dieser Befund kann daraufhin deuten, dass die jungen Soldatinnen und Soldaten die Innere Führung als für sich selbst, als Geführte, weniger relevant ansehen und deshalb auch den unmittelbaren Vorgesetzten größeres Wissen und größere Kompetenz in diesem Bereich zuschreiben.

Abbildung 3: Persönliche Einstellung und Wahrnehmung des Meinungsklimas (Teil 1)

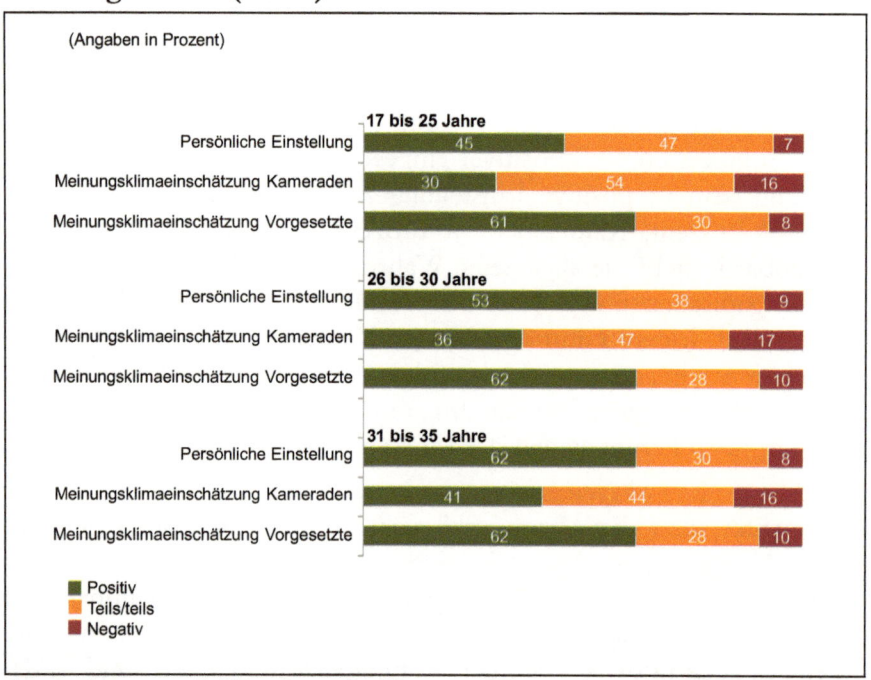

Anmerkungen: 1) Wortlaut der Fragen: Was meinen Sie? Welche Einstellung vertritt die Mehrheit der Soldatinnen und Soldaten in Ihrer Einheit/Dienststelle zur Inneren Führung? / Was meinen Sie? Wie ist die Einstellung Ihrer/Ihres unmittelbaren Vorgesetzten zur Inneren Führung? 2) Einzelne Prozentangaben ergeben mitunter in der Summe nicht 100 Prozent, da sie gerundet wurden.

Quelle: Bundeswehrumfrage des ZMSBw 2013.

Betrachtet man anschließend die Meinungsklimafragen entlang der Altersgruppen der älteren Soldatinnen und Soldaten, dann bestätigt sich der Befund, dass die Mehrheitsmeinung der Kameraden negativer eingeschätzt wird als die eigene Haltung zur Inneren Führung (-21 bis -22 Prozentpunkte) (vgl. Abbildung 4). Interessant bei diesen Altersgruppen ist der Blick auf die Meinungsklimafrage der unmittelbaren Vorgesetzten. Auch hier bewerten die älteren Soldatinnen und Soldaten die Einstellung ihrer unmittelbaren Vorgesetzten negativer (-6 bis -16 Prozentpunkte) als ihre persönliche Meinung zur Inneren Führung. Dieser Befund ist durchaus plausibel, denn wie weitergehende statistische Zusammenhangsanalysen zeigen, korrelieren gerade das Wissen über die zentrale Dienstvorschrift und die Einstellung zum Konzept der Inneren Führung positiv miteinander. Das bedeutet: Je größer das (selbstzugeschriebene) Wissen der Befragten, desto positiver ist auch ihre persönliche Haltung zur Inneren Führung. Hinsichtlich der Frage, ob Fakten und Zusammenhänge zur Inneren Führung bekannt sind, haben gerade die älteren Soldatinnen und Soldaten angegeben, dass sie einiges oder alles über die Innere Führung wissen (vgl. Abbildung 2). Zudem befinden sich in diesen Altersbändern überwiegend Offiziere, die auch entsprechende Lehrgänge bzw. Schulungen zum Thema Innere Führung durchlaufen. Dass neben der Einstellung der meisten anderen Kameraden auch die Einstellung des unmittelbaren Vorgesetzten zur Inneren Führung negativer eingeschätzt wird als die eigene Haltung, kann auch mit dem Phänomen des sozial erwünschten Antwortverhaltens[9] erklärt werden. In diesem Fall antizipieren die Studienteilnehmer in der Befragungssituation, welche Antwort erwünscht wäre, im vorliegenden Fall persönlich voll und ganz hinter der Inneren Führung zu stehen, und antworten entsprechend. Die Meinungsklimafrage kann in einem solchen Fall als „Ausweg" oder „Tarnung" dienen, um die wahre persönliche Einstellung auszudrücken.

---

[9] „Unter sozial erwünschtem Antwortverhalten versteht man die Neigung von Befragten, ihre Antworten danach auszurichten, was innerhalb des normativen Systems ihrer Bezugswelt als sozial anerkannt und erwünscht gilt, wodurch der ‚wahre Wert' verzerrt wird (social desirability bias, SDB)." Möhring & Schlütz 2010: 61; vgl. dazu auch Reinecke 1992: 26f.; Klein & Kühhirt 2010; Schnell 2012: 58f.; Diekmann 2013: 447ff.

Abbildung 4: Persönliche Einstellung und Wahrnehmung des Meinungsklimas (Teil 2)

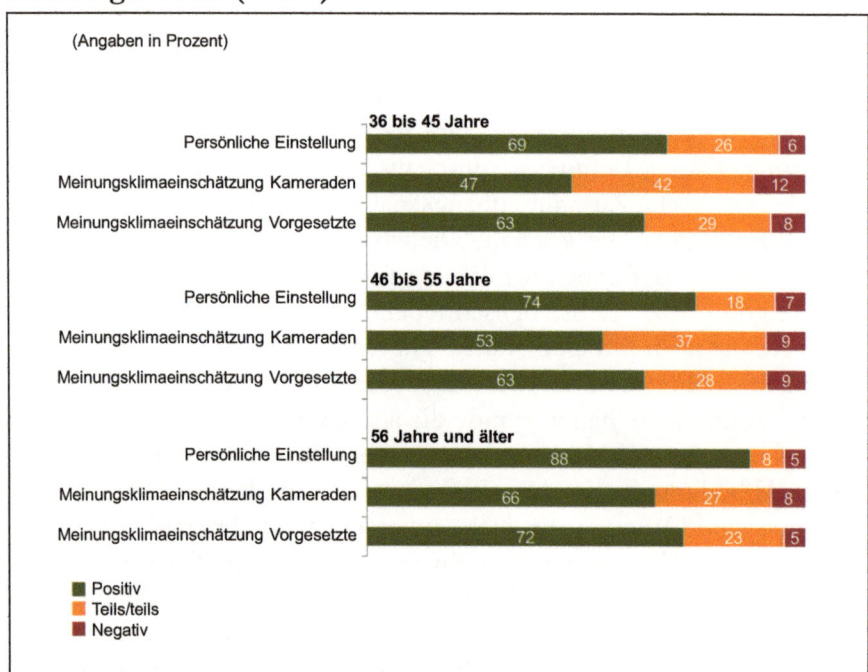

Anmerkungen: 1) Wortlaut der Fragen: Was meinen Sie? Welche Einstellung vertritt die Mehrheit der Soldatinnen und Soldaten in Ihrer Einheit/Dienststelle zur Inneren Führung? / Was meinen Sie? Wie ist die Einstellung Ihrer/Ihres unmittelbaren Vorgesetzten zur Inneren Führung? 2) Einzelne Prozentangaben ergeben mitunter in der Summe nicht 100 Prozent, da sie gerundet wurden.

Quelle: Bundeswehrumfrage des ZMSBw 2013.

Um dieser Vermutung nachzugehen wäre es wünschenswert, in zukünftigen Studien zur Thematik der Inneren Führung auch etablierte sozialwissenschaftliche Indikatoren einzubringen, die eine empirische Analyse von z.B. dem Einfluss sozial erwünschtem Antwortverhalten oder anderer erklärender Faktoren zu ermöglichen.

3. Zusammenfassung und Schlussfolgerungen

Abschließend sollen die Erkenntnisse der vorangegangenen Abschnitte zusammengefasst und auf die eingangs gestellten Fragen bezogen werden. Anhand aktueller Strukturdaten der Bundeswehr konnte zum einen aufgezeigt werden, dass das militärische Bundeswehrpersonal durchaus strukturelle Besonderheiten aufweist, die eventuell dazu beitragen können, dass nicht erwünschtes Sozialverhalten zu Tage tritt. Ein „typischer Soldat" lässt sich, basierend auf den dargestellten Strukturdaten, wie folgt beschreiben: Er ist männlich, zwischen 26 und 35 Jahre alt, verfügt über ein mittleres Bildungsniveau, dient als Unteroffizier und ist Soldat auf Zeit. Der Arbeitgeber Bundeswehr wird folglich deutlich stärker als andere Arbeitgeber oder Institutionen des öffentlichen Lebens von jungen Männern sowie männlichen Werten[10] und Tugenden geprägt. Die folgenden Merkmale werden häufig zur stereotypen Charakterisierung von Männern verwendet: Kraft, Mut, Risikobereitschaft, Abenteuerlust, Selbstbeherrschung, Coolness, Aggression und Dominanz. Sozialpsychologisch und historisch betrachtet sind junge Männer eine sogenannte Risikogruppe, was sich z.B. in der Kriminalitätsstatistik widerspiegelt. „Die Alterskurve der Kriminalitätsbelastung für beide Geschlechter ist ‚linksschief', d.h. die Belastung erreicht bei einer der Altersgruppen unter 25 Jahren ihren Gipfel und fällt danach wieder ab; ab dem 35. Lebensjahr läuft sie allmählich aus. Diese Alterskurve der Verurteilten ist eine der Konstanten der Kriminologie." (Heinz 2004: 28) „Die Kriminalitätsbelastung der Frauen ist in allen Altersgruppen, und zwar sowohl nach Tatverdächtigen- als auch nach Verurteiltenbelastungszahlen, erheblich geringer als die der jeweiligen männlichen Altersgruppe." (Heinz 2004: 29) Ein weiterer Bereich, in dem die Risikobereitschaft junger Männer offenkundig wird, ist ihr Verhalten im Straßenverkehr. Vielfältige Studien belegen, dass sich Männer im Straßenverkehr anders verhalten als Frauen. „In den Studien [...] konnte beobachtet werden, dass Männer häufiger als Frauen ‚aggressiv' fahren (schneiden, blockieren, andere Fahrzeuge ausbremsen, hupen, Mittelfinger zeigen, andere Fahrer beleidigen) und dass sie Geschwin-

---

[10] Das Thema „Werte" stellt in der streitkräftebezogenen Sozialforschung ein Forschungsdesiderat dar. Aktuelle empirische Erkenntnisse liegen nicht vor.

digkeitsbeschränkungen und Alkohol-Promille-Grenzen seltener als Frauen einhalten." (vgl. Limbourg & Reiter 2010: 205; vgl. dazu auch Dula & Ballard 2003; Shinar & Compton 2004) Dieses Verhalten trägt dazu bei, dass Männer im Straßenverkehr wesentlich häufiger zu Tode kommen als Frauen. Im Jahr 2002 waren 73% der 1,2 Millionen weltweit gezählten Verkehrstoten männlich (vgl. Limbourg & Reiter 2010: 204). Des Weiteren weisen Männer in Gruppen besondere Verhaltensweisen auf: „Die Mitglieder einer Männergruppe geraten [...] immer unter großen Konformitätsdruck durch die Gruppe. Widerstand gegen diesen Druck bedeutet oft Ausschluss aus der Gruppe. Die Gruppe erhöht meist den Druck auch so lange, bis alle irgendwie sich zu einer einheitlichen Emotionalität bekennen. Dies geht sogar gelegentlich bis zum kollektiven Realitätsverlust." (Schwarz 2007: 229) Diese hier beispielhaft hervorgehobenen Faktoren, die verhältnismäßig große Risikobereitschaft, das im Vergleich zum Rest der Bevölkerung häufiger auftretende von der Norm abweichende Sozialverhalten und geschlechtsspezifische Gruppendynamiken können dazu beitragen, dass sich in der Bundeswehr immer wieder sozial unangebrachte Verhaltensweisen zeigen, gerade weil so viele junge Männer in der Bundeswehr ihren Dienst verrichten.

Ein weiterer interessanter Befund, der in dem vorliegenden Beitrag herausgearbeitet werden konnte, ist, dass der Großteil der Soldatinnen und Soldaten und insbesondere der jungen Soldatinnen und Soldaten in einem befristeten Arbeitsverhältnis als Soldat auf Zeit dient, was sich negativ auf die Bindung zum Arbeitgeber Bundeswehr und somit auch auf die Akzeptanz und Verinnerlichung zentraler Normen und Werte auswirken kann. Aus diesem Grund wurde im vorliegenden Beitrag untersucht, wie bekannt und akzeptiert die Innere Führung, das Leitbild bzw. die Führungskultur der Bundeswehr, entlang der unterschiedlichen Altersgruppen ist. Es zeigte sich, dass gerade die jungen Soldatinnen und Soldaten wenig über die Innere Führung wissen und ihr, im Vergleich zu den älteren Kameraden, auch kritischer gegenüberstehen. Ein Grund für die geringe Bekanntheit und Akzeptanz der Inneren Führung unter den jungen Soldatinnen und Soldaten könnte darin bestehen, dass zu wenig zielgruppenspezifische und ansprechende Informationsangebote über die Innere Führung und ihre Grundsätze vorhanden sind. Wie weitergehende statistische Zusammenhangsanalysen zeigen, korrelieren gerade das Wissen über die zentrale Dienstvorschrift und die Einstellung zum Konzept der Inneren Führung positiv miteinander. Das bedeutet: Je größer das Wissen der Befragten, desto positiver ist auch ihre persönliche Haltung zur Inneren Führung. Diese Erkenntnis verdeutlicht die Notwendigkeit, zukünftig ein besonderes Augenmerk auf die Vermittlung von Wissen zur Inneren Führung zu legen, um die persönliche Einstellung, aber auch die Meinungsklimawahrnehmung zu dieser Thematik zu verbessern (vgl. Stiller 2017; Dörfler-Dierken & Wanner 2018). Ein Indiz für die Fixierung der Leitbilddiskussion auf die Offiziere sind die Leitsätze, die im Anhang zur Zentralen Dienstvorschrift A 2600/1 Innere Führung abgedruckt sind: sie richten sich speziell an junge Vorgesetzte.

Die scheinbar vorherrschende Ignoranz, hinsichtlich der Vermittlung von Wissen zur Inneren Führung an die jungen Soldatinnen und Soldaten, erstaunt in mehrfacher Hinsicht. Einerseits stellt diese Personengruppe einen beachtlichen Anteil des militärischen Personals der Bundeswehr und prägt somit sowohl das Klima innerhalb der Streitkräfte als auch die Wahrnehmung der Bundeswehr in der Öffentlichkeit. Andererseits überträgt die Bundeswehr gerade den jungen Soldatinnen und Soldaten viel Verantwortung, insbesondere im Rahmen der Auslandseinsätze, für Material, Maschinen, aber auch für Menschenleben. Dieses hohe Maß an Verantwortung, das gerade den jungen Menschen übertragen wird, unterscheidet den Soldatenberuf von vielen anderen Berufen.

Festzuhalten bleibt: Die Bundeswehr hat eine große Verantwortung für die Aus- und Weiterbildung ihrer jungen Menschen; sie ist verantwortlich für ihre Gefreiten, Flieger und Matrosen. Wenn diese tatsächlich – wie geplant – ein Jahrzehnt oder gar zweieinhalb Jahrzehnte, 25 Jahre, bei der Bundeswehr bleiben, dann müssen diese Männer und Frauen eine positive Berufsidentität entwickeln können, und sie brauchen dafür Anregung und Unterstützung durch berufsethische Bildungsangebote. Denn der Dienst als Soldatin bzw. Soldat ist für sie nicht nur eine kurze Episode in ihrer Berufsbiografie. Es ist ein großer und prägender Teil derselben. Die Konzeption der Inneren Führung bietet den Soldatinnen und Soldaten an, ein gutes berufliches Selbstverständnis als Soldat in der Demokratie, als Staatsbürger in

Uniform, als Mensch und Persönlichkeit zu entwickeln. Sie unterstützt die Soldatinnen und Soldaten dadurch, dass sie Normen und Werte des Grundgesetzes auch in der Bundeswehr selbst in Geltung setzt. Die Innere Führung stärkt damit auch die Resilienz, also die psychische Widerstandsfähigkeit, der Soldatinnen und Soldaten.

Die Frage an die Bundeswehrführung und an die Vorgesetzten sollte also lauten: Wie kann die Innere Führung gerade bei den jungen Soldatinnen und Soldaten bekannter gemacht werden? Was muss man dafür tun, dass die jungen Soldatinnen und Soldaten den Wert der Inneren Führung verinnerlichen? Und, wie kann dazu beigetragen werden, dass die Wertschätzung der Inneren Führung, die auf der persönlichen Ebene durchaus entwickelt ist, auch in die Kameradengruppe ausstrahlt? Der Wehrbeauftragte des Deutschen Bundestages führt dazu in seinem Jahresbericht aus: „Wo also soll man ansetzen, fragen viele, wenn es gilt, die Grundsätze der Inneren Führung für alle Soldaten verständlich und praktisch zu erklären? Unrecht bemerken, wenn es geschieht! Nichts Unrechtes mitmachen, sondern widersprechen und sich widersetzen! Das ist der Kerngedanke der Inneren Führung, wenn die äußere Führung versagt oder ins Verderben führt." (Deutscher Bundestag 2018: 13)

Literatur

Bundesministerium der Verteidigung (2014): Zentrale Dienstvorschrift A-2600/1. Innere Führung – Selbstverständnis und Führungskultur. Online Abrufbar unter:

https://www.bmvg.de/resource/blob/14258/a0e22992bc053f87 3e402c8aaf2efa88/b-01-02-02-download-data.pdf; letzter Zugriff 23.05.2018.

Deutscher Bundestag (2018): Unterrichtung durch den Wehrbeauftragten. Jahresbericht 2017 (59. Bericht. Drucksache 19/700 (20.02.2018). Online abrufbar unter:

http://dip21.bundestag.de/dip21/btd/19/007/1900700.pdf; letzter Zugriff 23.05.2018.

Diekmann, Andreas (2013): Empirische Sozialforschung. Grundlagen, Methoden, Anwendungen. 7. Aufl. Reinbek b. Hamburg.

Dörfler-Dierken, Angelika (2016): Innere Führung – Innere Lage. In: Dörfler-Dierken, Angelika & Kümmel, Gerhard (Hg.): Am Puls der Bundeswehr. Militärsoziologie in Deutschland zwischen Wissenschaft, Politik, Bundeswehr und Gesellschaft. Wiesbaden, 257-275.

Dörfler-Dierken, Angelika & Kramer, Robert (2014): Innere Führung in Zahlen. Streitkräftebefragung 2013. Berlin.

Dörfler-Dierken, Angelika & Wanner, Meike (2018): Innere Führung – zu unkonkret? Eine neue Broschüre bringt die Innere Führung auf den Punkt. In: if Zeitschrift für Innere Führung. Nr. 1/2018, 63-67.

Dula, Chris S. / Ballard, Mary E. (2003): Development and evaluation of a measure of dangerous, aggressive, negative emotional, and risky driving. In: Journal of Applied Social Psychology, 33(2). 263-282. Online abrufbar unter:

https://libres.uncg.edu/ir/asu/f/Ballard_Mary_2003_Developm ent_and_Evaluation.pdf; letzter Zugriff 23.05.2018.

Hartmann, Uwe & von Rosen, Claus (2016): Jahrbuch Innere Führung 2016. Innere Führung als kritische Distanz. Berlin.

Heinz, Wolfang (2004): Kriminalität von Deutschen nach Alter und Geschlecht im Spiegel von Polizeilicher Kriminalstatistik und Strafverfolgungsstatistik. Online abrufbar unter: http://www.uni-konstanz.de/rtf/kik/krimdeu2002.pdf; letzter Zugriff: 23.05.2018.

Klein, Markus & Kühhirt, Michael (2010): Sozial erwünschtes Antwortverhalten bezüglich der Teilung häuslicher Arbeit. Die Interaktion von Interviewergeschlecht und Befragtenmerkmalen in Telefoninterviews. In: Methoden – Daten – Analysen. Jg. 4, Heft 2. 79-104.

Kümmel, Gerhard (2014): Truppenbild ohne Dame. Eine sozialwissenschaftliche Begleituntersuchung zum aktuellen Stand der Integration von Frauen in die Bundeswehr. Forschungsbericht 106. Potsdam: ZMSBw. Online abrufbar unter:

http://www.zmsbw.de/html/einsatzunterstuetzung/downloads/forschungsbericht106truppenbildohnedame.pdf; letzter Zugriff: 23.05.2018.

Limbourg, Maria & Reiter, Karl (2010): Verkehrspsychologie. Verkehrspsychologische Genderforschung. In: Steins, Gisela (Hg.): Handbuch Psychologie und Geschlechterforschung. Wiesbaden, 203-228.

Möhring, Wiebke & Schlütz, Daniela (2010): Die Befragung in der Medien- und Kommunikationswissenschaft. Eine praxisorientierte Einführung. 2., überarb. Aufl. Wiesbaden.

Reinecke, Jost (1992): Interviewer- und Befragtenverhalten: Theoretische Ansätze und methodische Konzepte. Opladen.

Schnell, Rainer (2012): Survey-Interviews. Methoden standardisierter Befragungen. Wiesbaden.

Schwarz, Gerhard (2007): Die „Heilige Ordnung" der Männer. Hierarchie, Gruppendynamik und die neue Rolle der Frauen. 5., überarb. Aufl. Wiesbaden.

Shinar, David & Compton, Richard (2004): Aggressive Driving: An Observational Study of Driver, Vehicle, and Situational Variables. In: Accident Analysis & Prevention 36(03), 429-437.

Stiller, Christian (2017): Innere Führung – konkret. Potsdam: Zentrum für Militärgeschichte und Sozialwissenschaften der Bundeswehr.

Gelegenheitsstrukturen und Subkulturen

Jens Warburg

Wie in den vergangenen Jahren wurden der Öffentlichkeit auch in der jüngsten Vergangenheit Misshandlungen von Soldaten und Soldatinnen[1] bei der Bundeswehr bekannt. Die Misshandlungen gingen von gleichrangigen Soldaten, aber auch von Vorgesetzten aus. Wie schon früher wurde abermals die Frage in den Medien gestellt, ob die Ereignisse sich auf individuelles Fehlverhalten oder auf systemische Probleme zurückführen lassen. Auf den ersten Blick spricht vor allem die Feststellung, dass es sich bei den Misshandlungen keinesfalls um singuläre Ereignisse handelt, für die Annahme, dass die Bundeswehr strukturelle Probleme innerhalb der Truppe hat. Gleichzeitig weisen die Vorfälle aber auch stets Unterschiede auf. Die Orte, die Art der Misshandlungen, wer die Opfer, wer die Täter waren, variieren. Von der Eindeutigkeit ist bei einer etwas genaueren Betrachtung der Vorfälle nicht viel zu sehen. Und trotzdem, gerade weil die Wiederholungen der Ereignisse eine Ursachenklärung dringend macht, ist der Wunsch, die Frage nach der Verantwortlichkeit eindeutig zu beantworten, gut nachvollziehbar. Zugleich muss man aber feststellen, dass eine solche Eindeutigkeit nur um den Preis einer Simplifizierung möglich wäre. Und hier gilt, was Umberto Eco in einem Roman geschrieben hat: „Für jedes komplexe Problem gibt es eine einfache Lösung, und die ist die falsche." (Eco 2011)

Alle eindeutigen Antworten – die Organisation ist verantwortlich oder einzelne Personen haben schuldhaft gehandelt – reagieren unterkomplex auf die konkrete Fragestellung. Allerdings wäre ein „Sowohl als auch" ebenso unbefriedigend wie ein „Ja, aber...". Es soll deshalb versucht werden, eine geeignete Antwort auf die Fragestellung zu finden, um zumindest in Teilen die komplexen Vorgänge zu verste-

---

[1] Grundsätzlich sind stets beide Geschlechter gemeint, auch wenn nur von Soldaten bzw. von Soldatinnen gesprochen wird. Die Begriffe wechseln sich deshalb im nachstehenden Text ab. Dies gilt freilich nicht, wenn wie im Falle der türkischen Streitkräfte von Soldaten gesprochen wird. Denn Frauen dienen nicht beim türkischen Militär.

hen, die für die wiederholten Übergriffe von Soldaten auf Soldaten in der Bundeswehr verantwortlich zu machen sind.

In einem 1. Schritt werden dazu im Folgenden zwei Begriffe dargelegt und entwickelt: Gelegenheitsstrukturen und Subkulturen. Anschließend werden diese Begriffe auf einige der jüngsten Vorfälle angewendet, um möglichst konkret die Verantwortlichkeiten für die Ereignisse bestimmen zu können.

Der Begriff der Gelegenheitsstrukturen stammt, so wie er hier verwendet wird, aus der Kriminalistik, genauer gesagt, aus den Debatten zur Kriminalprävention. Die Rede von Gelegenheitsstrukturen ist auf die Beobachtung zurückzuführen, dass sich bestimmte Räume beziehungsweise situative Gegebenheiten beschreiben lassen, die, der Beobachtung nach, kriminelles Handeln geradezu begünstigen. Ein kriminell Handelnder sieht eine für ihn günstige Situation und entscheidet sich, eine entsprechende Tat zu begehen. Klassisch wird in diesem Zusammenhang immer wieder auf den Handtaschendiebstahl hingewiesen. Die günstige Gelegenheit besteht für den Täter bzw. die Täterin zum einen in einem Opfer, meist einer Frau, dem er oder sie leicht das Objekt der Begierde entreißen kann, eine unübersichtliche Situation für das anvisierte Opfer, und vor allem in der Abwesenheit eines Beobachters, der den Täter bzw. die Täterin an ihrem Handeln hindern könnte. Die präventiven Maßnahmen, die aufgrund solcher Beobachtungen zu ergreifen sind, zielen vor allem darauf ab, solche Gelegenheiten zu minimieren. Wir sind alle mit den Folgen dieser Kriminalpräventionen vertraut. An dieser Stelle sei hier nur auf die Einrichtung von Frauenparkplätzen und auf die Videoüberwachung von öffentlichen Flächen hingewiesen.

Übertragen auf die Bundeswehr von Gelegenheitsstrukturen zu sprechen, heißt, die These zu vertreten, dass bestimmte Strukturen, genauer Organisationseigenschaften, grundsätzlich Gelegenheiten schaffen, die begünstigen, dass Vorgesetzte, aber auch gleichrangige Soldaten, andere Soldaten beleidigen und psychisch sowie körperlich misshandeln. Wenn man den Blick über die Bundeswehr hinaus, auf andere Streitkräfte, erweitert, lässt sich eine solche These plausibilisieren: In allen Streitkräften, sofern überhaupt etwas über ihr Innenleben bekannt ist, kommt es zu derartigen Vorkommnissen. Zugleich ist ihre Zahl in den jeweiligen Militärverbänden höchst unterschiedlich.

Von den russischen Streitkräften, aber auch von den Militärs anderer postsowjetischer Staaten wird von einem den Alltag bestimmenden System der Misshandlung von Soldaten berichtet, der Dedowschtschina („Herrschaft der Großväter"). Im Rahmen dieses Systems werden die rangniedrigen Soldaten, vor allem die Rekruten, von ranghöheren Soldaten ausgeplündert, schikaniert und misshandelt. In den 90er Jahren und frühen 2000er Jahren und damit in den Jahren, die dem Zerfall der Sowjetunion folgten, scheint die Dedowschtschina besonders brutale Formen angenommen zu haben. Wenngleich seit der Reduzierung der Wehrpflicht von 24 auf 12 Monate (2008) die Berichte über Vorfälle von Misshandlungen von Soldaten stark abgenommen haben, gibt es weiterhin Hinweise auf Suizide von Soldaten und ungeklärte Todesfälle beim Militär, die auf Misshandlungen zurückgeführt werden[2]. Berichte über Suizide und ungeklärte Todesfälle im Dienst, die in den Zusammenhang mit Misshandlungen gebracht werden, liegen auch für die Streitkräfte des NATO-Verbündeten Türkei vor[3]. In den US-Streitkräften gehörten bis in die 90er Jahre Praktiken wie die des Code Red bzw. der blanket party zu den inoffiziellen, aber sehr wohl auch von den Vorgesetzten eingesetzten Praktiken, um Soldaten durch Gleichrangige zu bestrafen. In zahlreichen Hollywood-Filmen werden diese Praktiken dargestellt. Im Film „Full Metall Jacket" wird beispielsweise die blanket party dargestellt. Im Verlauf dieser Misshandlungspraxis, die bei den Marines üblich war, wurde ein Soldat in seinem Bett durch eine Decke (blanket) fixiert und andere Soldaten schlugen ihn mit Handtüchern, in die harte Gegenstände eingewickelt waren. Durch das Anordnen eines Code Red bzw. einer blanket party vermieden die Vorgesetzten, selber eine Disziplinarstrafe auszusprechen. Sie verhinderten damit zugleich einen Solidarisierungseffekt gegen die Autorität unter den Soldaten und konnten hoffen, dass die Einheit durch diesen gemeinsam ausgeführten Übergriff

---

[2] S. zum Beispiel den Artikel im Spiegel aus dem Jahr 2010. Online: http://www.spiegel.de/panorama/justiz/russlands-armee-die-machen-mich-hier-zum-krueppel-a-717694.html; letzter Zugriff 28.10.18.
[3] Eine umfangreiche Untersuchung zu Misshandlungen in den türkischen Streitkräften wurde 2012 von einer türkischen Initiative erstellt. Die Gruppe wurde unter anderen von Human Right Watch unterstützt. Online: https://tinyurl.com/y6worlcd; letzter Zugriff 28.10.18.

zusammenwuchs. Bekannt ist auch, dass in der französischen Armee die sogenannte Bizutage praktiziert wurde. Unter diese Bezeichnung werden in Frankreich eine Reihe von Initiationsriten gefasst, die ursprünglich wohl im zivilen Bereich entstanden sind, vor allem im Ober- und Hochschulmilieu. Sie sind heute offiziell verboten, aber es gibt Hinweise darauf, dass sie weiter praktiziert werden, wenn auch in stark abgeschwächter Form.

Wenn man, wie im Grunde mit der Erwähnung der Bizutage bereits geschehen, auch zivile Organisationen betrachtet, wird deutlich, dass insbesondere solche Organisationen, die man mit Erving Goffman als totale Institutionen bezeichnet, günstige Bedingungen für Übergriffe auf Untergebene, Schutzbefohlene etc. bereithalten. Als gemeinsame Merkmale dieses Organisationstypus können gelten, dass ihre Angehörigen von ihrer sonstigen sozialen Umwelt zumindest zeitweise getrennt leben. Die Einzelnen leben in dieser Zeit in einem räumlich wie sozial abgeschlossenen Raum. Letzteres bedeutet vor allem, dass sie in dieser Zeit einer umfassenden Disziplinarmacht ausgesetzt sind, die beansprucht, die Lebensform und -bedingungen innerhalb dieses sozialen Raums zu bestimmen. Da die innerhalb der totalen Institution Lebenden weitgehend getrennt sind von ihrer bisherigen sozialen Welt, fühlen sie sich den hier herrschenden Verhältnissen ausgeliefert – und sie sind es möglicherweise auch – und sie erleben einen enormen Anpassungsdruck an die Normen und Werte dieser Organisationen. Internate, Klöster, Heime, Krankenhäuser, Gefängnisse und eben das Militär gelten als totale Institutionen.[4] Und es ist sicher kein Zufall, dass diese Einrichtungen in den Medien immer wieder als Orte von Übergriffen und Missbräuchen genannt werden.

---

[4] Der Begriff „totale Institution" verweist nicht auf das Theorem des Totalitarismus, das in den Politikwissenschaften entwickelt wurde. Es ist wird auch nicht behauptet, dass alle Organisationen, die die Kriterien einer totalen Institution erfüllen, in jeweils gleichen Maße ihren Angehörigen als Disziplinmacht gegenübertreten. Auch hängt das Ausmaß des Ausgeliefertseins der Angehörigen einer Organisation von der sie umgebenden Gesellschaft ab. Um dies an einem Beispiel zu illustrieren: inwieweit die Insassen von Gefängnissen ihren Mithäftlingen und Wärtern ausgeliefert sind, hängt entscheidend davon ab, wie die Leitung mit Übergriffen in Gefängnissen umgeht und ob Möglichkeiten bestehen, eine Öffentlichkeit gegen Übergriffe zu mobilisieren.

Zusammengefasst lautet die These, dass totale Institutionen günstige Bedingungen für Übergriffe und Misshandlungen durch Vorgesetzte und Gleichrangige aufweisen. Allerdings reicht der Verweis auf diese Gelegenheitsstruktur nicht aus, um die einzelnen Geschehnisse zu erklären. Schauen wir uns noch einmal das Theorem der Gelegenheitsstrukturen genauer an, um dies zu verstehen. Wie mit dem Terminus Gelegenheit angedeutet, hat der bzw. haben die Täter immer die Wahl, sich für eine bestimmte Handlung zu entscheiden. Das Theorem setzt im Grunde einen rational abwägenden Handelnden voraus, der die Gegebenheiten in seinem Sinne richtig einzuschätzen vermag. Gelegenheitsstrukturen erzwingen also noch kein spezifisches Handeln. Es bedarf vielmehr konkreter Individuen, die sich diese zu Nutzen machen wollen. Im Rahmen des Theorems der Gelegenheitsstrukturen kann man aufgrund von Beobachtungen (letztlich: statistischen Erhebungen) feststellen, dass an einem bestimmten Ort für Kriminelle günstige Bedingungen existieren, die ihre Neigung erhöhen, sich für eine kriminelle Handlung zu entscheiden. Wie es zu der Neigung kommt, eine solche Handlung überhaupt ins Kalkül zu ziehen, bleibt im Rahmen des Theorems Gelegenheitsstrukturen ungeklärt.

Um sich den Vorkommnissen weiter zu nähern, schlage ich vor, sich mit dem Phänomen der Subkulturen zu befassen. Ich verwende den Begriff ausdrücklich im Plural. Zum einen will ich damit der Tatsache Rechnung tragen, dass es in den verschiedenen Teilstreitkräften der Bundeswehr unterschiedliche Traditionsbestände, auch Brauchtumsformen gibt, die den Dienstalltag der Soldatinnen auf spezifische Weise prägen. Reguliert werden diese Kulturen durch Richtlinien und eine Vielzahl von Dienstvorschriften. Diese sind in Handbüchern zu finden und schlagen sich sowohl unmittelbar in den Organisationsstrukturen wie in Dienstanweisungen nieder. Neben diesen offiziellen Kulturen bestehen allerdings auch stets informelle Strukturen und Kulturen, die ich als Subkulturen bezeichne.[5]

---

[5] Die nachstehenden Ausführungen unterscheiden sich von den Darlegungen zu Ritualen in der Bundeswehr von Ebeling & Seiffert (2012) durch ihre Konzentration auf subkulturelle Bezüge. Seiffert & Ebeling geht es dagegen um eine Gesamtschau von Bräuchen und Ritualen. Sie setzen sich deshalb stärker auch mit solchen

Die Bildung informeller Gruppen innerhalb der Verbände wird im Rahmen des Theorems der totalen Institution als eine Kompensationsstrategie der Individuen gegenüber den Anforderungen verstanden, die ihnen von Seiten der Institution auferlegt werden. Kurz: die Soldaten schließen sich zu informellen Gruppen zusammen, um nicht als Einzelne und Vereinzelte dem militärischen Alltag standhalten zu müssen (s. Treiber 1973, zur Kritik an Treiber s. Hoffmann 2003). Sie sind deshalb ein Zeichen für die Anpassung der Soldaten an den militärischen Alltag, zugleich können sie aber auch ein Reservoir für Eigenmächtigkeiten der Untergebenen sein. Mit der Bildung informeller Gruppen ist stets die Ausbildung entsprechender subkultureller Praktiken verbunden, deren Eigensinn Vorgesetzte bemerken können, aber nicht müssen. Obendrein können sie auch über die eine oder andere Unregelmäßigkeit hinwegschauen, erst recht, wenn sie sie als Kompensation für die Härten des Dienstalltags erachten, die diesen aber nicht in Frage stellt.

Die Sozialwissenschaften haben sich der informellen Gruppenbildung beim Militär wiederholt angenommen. Grundlegend für ihre Beschäftigungen mit diesem Thema waren die Arbeiten der Research Branch unter Samuel Stouffer zwischen 1941 und 1945. Ein Ergebnis dieser Arbeiten war, dass die individuelle Kampfbereitschaft wesentlich vom Zusammenhalt der Primärgruppe abhing (s. Stouffer 1949: 100f.). Sie plädierten dafür, diese Primärgruppen zu fördern. „Zwar konnte", wie Bröckling die Ergebnisse der Research Branch zusammenfassend benennt, die Gruppenloyalität „in Widerspruch zu den Dienstvorschriften geraten, sei es in Form des verbreiteten ‚Organisierens' von Heeresmaterial, sei es als offene oder verdeckte Befehlsverweigerung, oder als kollektive Überschreitungen bei Alkoholexzessen, Vergewaltigungen oder Plünderungen." (Bröckling 2017: 346) Informelle Gruppenbildungsprozesse sollten trotzdem nicht verhindert werden, weil die Primärgruppensolidarität in der Regel „die Bereitschaft zur Erfüllung des militärischen Auftrags förderte" (ebd.). Es sind vor allem starke Primärgruppen- und Buddy-Beziehungen, die sicherstellen, so die Lehrmeinung, dass Kampfeinheiten den Bedingungen ei-

---

Ritualen auseinander, die von der Bundeswehr offiziell als Teil ihrer Organisationskultur anerkannt und gefördert werden.

nes Einsatzes standhalten können und handlungsfähig bleiben. Festzuhalten bleibt an dieser Stelle, dass die Entstehung von informellen Gruppen mit den ihnen entsprechenden subkulturellen Praktiken als janusköpfig für die offizielle Organisationskultur gelten muss.

Noch zwei weitere wichtige Aspekte sollen an dieser Stelle erwähnt werden: Gesetzliche Normen schlagen sich nicht unmittelbar in kulturellen Normen nieder, und umgekehrt. So können Kulturen als Praxisformen eine große Beharrungskraft gegenüber gesetzlichen Normen aufweisen, die nicht einfach aufgrund von Dekreten verschwinden. Dies sei an einem Beispiel verdeutlicht, das nichts mit dem Militär zu tun hat. Es ist in der Bundesrepublik seit dem Jahr 2000 Eltern verboten ihre Kinder zu schlagen. „Körperliche Bestrafungen, seelische Verletzungen und andere entwürdigende Maßnahmen sind unzulässig" (§ 1631 BGB). Die Gesetzesänderung markierte einen Fortschritt; trotzdem muss man feststellen, dass Kinder weiterhin in ihren Familien geschlagen werden – in allen gesellschaftlichen Schichten. Neu ist, dass die Handlungen der Eltern nun Konsequenzen für die Eltern und die Kinder haben — sofern staatliche Einrichtungen von dieser Praxis erfahren. Und noch etwas darf an dieser Stelle nicht unerwähnt bleiben: Wenn man von unterschiedlichen Kulturen ausgeht, dann ist nicht anzunehmen, dass sich diese jeweils mit gleicher Geschwindigkeit aufeinander zu bewegen und sich stets ähnlicher werden. Das Phänomen der Ungleichzeitigkeit gilt für das Verhältnis von Kulturen – Subkulturen und ist nicht minder bedeutsam für die Sphären Zivilität und Militär. Und gibt es nicht einen letztlich unentschiedenen Streit, inwieweit eine Annäherung zwischen den zivilen Kulturen und dem Militär möglich und sinnvoll ist?

Bevor ich mich im Folgenden ein paar Vorfällen zuwende, über die in den letzten Jahren in der Öffentlichkeit berichtet wurde, möchte bzw. muss ich darauf hinweisen, dass es mir nicht möglich war, mit Betroffenen oder Tätern zu sprechen. Es fanden keine Recherchen vor Ort statt. Alle meine Ausführungen basieren auf öffentlich zugänglichen Informationen. Dieser Umstand macht es unmöglich einzuschätzen, welche Bedeutung individuelle Einstellungen und Motive im Verlauf der jeweiligen konkreten Geschehnisse hatten. Die individuellen Dispositionen für die Taten bilden einen blinden Fleck in den nachfolgenden Ausführungen. Allenfalls begründete Mutmaßungen lassen sich auf dieser Basis formulieren. Lückenhaft sind freilich auch die vorliegenden Informationen zu den Verhältnissen in den Kasernen, zu den Beziehungen der Vorgesetzten zu ihren Untergebenen und der Soldaten und Soldatinnen untereinander. Die nachfolgenden Ausführungen sind also als Skizzen, als Interpretationsangebot und nicht als Feststellungen oder gar Urteile zu verstehen.

Im Mittelpunkt des vielleicht belastendsten Skandals für die Bundeswehr im Jahr 2017 steht der Oberleutnant Franco A. Er wurde im April des Jahres unter dem Vorwurf verhaftet, eine Reihe von Straftaten begangen zu haben: unerlaubten Waffenbesitz, Diebstahl von Munition, Betrug. Er hat sich, nach Angaben der Staatsanwaltschaft, als syrischer Kriegsflüchtling beim Bundesamt für Migration ausgegeben. Mit ihm wurden zeitweise ein zweiter Offizier sowie ein Student festgenommen. Besonders schwer wiegt der Vorwurf, er habe, möglicherweise zusammen mit den anderen zeitweilig Verhafteten, unter anderem geplant, Politiker und Politikerinnen zu töten (Vorbereitung einer schweren staatsgefährdenden Gewalttat nach § 89 StGB). Im Hinblick auf die Frage, ob es sich um individuelles Fehlverhalten oder systemisches Versagen handelt, sind die Straftaten, die Franco A. sowie seinen Mitbeschuldigten vorgeworfen werden, recht eindeutig als individuelles Fehlverhalten zu beurteilen. Wie ist aber mit der Tatsache umzugehen, dass Franco A. eine Masterarbeit im Jahr 2013 vorgelegt hat, die nach Einschätzung des Historikers Prof. Dr. Jörg Echternkamp keine wissenschaftliche Arbeit darstellte, sondern einen „radikalnationalistischen, rassistischen Appell"[6]? Laut Angabe, unter anderem der FAZ, habe der französische Schulkommandeur, der seinen deutschen Vorgesetzten auf diese Arbeit aufmerksam machte, gesagt, dass er einen französischen Lehrgangsteilnehmer auf der Basis einer solchen Arbeit abgelöst hätte.[7] Seine deutschen Vorgesetzten wünschen sich heute vermutlich, sie hätten ähnlich entschieden. Franco A. wurde aber nach mehreren Gesprächen gestattet, die Hochschule weiterhin zu besuchen, eine zweite Masterarbeit zu

---

[6] Zitiert nach Die Zeit vom 10.5.2017. Online: http://www.zeit.de/gesellschaft/zeitgeschehen/2017-05/bundeswehr-rechtsextremismus-franco-a-faq; letzter Zugriff 28.10.2018.

[7] S. FAZ vom 3.5.2017. Online: http://www.faz.net/aktuell/politik/fall-franco-a-wir-haben-doch-nichts-gewusst-14998131.html; letzter Zugriff 28.10.2018.

schreiben, über die keine öffentlich verfügbaren Informationen vorliegen, und er wurde Berufsoffizier. Individuelle Fehleinschätzungen
und Fehlentscheidungen mögen für die weitere Karriere von Franco
A. mit verantwortlich sein. Es fällt aber schwer sich vorzustellen, dass
jemand, der derart offen seine Auffassungen im Rahmen seiner Masterarbeit darlegt, sie im Dienstalltag nicht preisgegeben hätte. Sicher
ist, dass bereits die Vermutung, Offiziere der Bundeswehr hätten über
Jahre hinweg eine Gesinnung in ihren Reihen geduldet oder gar akzeptiert, die sich in einem Text niederschlug, der für „einen politischen Wandel" warb, „die gegebenen Verhältnisse an das vermeintliche Naturgesetz der rassistischen Reinheit" anzupassen[8], eine schwere
Belastung für die Bundeswehr bedeutet. Sicher ist auch, dass die Bundeswehr als Institution ein Interesse daran haben sollte, sich selbst
und die Bürgerinnen und Bürger darüber aufzuklären, welche subkulturellen – vorsichtig ausgedrückt – Duldsamkeiten gegenüber Rechtsextremismus und Rassismus in ihr existieren.

Der Verdacht, dass bei der Bundeswehr rechtsextremistische Gesin-
nungen ausgelebt werden können, spielten im nächsten Vorfall, der
hier besprochen werden soll, ebenfalls eine wichtige Rolle. Mitte Au-
gust 2017 wurde in den Medien berichtet, dass bei der Abschiedsfeier
eines Kompanieführers des Kommandos Spezialkräfte (KSK) auf
einem Kasernengelände der Bundeswehr, rechtsextremistische Musik
gespielt und der sogenannte Hitlergruß von den anwesenden Soldaten
gezeigt wurde. Das Werfen von Schweineköpfen fand vor allem als
Skurrilität Eingang in die Berichterstattung und der Aspekt, dass dem
Kompanieführer von seinen Untergebenen als „Hauptpreis" eine
Frau zugeführt werden sollte, bildeten eine Randglosse. Mitunter
wurde erwähnt, dass der Kompanieführer zu betrunken gewesen sei,
um sich der Frau sexuell zu nähern. Wiederholt wurde in der Berichterstattung daran erinnert, dass fast drei Jahre lang Brigadegeneral
Reinhard Günzel Kommandeur der Einheit war. Letzterer wurde
2003 schlagartig von seinem Kommando entbunden, nachdem er auf
offiziellem Briefpapier ein Schreiben zugunsten eines Bundestagsab-
geordneten verfasst hatte, dem vorgeworfen wurde, antisemitische

---

[8] Aus dem oben genannten Gutachten. Online: https://www.welt.de/pri-
nt/die_welt/politik/article164231871/Die-rassistische-Masterarbeit.html;
letzter Zugriff 28.10.2018.

Ansichten zu vertreten und der deshalb aus der CDU-Bundestagsfraktion ausgeschlossen worden war. Brigadegeneral Günzel war einige Jahre zuvor (1997) vom damaligen Verteidigungsminister Rühe abgemahnt und versetzt worden, nachdem bekannt geworden war, dass es in seiner Einheit wiederholt zu rechtsradikalen Vorfällen gekommen war, die er nicht unterbunden hatte. Nach seiner Entlassung wurde bekannt, dass er sich wiederholt anerkennend zu Wehrmachtseinheiten geäußert hatte und sogar Angehörige der Waffen-SS als Vorbilder für heutige Soldaten pries.

Lassen die Äußerungen dieses Offiziers Rückschlüsse auf die Motive und Haltungen von KSK-Soldaten im Jahr 2017 zu? Ein solcher Rückschluss würde vor allem auf der Annahme beruhen, dass es eine tradierte Werthaltung am Standort des KSK gibt, die über mehrere Kommandeure, die seitdem eingesetzt wurden, Bestand gehabt hätte. Sie würde letztlich mit dem Konstrukt der „Kontaktschuld" arbeiten. Demgegenüber ist die Annahme plausibler, dass der ehemalige Kommandeur der Einheit und die KSK-Soldaten ein krudes Soldatenbild teilen, das seinen Referenzrahmen für Männlichkeit, Disziplin, Aufrichtigkeit, Treue, Gehorsam und Härte aus den Propagandafilmen der NS-Wochenschauen bezieht. Paradoxerweise gilt – zumindest in bestimmten soldatischen Kreisen – das Ideal des Weiterkämpfens unter aussichtslosen Bedingungen als das non plus ultra soldatischer Kampfeskraft. Vergessen wird dabei stets, dass alle deutschen Verbände und überlebenden Soldaten letztlich im Mai 1945 bedingungslos kapituliert haben.

Zurück zur Feier bei der KSK: Auch das Abspielen von Musik einer Gruppe, deren Lieder gegenüber der bestehenden politischen und sozialen Ordnung eine nationalistische bis nationalsozialistische Haltung einnehmen, lässt nicht zwingend den Schluss zu, dass die anwesenden Soldaten ebenfalls für eine entsprechende Gesinnung eintreten. Die vorliegenden Informationen über die Feier lassen vor allem darauf schließen, dass sie, wenn auch vielleicht unbewusst, als ein provokativer Akt angelegt war. Die einzelnen Bestandteile der Feier bildeten einen umfassenden Verstoß gegen Regeln, Werte und Normen, die nicht nur für Bundeswehrangehörige gelten. Gemeint sind der exzessive Alkoholkonsum, das Werfen tierischer Körperteile und die Präsentation einer Frau, die quasi als Beute dem Vorgesetzten zugeführt werden sollte. Die Teilnehmer scheinen sich als machistische Männer- und Kriegerhorde inszeniert zu haben. Diese Grenzverletzungen waren wohl ebenso das Ziel wie der Inhalt der Veranstaltung. Zu den Grenzverletzungen gehörte im Rahmen dieser Interpretation auch der Verstoß gegen den politischen Common Sense.[9] Die beteiligten Soldaten haben nicht nur Schweineköpfe weggeworfen, sondern symbolisch haben sie auch ihren eigenen Kopf, ihren Verstand verloren. Das Bild, das sie dabei abgaben, ist weder schön noch harmlos. Und trotzdem ist nicht notwendigerweise von einem rechtsextremistischen Weltbild unter den beteiligten KSK-Soldaten auszugehen. Sofern man davon ausgeht, dass ihre Ausbildung nicht folgenlos geblieben ist, wäre zu fragen, welche Verhältnisse die Soldaten vorfanden, dass sie auf der Basis ihrer individuellen Wahrnehmungs-, Denk- und Handlungsoptionen ein derartiges soldatisches Selbstbild entwickeln konnten und an diesem Abend zumindest in Teilen auslebten. Ihr subkulturelles Soldatenbild weist, so die hier vertretene Einschätzung, starke affirmative Bezüge zu rechtsextremistischen und rassistischen Weltanschauungen auf. Diesem Sachverhalt wird man nicht durch Einschalten der Staatsanwaltschaft begegnen können. Diese Soldaten haben ein Haltungsproblem, dessen sich ihre politische und ihre militärische Führung dringend annehmen sollte.

Im Zentrum wohl der meisten aller Vorkommnisse in der Bundeswehr, die in der Öffentlichkeit als skandalös eingestuft werden, stehen Praktiken und Drangsalierungen, denen sich Soldatinnen ausgesetzt sehen und die von ihren Kameraden ausgehen, gleichrangigen wie höherrangigen Soldaten. Beschwerden über menschenunwürdige und -verachtende Praktiken werden von Soldaten gegenüber ihren Vorgesetzten geführt oder werden auch an den Wehrbeauftragten des Deutschen Bundestages adressiert. In einigen Fällen scheinen die Medien

---

[9] Die bereits vor der Veröffentlichung des Vorfalls angelaufene Untersuchung bei der Bundeswehr, habe, so ist in einzelnen Berichten zu lesen, keinen Verdacht auf Rechtsextremismus bestätigt (s. Artikel in Deutsche Welle. Online: http://www.-dw.com/de/rechtsextremismus-ermittlungen-gegen-ksk-soldaten/a-40135793; letzter Zugriff 5.12.17. So wurde wohl von den vernommenen Soldaten behauptet, es habe sich um einen „Ave Cäsar"-Gruß gehandelt. S. Artikel im Spiegel. Online: http://www.spiegel.de/politik/deutschland/bundeswehr-ermittelt-nach-geschmackloser-party-von-ksk-soldaten-a-1163290.html; letzter Zugriff 05.12.2017.

über Geschehnisse berichten zu können, die zuvor zumindest dem Wehrbeauftragten und dem Ministerium unbekannt waren. Eine genauere Betrachtung dieser Vorkommnisse spricht für eine Differenzierung dieser Vorfälle in zwei verschiedenen Kategorien. Häufig handelt es sich bei berichteten Vorkommnissen um Initiationsriten. Wenn in diesen Praktiken keine Vorgesetzten aktiv eingebunden sind, sie also die Geschehnisse nicht befohlen haben, die in ihrer Abwesenheit vollzogen wurden, spricht dies stets für einen Aufnahmeritus von Neulingen in eine Gruppe von Soldaten. Davon unterscheiden lassen sich Vorkommnisse, die zum Beispiel in einer Ausbildungssituation stattgefunden haben, die von Vorgesetzten geleitet wurde.[10]

Zu Initiationsriten: Wer sich einem Aufnahmeritus zu unterwerfen hat, der wird Mitglied einer Gruppe. Sie oder er verlässt damit den Status einer zuvor als inferior eingestuften Position, steigt auf. Initiationsriten sind beileibe kein Phänomen, das sich nur bei Gruppenbildungsprozessen innerhalb totaler Institutionen finden lässt. Initiationsriten gibt es auch in Teams und Gruppen, die in der zivilen Wirtschaft tätig sind oder soziale Arbeit verrichten. Auch hier stellen Initiationsriten für die Betroffenen oftmals kein fröhliches Happening dar, zumal sie sich hier häufig in verdeckten Formen vollziehen – nicht umsonst bilden sie ein mögliches Thema in der Supervision z.B. von Teams. Soldatinnen können sich freilich schwerer als etwa Büroangestellte einem Initiationsritus entziehen, da sie mit den sie umgebenden Menschen ihren gesamten Alltag, den Dienst sowie einen großen Teil ihrer Freizeit und auch die Schlafräume teilen müssen. Ohne den Anschluss an eine Gruppe laufen sie Gefahr, ihren Alltag

---

[10] Zu Beginn des Jahres 2017 wurde in den Medien, aber auch durch Bundeswehr-Pressemitteilungen der Eindruck vermittelt, dass es im Rahmen der Kampfsanitätsausbildung in Pfullendorf zu sexualisierten Übergriffen von Ausbildern und Ausbilderinnen auf die Lehrgangsteilnehmer/innen gekommen sei. Nach Einschätzung der Staatsanwaltschaft Hechingen, die daraufhin Vorermittlungen aufgenommen hatte, gab es aber keine Ausbildungspraktiken, die als übergriffig einzustufen gewesen wären. Das Verfahren wurde im Mai 2017 eingestellt. Die internen Ermittlungen der Bundeswehr waren inzwischen zu dem gleichen Ergebnis gekommen. S. Wiegold: „Entwürdigende Vorfälle in Pfullendorf: Auch Bundeswehr-intern kein Beleg". Online: http://augengeradeaus.net/2017/06/entwuerdigende-vorfaelle-in-pfullendorf-auch-bundeswehr-intern-kein-beleg/#more-27538; letzter Zugriff 28.10.2018.

allein und vielleicht sogar gegen andere Mitglieder der Einheit aushalten zu müssen. Der Gruppendruck, der auf ihnen lastet, ist also wesentlich höher. Auch wenn man davon ausgeht, dass die Betroffenen nur selten physisch und psychisch massiv drangsaliert werden, gehört doch zu den wesentlichen Merkmalen einer Initiation, dass den Betroffenen Proben oder Prüfungen auferlegt werden, die mehr oder weniger dramatisch ausfallen. Symbolisch geht es um das Aushalten von Angst, um Überwindung bzw. den Tod des alten Ichs, das mit dem Status des Neulings verbunden war, um anschließend wieder aufzuerstehen und symbolisch als Gruppenmitglied wiedergeboren zu werden (s. Eliade 1989: 159f.). Verbotenes oder doch Anstößiges ist deshalb häufig Bestandteil eines solchen Ritus. Gerade der gemeinsame Verstoß gegen die geltenden Regeln soll die einzelnen Gruppenmitglieder aneinander binden, die Gemeinsamkeit absichern. Vorgesetzte dürfen im Grunde auch deshalb nicht an den Riten teilnehmen, weil sich eine Gruppenbildung vollzieht, um den Belastungen des Dienstes besser standhalten zu können, die wiederum von den Vorgesetzten formuliert werden.

Wenn also Vorgesetzte sagen, dass sie nichts von den Praktiken wissen, so sprechen sie vor allem erst einmal nur das aus, was dem Ritus nach sein soll. Dass sie aber stets ahnungslos waren, ist schwer vorstellbar. Dies gilt besonders dann, wenn es sich um tradierte Riten handelt, die über Jahrzehnte praktiziert wurden. So gibt es den Hinweis, dass der sogenannte Fux-Test bei den Gebirgsjägern in Mittenwald keine Erfindung jüngster Zeit war, sondern über 50 Jahre lang praktiziert wurde.[11] Freilich kann nicht ausgeschlossen werden, dass ein Initiationsritus eine dramatische, zuvor unbekannte Verschärfung erfahren hat, die den Vorgesetzten tatsächlich unbekannt war. Hier wäre vor allem die Frage zu stellen, weshalb sich eine derartige Veränderung vollzogen hat. Weiter ist zu bedenken, dass das, was vor Jahren und Jahrzehnten als harmloser Scherz gegolten hat, damals vielleicht nur anstößig wirkte, heute aber als völlig inakzeptabel gelten kann. Ich erinnere in diesem Zusammenhang an meine Ausführungen zur Ungleichzeitigkeit von Kulturen und Gesetzen. Über welche

---

[11] S. Artikel in der Süddeutschen Zeitung. Online: http://www.sueddeutsche.de/politik/bundeswehr-rekruten-in-mittenwald-bis-zum-erbrechen-1.61606, letzter Zugriff 28.10.18.

Praktiken Vorgesetzte hinwegsehen können, und bei welchen sie einschreiten müssen, lässt sich nicht für alle Zeiten bestimmen. Der Umgang mit Aufnahmeriten ist grundsätzlich als schwierig einzustufen, weil sie Gelegenheiten für Übergriffe von Soldaten auf Soldaten schaffen.

Im Januar 2017 wurde ein Aufnahmeritus öffentlich bekannt, der in der Stauferkaserne in Pfullendorf praktiziert wurde. Es handelte sich um ein von den Soldaten selber als „Gefangenenspiel" bezeichnetes Ritual, das zumindest im Herbst 2016 mehrmals stattfand. Im Verlauf dieser Rituale wurden Soldaten gewaltsam aus ihren Stuben gebracht, gefesselt und mit kaltem Wasser abgespritzt. Ein Verwaltungsgericht hat im Juli 2017 die Entlassung von 4 Soldaten als rechtmäßig eingestuft, weil sie sich Verstöße gegen die „Kameradschaftspflicht" und „Dienstpflichtverletzungen" begannen hätten.[12] Dass solche Praktiken in Pfullendorf, aber auch anderswo, lange Zeit nicht unterbunden wurden, liegt an dem Einverständnis vieler, vielleicht sogar der allermeisten der erniedrigten, gedemütigten und misshandelten Soldaten. Diese Beobachtung sollte alle Verantwortlichen sehr beunruhigen. Über die Gründe der einzelnen Soldaten für ihre Haltung ist wenig bekannt, aber aus den wenigen Einlassungen von Beschuldigten und Zeugen kann man schlussfolgern: Nicht nur Anpassungsdruck und Autoritätshörigkeit spielen eine Rolle für ihr Einverständnis, sondern auch der Wunsch, durch diese Praxen „abgehärtet" zu werden, die Angst, dass die reguläre Ausbildung sie nur ungenügend auf kommende Situationen während eines Einsatzes vorbereiten würde. Die Praktiken wären demnach ein notwendiger Schritt der Bewährung, notwendig als Folge des Ausgewähltseins, um letztlich den Härten des Alltags im Krieg standhalten zu können. Die Soldaten streb(t)en einen soldatischen Habitus an, in dessen Zentrum die Ausübung extremer Gewalt steht, sowie die Bewältigung des Erlebten und Erfahrenen. Nicht eine zwingende militärische Notwendigkeit bildete das Motiv für diese Soldaten, vielmehr scheint ein solcher Habitus an sich enorm attraktiv zu sein, weshalb sie sich solche Praktiken gefallen

---

[12] S. Verwaltungsgerichtsurteile VG Sigmaringen 5 K 1899, 1934, 3459 und 3625/17 vom 19.07.2017. Online:
http://augengeradeaus.net/2017/09/aufnahmerituale-in-pfullendorf-entlassene-soldaten-wollen-weiter-klagen/, letzter Zugriff 28.10.2018.

lassen. Das würde bedeuten, dass die Akzeptanz solch erniedrigender und menschenverachtender Praktiken eine subkulturelle Folge der offiziell angestrebten „Einsatzorientierung" der Bundeswehr wäre, die bei den Soldatinnen und Soldaten Angst und den Wunsch nach Härtung ausgelöst hat. Die „Einsatzorientierung", das heißt: die Erwartung, sich in einem Kampfeinsatz bewähren zu müssen, wirkt wie ein Gravitationszentrum auf das Selbstverständnis und die Identitätsbildung von Soldaten. Der sich hier herausbildende soldatische Habitus kann im Widerspruch zur offiziellen Organisationskultur stehen, dysfunktional im Kasernenalltag sein und vor allem unvereinbar mit solchen Militäreinsätzen, in deren Mittelpunkt kein Kampfeinsatz steht.[13]

Schluss

Eine Neufassung des Traditionserlasses und auch eine Bekräftigung der Prinzipien der Inneren Führung werden vermutlich nicht verhindern, dass es zukünftig Übergriffe auf Soldaten durch ihre Kameraden bei der Bundeswehr geben wird. Grundsätzlich ist sogar davon auszugehen, dass jede von der politischen und militärischen Führung veranlasste Maßnahme allenfalls dazu führt, dass sich die Zahl der Ereignisse verringert. Bereits um dieses Ziel anzuvisieren, müsste viel Forschung betrieben werden. Deshalb war eine umfassende Untersuchung der Binnenverhältnisse der Bundeswehr, die im Frühjahr 2017 kurzzeitig vom Verteidigungsministerium angestrebt wurde, eine gute Idee. Mit der vom Kriminologischen Forschungsinstitut Niedersachsen vorgeschlagenen umfangreichen Untersuchung, bei der 20.000 Soldatinnen interviewt werden sollten, hätte sich klären lassen, wie sich die Gefahr, Opfer von Übergriffen zu werden, verringern lässt. Eine solche Studie hätte mehr Wissen über die Motive der Täter und ihre allzu duldsamen Opfer erzeugen und die Dynamik aufzeigen können, die zu Exzessen geführt hat. Und sie hätte den Vorgesetzten

---

[13] Den Soldaten, die gegen ihre Entlassung geklagt hatten, wurde vom Verwaltungsgericht Sigmaringen vorgehalten, dass der praktizierte Initiationsritus unter anderen geeignet gewesen sei „den militärischen Zusammenhalt und das gegenseitige Vertrauen sowie die Bereitschaft zum gegenseitigen Einstehen zu gefährden." (5 K 1899/17, s. Fußnote 11). Ausführlicher wird auf paradoxen Folgen der „Einsatzorientierung" auf die Identitätsbildung in Warburg (2010) eingegangen.

und den Mannschaften helfen können, die Prinzipien eines demokratischen Gemeinwesens auch unter prekären Bedingungen aufrechtzuerhalten.

Literatur

Bröckling, Ulrich (2017): Schlachtfeldforschung: Die Soziologie des Krieges. In: Derselbe: Gute Hirten führen sanft. Berlin, 334-362.

Ebeling, Klaus / Seiffert, Anja (2012): Zur Ritualkultur (in) der Bundeswehr. In: Kompass, Soldat in Welt und Kirche. Hg.: Der Katholische Militärbischof für die Deutsche Bundeswehr. Ausgabe 2/12. 6-8. Online: https://tinyurl.com/y92zh3y9; letzter Zugriff am 28.10.2018.

Eco, Umberto (2011): Das Foucaultsche Pendel. München.

Eliande, Mircea (1989): Die Sehnsucht nach dem Ursprung. Frankfurt.

Hoffmann, Erwin (2003): Die Sozialisation wehrpflichtiger Soldaten. Berlin.

Stouffer, Samuel A. et al. (1949): The American Soldier: Combat and its Aftermath. Vol. II. Princeton.

Treiber, Hubert (1973): Wie man Soldaten macht. Düsseldorf.

Warburg, Jens (2010): Paradoxe Anforderungen an soldatische Subjekte avancierter Streitkräfte im (Kriegs-)Einsatz. In: Apelt, Maja (2010) Hg.: Forschungsthema: Militär. Wiesbaden, 245-270.

Erziehung zur Härte?
Reflexionen über ein zweifelhaftes Erziehungsideal

Hildegard Hamdorf-Ruddies

Erziehung zur Härte – wie geht das? Geht das überhaupt? Dass Erziehung zur Härte „geht", ist – glaube ich – keine Frage. Natürlich „geht" das, und wer wüsste das besser als Soldaten, auch solche der Bundeswehr? Ist hart sein gegen sich selbst und gegen andere nicht geradezu eine Voraussetzung für das Arbeiten im militärischen Kontext? Generationen von Soldaten haben es in ihrer Ausbildung und in ihrem Dienst erfahren, was es heißt, zur Härte „erzogen" zu werden, abgehärtet zu werden, hart gegen sich selbst und andere Menschen zu sein. Und es gibt ja schließlich auch Programme, die geradezu darauf abzielen, Menschen die Scheu, anderen Gewalt anzutun oder sie zu töten, abzutrainieren.

Beim Militär ist Härte als Haltung oder Eigenschaft lange unbestritten gewesen. Härte galt – und gilt bei manchen – als eine Bedingung, im Kampf bestehen zu können. In der Diskussion um das Konzept der Inneren Führung, in dem andere Erziehungsziele für Soldaten formuliert werden, ist denn auch der verächtliche Begriff "Weichei" aufgetaucht. Mein Mann, dessen Vater Berufssoldat war, hat erzählt, dass in den Gesprächen im Freundeskreis seiner Eltern um die Innere Führung in den Jahren nach 1956 gesagt wurde, "das sind keine richtigen Soldaten mehr, das sind Weicheier."

Überlegungen zum Begriff und seinem Bedeutungsspektrum

Härte ist, so habe ich es im Internet (Wikipedia) gefunden, zunächst ein Begriff aus der Mineralogie, ein Fachausdruck, der den Festigkeitsgrad von Gesteinen beschreibt, vom Speckstein bis zum Diamant. Das Lexem Härte findet sich zwar nicht im „Wörterbuch des Unmenschen" (1957); trotzdem gehört es in diesen Zusammenhang, denn Härte und ihre Derivate wurden im Nationalsozialismus spezifisch eingefärbt und aus einem mineralogischen in einen menschlich-militärischen Bedeutungszusammenhang überführt. So wie der Stein, so sollte der deutsche Mann bzw. der deutsche Soldat sein. Aus einem technisch-naturwissenschaftlichen Begriff wurde ein moralischer. Dieser Begriff findet sich in etlichen Sprüchen, in denen Härte im Umgang mit sich selbst oder mit anderen eine positive Bedeutung hat:

„Gelobt sei, was hart macht",

„ein deutscher Junge weint nicht",

„was uns nicht umbringt, macht uns härter",

bis hin zu der Forderung Adolf Hitlers, dass deutsche Jungen hart wie Kruppstahl sein sollen. Die Liste solcher Sprüche lässt sich fortsetzen.

Dabei sind Menschen, was ihre körperliche und seelische Konsistenz anbelangt, eher weich und verletzbar. Sie reagieren auf eigene Verletzungen mit Schmerz und dem Versuch, sich zu schützen. Dabei besteht eine Möglichkeit des Selbstschutzes natürlich darin, sich unempfindlich zu machen, um den Schmerz nicht zu spüren. Geht es um Schmerz und Verletzung von anderen, reagieren Menschen ‚normalerweise' mit Mitgefühl. Ein ganz einfaches Beispiel dazu: wenn Sie sehen, dass jemand Anderer stürzt oder sich in den Finger schneidet, verziehen sie unwillkürlich Ihr Gesicht und sagen so etwas wie "Aua". Dafür sorgen – so weiß man inzwischen aus der Hirnforschung – die Spiegelneuronen in unserem Gehirn (Lausch 1973). Mitgefühl ist eigentlich eine ganz elementare Reaktion auf das Erleben, dass andere Menschen verletzt werden.

Dennoch gibt es in vielen Berufen Situationen, in denen Härte gegen sich selbst notwendig ist. Ich selbst habe das in meiner Zeit als Klinikseelsorgerin erfahren, zum Beispiel in der folgenden Situation: Ich werde von einer Hebamme zu einer Mutter gerufen, deren Kind einen Tag vor dem Geburtstermin im Mutterleib gestorben ist. Das Kind ist tot zur Welt gekommen und ich gehe zu der Mutter, die ihr totes Kind bei sich hat.

In dieser Situation die Trauer und Verzweiflung wahrzunehmen, zu versuchen, für die Mutter und die anderen aus der Familie da zu sein, war meine Aufgabe als Seelsorgerin. Um für die Betroffenen da sein zu können, war es auch notwendig, die eigenen Gefühle ein Stück auf Distanz zu halten. Ich habe in dieser und in ähnlich schweren Situati-

onen immer wieder empfunden: auch wenn es mich eigentlich um-
wirft – jetzt muss ich "stehen", um für die Menschen, um deren Leid
es geht, eine Hilfe zu sein. Ich muss jetzt in gewisser Weise gegen
mich selbst hart sein, kann meinen eigenen Gefühlen von Erschre-
cken und Traurigkeit nicht viel Raum geben, darf jedenfalls nicht in
ihnen versinken. Allerdings brauchte ich danach, wenn ich nicht mehr
als Seelsorgerin gebraucht wurde, auch Orte, wo mein Schmerz, meine Erschütterung da sein durften, wo ich weinen und klagen konnte.
Sonst wäre ich ziemlich bald an diesen Gefühlen erstickt oder hart
geworden und damit zur Seelsorge unfähig oder sogar krank. Die
Fähigkeit zu dieser "Härte gegen sich selbst" ist notwendig – für
mich, aber vor allem für die Menschen, für die ich als Seelsorgerin da
bin. Das habe ich immer wieder erfahren.

Gleichzeitig muss ich als Seelsorgerin – trotz aller situativ erforderlichen Härte – in Kontakt sein mit meinen Gefühlen, damit ich mit den
Menschen, denen ich gerade begegne, mitfühlen kann. Es ist wichtig,
dem Gegenüber Raum zu geben, seinem Schmerz, seiner Verzweiflung Ausdruck zu geben. Dazu brauche ich selbst einen Resonanz-
raum und zugleich die Härte – oder auch die Stärke – nicht selbst im
Schmerz zu versinken.

Diese notwendige Härte gegen sich selbst kennen alle, die in ihrem
Beruf mit Menschen zu tun haben: Ärzte, Pflegende, Polizisten... Die
Reihe lässt sich fortsetzen. Auch Soldaten kennen dies. Härte ist in
manchen Situationen notwendig und hilfreich und somit eine Stärke.
Wenn sie aber zum Prinzip, gar zum Erziehungsziel wird, dann ist die
Grenze zur Unmenschlichkeit bald überschritten.

Härte als Erziehungsprinzip und Erziehungsziel

Eine Frau, die das Konzept der Erziehung zur Härte bis zum Exzess
ausgearbeitet und verbreitet hat, ist Johanna Haarer. Sie war eine ös-
terreichisch-deutsche Ärztin und Autorin von auflagenstarken Erziehungsratgebern im Dritten Reich. Ihre Ratgeber, z.B. "Die deutsche
Mutter und ihr erstes Kind" (Haarer, Erstveröffentlichung 1934, bis
1939 190 Tsd.), wurden reichsweit in den Mütterberatungsstellen weitergegeben und befanden sich in fast jedem deutschen Haushalt.
Nach 1945 wurde das Buch unter Weglassung von „deutsche" im

Titel und mit einigen Retuschen weiter veröffentlicht. Es erfuhr zahlreiche Neuauflagen, zuletzt eine angeblich „Völlig neubearbeitete und erweiterte Auflage" im März 1996.

Die Erziehung wird bei Haarer zu einer Technik, die durch die Ablehnung von Freude, Zuneigung oder Trösten gekennzeichnet ist. Haarer – und mit ihr die Mütter, die sich nach ihren Ratschlägen verhalten – betrachten das Kind als Feind. So forderte Haarer beispielsweise, wenn das Kind, das nach einem festen Stundentakt gefüttert werden soll, zwischendurch schreit und wenn auch der Schnuller als Beruhigungsmittel versagt: „Dann, liebe Mutter, werde hart! Fange nur ja nicht an, das Kind aus dem Bett herauszunehmen, es zu tragen, zu wiegen, zu fahren oder es auf dem Schoß zu halten, es gar zu stillen. Das Kind begreift unglaublich rasch [...]. Nach kurzer Zeit fordert es diese Beschäftigung mit ihm als ein Recht, gibt keine Ruhe mehr, bis es wieder getragen, gewiegt oder gefahren wird – und der kleine, aber unerbittliche Haustyrann ist fertig." (Haarer 1939: 70) Um von Beginn des Lebens an das Kind nicht zu verwöhnen, schlägt die Ärztin vor, das Neugeborene in den ersten 24 Stunden seines Lebens alleine in einen Raum zu stellen. In den Erziehungskonzepten der Kinderkrippen der DDR und in pädagogischen Ratgebern wie „Jedes Kind kann schlafen lernen" (Kast-Zahn & Morgenroth 2011) oder „Der kleine Tyrann" (Prekop 1988) lassen sich bis heute deutliche Spuren dieses pädagogischen Ansatzes finden. Oberstes Ziel der Erziehung ist es hier, Kinder zum Gehorsam und zur Anpassung zu erziehen – früher nannte man das: den Willen des Kindes brechen. Die Beziehung zum Kind ist eine Kampfbeziehung, und das Ziel der Erziehung besteht darin, in diesem Kampf immer wieder deutlich zu machen, dass die Eltern die Stärkeren sind.

Folgen dieser Pädagogik, das ist inzwischen in der pädagogischen und psychologischen Forschung untersucht, sind starke Bindungsstörungen und Unfähigkeit zum Mitgefühl (Brisch 2006). Die Auflagenzahl von Johanna Haarers Erziehungsratgeber, die Diskussion ihres Konzepts und das Weiterwirken ihrer Überzeugungen in anderen Erziehungsratgebern machen deutlich, wie sehr diese Haltung über Generationen vererbt worden ist. Haarers jüngste Tochter hat ihre Erfahrungen mit dieser Mutter geschildert in ihrer Autobiografie "Die deutsche Mutter und ihr letztes Kind" (Haarer 2012: 337-339; vgl. auch Ahlheim 2012).

In den Seelsorgekursen, die ich leite, spielt die Reflexion der eigenen Biographie eine große Rolle. Da es in der Seelsorge sehr wichtig ist, Menschen in ihren seelischen Situationen verstehen zu können und sie mitfühlend zu begleiten, ist es notwendig, dass Seelsorgerinnen und Seelsorger sich mit ihrer eigenen Geschichte, mit ihren eigenen Grenzen und Schattenseiten auseinandersetzen. Es hat mich immer wieder berührt, wenn traumatische Erfahrungen aus der Kinder- und Jugendzeit in dieser Arbeit an der eigenen Biografie auftauchten. Kolleginnen und Kollegen erzählen Geschichten, wie sie als Kinder von ihren Eltern in Keller gesperrt oder geschlagen wurden, weil sie nicht gehorsam waren. Dass sie von ihren Eltern, die selbst unfähig zu Empathie waren, abgeschoben wurden in Kinderkrippen oder zu Großeltern. Dass es kein Verständnis gab für die kindlichen Ängste und Bedürfnisse. Es ist für mich immer wieder erschütternd, wie nachhaltig sich solche Erfahrungen auswirken, z.B. in der Schwierigkeit, heute – Jahrzehnte später – anderen Menschen mit Empathie zu begegnen. Und es wurde immer wieder deutlich, wie die Unfähigkeit zu Mitgefühl über Generationen weitergegeben wurde, wie sie sozial ‚vererbt‘ wurde. Bei den Kolleginnen und Kollegen, mit denen ich zu tun hatte, war es ja meist die Eltern- bzw. Großelterngeneration, die durch eine Erziehung, wie sie Johanna Haarer propagiert hat, gegangen sind.

In den Büchern, die in den letzten Jahren zum Thema Kriegskinder und Kriegsenkel erschienen sind, kann man viel darüber erfahren, wie sehr traumatische Kriegs- und Fluchterfahrungen in und nach den beiden Weltkriegen über Generationsgrenzen hinweg Menschen in der Gegenwart behindern im humanen Umgang mit sich selbst und anderen (Bode 2009).

Erziehung zur Mündigkeit

Theodor W. Adorno setzt sich in seinem programmatisch betitelten Sammelband "Erziehung zur Mündigkeit", speziell in dem hier abgedruckten Aufsatz „Erziehung nach Auschwitz" (Adorno 1970), mit dem Stellenwert von Härte als Erziehungsziel auseinander. Es geht ihm darum zu reflektieren, was geschehen kann und muss, damit Auschwitz sich nicht wiederholt. Im Zusammenhang mit den Fragen, welche Faktoren dazu beigetragen haben, dass es zum Faschismus kommen konnte, kommt er auf den Stellenwert der Härte als Erziehungsziel zu sprechen. Nach Adorno geht es bei der Härte um "ein vorgebliches Ideal, das in der traditionellen Erziehung auch sonst seine erhebliche Rolle spielt" (Adorno 1970: 100f.). Härte sei notwendig, um den als richtig scheinenden Typus vom Menschen hervorzubringen. Dieses Erziehungsziel, so Adorno, ist durch und durch verkehrt. "Das gepriesene Hart-Sein, zu dem erzogen werden soll, bedeutet Gleichgültigkeit gegen den Schmerz schlechthin [...]. Wer hart ist gegen sich, der erkauft sich das Recht, hart auch gegen andere zu sein und rächt sich für den Schmerz, dessen Regung er nicht zeigen durfte, die er verdrängen musste." (Adorno, 1970: 101) Dieser Mechanismus ist ebenso bewusst zu machen wie eine Erziehung zu fördern ist, die nicht auch noch Prämien auf den Schmerz setzt und auf die Fähigkeit, Schmerzen auszuhalten. Stattdessen – so Adorno weiter – gehe es um eine Erziehung, die Ernst macht mit dem „Gedanken, [...] dass man die Angst nicht verdrängen soll. Wenn die Angst nicht verdrängt wird, wenn man sich gestattet, real so viel Angst zu haben, wie diese Realität Angst verdient, dann wird gerade dadurch wahrscheinlich doch manches von dem zerstörerischen Effekt der unbewussten und verschobenen Angst verschwinden" (Adorno 1970: 101). Angst zuzulassen, setzt voraus, dass nicht Härte das oberste Ziel ist, sondern Mitgefühl – mit anderen und mit sich selbst.

Ein größerer Gegensatz zwischen zwei Erziehungszielen als der zwischen dem Konzept von Johanna Haarer und den Gedanken Theodor W. Adornos ist wohl kaum denkbar.

Stellenwert der Erziehung zur Härte innerhalb der Bundeswehr und ihrem Konzept der Inneren Führung

Das Konzept der Inneren Führung hatte und hat das Ziel, einen Rahmen zu schaffen für eine Armee, die demokratisch eingebunden ist. Das war und ist meines Wissens bis heute einzigartig in der Welt. Die Bundeswehr ist keine sich selbst genügende, eigenen Regeln und

Idealen verpflichtete Institution, sondern sie ist eingebunden in die demokratische, plurale und der Freiheit verpflichtete Gesellschaft. Für Soldaten gibt es daher kein ‚Sonderethos'. Der Soldat, der Staatsbürger in Uniform, soll ein aktiver Demokrat sein.

Das bedeutet, dass auch die Erziehungsziele für die jungen Soldaten und Soldatinnen sich daran messen lassen müssen.

Für Wolf Graf von Baudissin ist es daher ein falsches Ideal, junge Soldaten durch harte Anforderungen zu tapferen Kämpfern zu machen. Nicht Härte ist das Erziehungsziel, sondern die Fähigkeit, sich für die politische Freiheit aller Menschen einzusetzen und sie zu verteidigen. Innere Führung soll "die institutionellen, erzieherischen und betreuerischen Vorbedingungen [...] schaffen, damit sich in der Truppe ein Geist entwickeln kann, der in vollem Einklang mit den sittlichen Grundlagen und Wesensformen unserer freiheitlichen Lebensordnung steht. Dieses lässt sich nur dadurch erreichen, dass der Einzelne während seines Wehrdienstes das erlebt, was er notfalls verteidigen muss. Für den heutigen Kämpfer genügt nicht eine stumpfe, passive, vorwiegend körperliche Härte, die im Grunde nur Gefühllosigkeit ist; was ihn tragen sollte, ist vielmehr die innere Bereitschaft mit den physischen und psychischen Belastungen fertig zu werden und die Erfahrung der eigenen Bewährung." (Dörfler-Dierken 2010: 263) Hinzu kommt, dass die Veränderungen im militärischen Bereich eine immer höhere Anforderung an die Entscheidungs- und Verantwortungsbereitschaft und -fähigkeit des Einzelnen stellen und schon von daher andere Tugenden als die der Härte und des Gehorsams gefordert sind. Wenn Wolf Graf von Baudissin von Härte spricht, dann ist damit Härte gegen sich selbst gemeint, die aus einer Einsicht in die gestellte Aufgabe erwächst. Es geht um Verantwortung sich selbst gegenüber und darum, aufmerksam und sensibel mit sich selbst umzugehen. Denn wer das nicht kann und tut, ist auch nicht in der Lage, Verantwortung für andere zu übernehmen. Solche Selbstverantwortung kann durchaus Härte gegen sich selbst erfordern, die freiwillige Anstrengung und Opfer fordert. Es handelt sich aber nicht um eine Forderung, die ein Vorgesetzter an einen Untergebenen richten kann. Härte ist demnach etwas, was der Soldat sich aus freiem Willen selbst auferlegt, wenn es die Situation erfordert. In aller Schärfe, so Angelika Dörfler-Dierken, weist Wolf Graf von Baudissin die

Forderung nach disziplinierender Erziehung zurück. "Eine aufge-zwungene Disziplin nützt nichts mehr. Sie führt nur zu Ressenti-ments, Gleichgültigkeit, Widerstand und bringt notwendige seelische Schäden mit für den, der diese Disziplin von oben her aufzwingt wie für das Opfer. Den modernen Soldaten kann allein seine Selbstdiszip-lin tragen. [...] Aus dieser Selbstdisziplin erwächst die Härte, die keine Gefühlsrohheit gegen Dritte oder passives Dulden ist, sondern diese innere Bereitschaft, das zu ertragen, was sich aus der Aufgabe ergibt." (Dörfler-Dierken 2010: 262) Das bedeutet, so Dörfler-Dierken, dass die sogenannten Sekundärtugenden eine Gefahr sind, wenn sie nicht an höhere Werte wie Freiheit, Demokratie, Recht, Frieden, Verant-wortung rückgebunden sind und von diesen her bestimmt werden.

In diesem Denkzusammenhang ist Härte etwas, das situativ gefordert sein kann, im Sinne von Leistungsbereitschaft – auch Marathonläufer oder Bergsteiger sind situationsbezogen hart gegen sich selbst – nie-mals aber Selbstzweck. Die schon benannten Werte bilden den Rah-men, innerhalb dessen sich situativ Härte gegen sich oder andere als verantwortet und unvermeidbar darstellen, niemals aber ein Ideal sein können. Das heißt, Überlegungen zu einer eventuell gebotenen und notwendigen Härte sind immer eingebunden in den Wertezusam-menhang des Konzepts der Inneren Führung. Der ‚Staatsbürger in Uniform' bleibt das Leitbild und steht im Gegenüber zu den Vorstel-lungen vom "harten Krieger", wie sie im Zusammenhang mit bekannt gewordenen Skandalen (z.B. in Pfullendorf bei der Kampfsanitäter-Ausbildung) aufgetaucht sind. Zu meinen, man könne demütigende Praktiken damit rechtfertigen, dass junge Menschen an ihre Grenzen geführt werden müssten, um für harte Kämpfe gerüstet zu sein, steht im krassen Gegensatz zu dem ethischen Kontext der Inneren Füh-rung.

Wozu also erziehen? Einige Überlegungen zu möglichen Erziehungszielen heute in der Bundeswehr

Wenn man behauptet, der Soldat sei eine verantwortliche Persönlich-keit, dann muss auch sein Gehorsam verantwortet sein. Menschen-rechte und Menschenwürde spielen im Kontext der Diskussionen bei der Entstehung der Bundeswehr eine große Rolle. Menschlichkeit ist nicht teilbar. Der Soldat, so heißt es im „Handbuch Innere Führung" (1957), „der keine Achtung vor dem Mitmenschen hat – und auch der Feind ist sein Mitmensch – ist weder als Vorgesetzter, noch als Kamerad oder Mitbürger tragbar. In Konfliktsituationen steht der Soldat allein vor seinem Gewissen." (Handbuch Innere Führung, 1957: 64) Für Baudissin ist die Rückbindung an Menschenwürde und Menschenrechte eng verknüpft mit dem christlichen Begriff der Nächstenliebe. Auch der Feind darf nicht gehasst werden. Er schließt damit an die Forderung Jesu in der Bergpredigt an: „Liebet Eure Feinde, tut wohl denen die euch hassen". (Lukas 6, 27) Nach Baudissins Meinung ist der Mensch unter gewissen Umständen zwar notwendigerweise als Soldat tätig; Das enthebt ihn aber nicht seines Menschseins. Auch der härteste Einzelkämpfer ist zuerst und zuletzt Mensch.

Es geht also nicht um die Entwicklung einer Spezialethik für Soldaten, sondern um eine Ethik für jeden Staatsbürger und jede Staatsbürgerin in der Demokratie. Soldaten brauchen, gerade bei Auslandseinsätzen, eine Motivation die global tragfähig ist. Sie sind "peace-Aktivisten mit Gewaltausübungspotenzial" (Dörfler-Dierken 2010: 199)

Fazit

Härte, so scheint mir nach diesen Überlegungen, kann in bestimmten Situationen in verschiedener Hinsicht sinnvoll und notwendig sein:

1. Um ein bestimmtes Ziel zu erreichen, werden Schmerz und Erschöpfung zeitweise ignoriert wie dies z.B. Hochleistungssportler tun.

2. Härte ist ein Schutz, den man in bestimmten Situationen braucht, um sie bestehen und überleben zu können. Diese Härte, die zum Überleben notwendig ist, führt manchmal dazu, dass Menschen in solchen bedrohlichen und traumatischen Situationen gar nichts mehr fühlen.

3. Härte kann hilfreich sein, wenn man Menschen in schweren Situationen beistehen muss.

In allen drei Perspektiven wird deutlich, dass Härte situativ notwendig sein kann. Härte darf aber niemals ein Erziehungsprinzip oder gar ein Ideal sein.

Das bedeutet, dass die Fähigkeit zur Härte und zur Einübung dieser Fähigkeit begleitet sein muss von einer Erziehung zur Verantwortungsbereitschaft und zur Fähigkeit zum Mitgefühl mit anderen und zur Bereitschaft, auch die eigenen Gefühle wahrzunehmen und ernst zu nehmen. Dazu gehört es auch zu merken, wenn man an seine Grenzen kommt und Hilfe braucht. Das wird beispielsweise sehr deutlich in dem Film "Willkommen Zuhause" (https://de.wikipedia org/wiki/Willkommen_zu_Hause). Eine Gruppe von Soldaten kommt von einem Afghanistaneinsatz zurück. Einer aus der Gruppe ist bei einem Überfall zu Tode gekommen. Sein Sarg kommt in demselben Flugzeug wie seine Kameraden nach Hause. Sein Freund und Kamerad, der mit ihm diesen Anschlag erlebt, aber überlebt hat, leidet zunehmend an einer posttraumatischen Belastungsstörung. Immer wieder holt ihn der Schrecken des Überfalls ein, er hat flash-backs, in denen er wieder mitten in dem Anschlagsgeschehen ist. Er versucht, diese Erfahrungen wegzuschieben. So weigert er sich beispielsweise, zur Beerdigung seines Freundes zu gehen. Er verweigert auch das Gespräch mit dem Vater des Getöteten, der hören möchte, was denn eigentlich geschehen ist. Er rennt stundenlang durch die heimatlichen Weinberge, seine Beziehung zu seiner Freundin geht in die Brüche, er fängt an zu trinken, bekommt nichts mehr auf die Reihe. Die gewohnte, aber falsche Härte sich selbst gegenüber hindert ihn lange daran, sich einzugestehen, dass er alleine nicht aus dieser Lage herauskommt. Es dauert sehr lange bis er einsieht, dass er Hilfe braucht. Die bekommt er schließlich in Form einer guten Traumatherapie in einem Bundeswehrkrankenhaus. Am Schluss des Filmes ist er in der Lage, dem Vater des toten Freundes zu begegnen. Er kann mit der furchtbaren Erfahrung umgehen, er kann sich mit Schmerz an sie erinnern, ohne von ihr eingeholt zu werden. Der Film macht deutlich, dass es überlebenswichtig sein kann sich einzugestehen, dass man Hilfe braucht, dass es Situationen gibt, in denen man seinem Schmerz nachgeben muss, sich selbst gegenüber weich sein muss, um zu überleben.

Es sollte deshalb zu einer "Erziehung" von Soldaten auch gehören, sie über die Symptome von Traumata und die Möglichkeiten von Traumatherapie zu informieren. Noch wichtiger wäre es freilich, die Schwelle zu senken, die Menschen hindert, sich Hilfe zu suchen.

Das würde z.B. erfordern, dass sich Soldatinnen und Soldaten mit ihrem beruflichen und persönlichen Selbstbild auseinandersetzen und lernen, sowohl hart und geschützt sein zu können, als auch weich und verletzbar. Und dass sie lernen, wann welche Seite hilfreich und sinnvoll ist.

„Alles hat seine Zeit" – so heißt es einem Text im Buch Prediger (3.1-3: „Ein jegliches hat seine Zeit, und alles Vorhaben unter dem Himmel hat seine Stunde: geboren werden hat seine Zeit, sterben hat seine Zeit; pflanzen hat seine Zeit, ausreißen, was gepflanzt ist, hat seine Zeit; töten hat seine Zeit, heilen hat seine Zeit") – hart sein hat seine Zeit und verletzbar zu sein hat seine Zeit, so möchte man ergänzen. Klarheit, Verantwortungsbereitschaft und der Mut, in bestimmten Situationen zu seiner Schwäche zu stehen, sind >Tugenden<, die in einer Armee, die der Verteidigung von Freiheit und Menschenwürde verpflichtet ist, gut zu Gesicht stehen. Bedenkenswert ist in diesem Zusammenhang auch ein erfahrungssatter Satz aus einem Lied von Wolf Biermann: "Du, lass dich nicht verhärten in dieser harten Zeit. Die allzu hart sind brechen, die allzu spitz sind stechen und brechen ab zugleich." (Biermann 1991: 177)

Literatur

Adorno, Theodor W. (1970), Erziehung nach Auschwitz, in: Theodor W. Adorno, Erziehung zur Mündigkeit, Frankfurt, 92-110.

Ahlheim, Rose (2012), Einleitung, in: Johanna Haarer, Gertrud Haarer, Die deutsche Mutter und ihr letztes Kind. Die Autobiografien der erfolgreichsten NS-Erziehungsexpertin und ihrer jüngsten Tochter, hg. und eingel. von Rose Ahlheim, Hannover, 7-48.

Biermann, Wolf (1991), Ermutigung, in: Wolf Biermann, Alle Lieder. Lizenzausgabe für die Büchergilde Gutenberg, Frankfurt a. M., 177f.

Bode, Sabine (2016), Nachkriegskinder. Die 1950er Jahrgänge und ihre Soldatenväter, 9. Aufl., Stuttgart.

Bode, Sabine (2017), Kriegsenkel. Die Erben der vergessenen Generation, 23. Aufl., Stuttgart.

Brisch, Karl Heinz (2006), Kinder ohne Bindung. Hg.: Theodor Hellbrügge, 3. Aufl., Stuttgart.

Lausch, Erwin (1973), Nicht lachen, nicht weinen, nur schreien. Folge III. Heimkinder leiden an unheilbaren Verhaltensstörungen. Zeit online 26. Oktober 1973, aktualisiert 22. November 2012.

Dörfler-Dierken, Angelika (2010), Harte Soldaten? in: Jahrbuch Innere Führung 2010: Die Grenzen des Militärischen, Hg.: Helmut R. Hammerich / Uwe Hartmann / Claus von Rosen, Berlin, 240-280.

Haarer, Johanna (1939 [1934]), Die deutsche Mutter und ihr erstes Kind. 100.-190. Tsd. München.

Haarer, Gertrud (2012), Erinnerungen, in: Johanna Haarer & Gertrud Haarer, Die deutsche Mutter und ihr letztes Kind. Die Autobiografien der erfolgreichsten NS-Erziehungsexpertin und ihrer jüngsten Tochter, hg. von Rose Ahlheim, Hannover, 269-396.

Kast-Zahn, Anette & Hartmut Morgenroth, Jedes Kind kann schlafen lernen, München 1995.

Prekop, Jirina, Der kleine Tyrann. Welchen Halt brauchen Kinder? München 1988.

Sternberger, Dolf / Gerhard Storz / Wilhelm Emanuel Süskind (1957), Aus dem Wörterbuch des Unmenschen, Berlin.

Sexuelle Belästigung und sexuelle Gewalt im Militär: Die arbeitsweltlichen Konsequenzen

Gerhard Kümmel

1. Präliminarien

Der heutige Arbeitsmarkt stellt an den erwerbstätigen Teil der Bevölkerung – ungeachtet dessen, ob es sich um dessen ziviles oder ob es sich um dessen militärisches Segment handelt – eine Reihe von Anforderungen. Einen ersten Eindruck von den Kompetenzen, die von den Bewerber/inne/n in dem jeweiligen Berufsfeld erwünscht, erwartet und verlangt werden, liefern ein Blick in Stellenanzeigen, etwa in Tageszeitungen und – vermehrt – im Internet, sowie Berichte über den Ablauf von Bewerbungsgesprächen. Dabei zeigt sich, dass neben bestimmten, von Berufsfeld zu Berufsfeld unterschiedlichen fachlichen Kompetenzen auch Berufsfeld-übergreifende Schlüsselqualifikationen wie Kommunikationsfähigkeit und Teamfähigkeit abgefragt werden. Bei arbeitsweltlichen Kompetenzen lassen sich somit einerseits Fachkompetenzen und andererseits überfachliche Kompetenzen voneinander unterscheiden.

Unter Fachkompetenz bzw. unter fachlicher Qualifikation wird die zur Erledigung von den in dem jeweiligen Berufsfeld anfallenden Sachaufgaben notwendige Befähigung verstanden (Lang 2000: 33). Dazu bedarf es sowohl theoretischer als auch praktischer Fähigkeiten. Der Grundstein zur Erlangung von Sachkompetenz wird bereits in der Schule gelegt. So erwarten Arbeitgeber in der Regel von Schulabgängern, dass sie die deutsche Sprache in Wort und Schrift beherrschen, Rechentechniken anwenden können, über naturwissenschaftliche Grundkenntnisse verfügen und basale Kenntnisse über politische, wirtschaftliche und kulturelle Zusammenhänge besitzen. Der jeweilige Schulabschluss und die dort erzielte Note sind sodann ausschlaggebend für das Berufsleben, da sie darüber entscheiden, welche berufliche Möglichkeiten den Schulabgängern offenstehen und welche ihnen möglicherweise verschlossen sind. In weiterführenden Bildungs-, Ausbildungs- und Weiterbildungseinrichtungen wie auch in dem praktischen Arbeitsleben werden diese Kenntnisse und Fähigkeiten dann spezifiziert und vertieft. Die fachliche Befähigung bezieht sich somit jeweils auf einen bestimmten Beruf und auf einen Arbeitsplatz mit bestimmten Aufgaben und Aufgabenbereichen. Entsprechend gilt ein/e Mitarbeiter/in als fachlich qualifiziert, wenn sie/er das nötige Wissen und die erforderlichen Fähigkeiten besitzt, um die arbeitsplatzbezogenen Anforderungen und Aufgaben zu bewältigen bzw. zu erfüllen.

Neben den fachlichen Kompetenzen verlangt die Arbeits- und Berufswelt von heute weitere Fähigkeiten, die als überfachliche Kompetenzen oder auch als Schlüsselqualifikationen bezeichnet werden. Die Verwendung des zuletzt genannten Begriffes weist dabei bereits darauf hin, dass diese überfachlichen Kompetenzen zusehends wichtiger werden. So müssen die Beschäftigten heute etwa über die Fähigkeit verfügen, sich rasch in ein neues Aufgabengebiet einzuarbeiten und neues Wissen zu erwerben. Noch wichtiger ist die Befähigung, mit anderen Menschen konstruktiv und kooperativ umzugehen, sei es als Kolleg/inn/en, Mitarbeiter/inne/n oder als Kund/inn/en. Die Schlagworte, die in diesem Kontext genannt werden, lauten Teamfähigkeit, Einfühlungsvermögen, Kommunikationsfähigkeit, Kooperationsfähigkeit und Konfliktfähigkeit (Huber 1996: 35). Zusammengefasst können sie als soziale Kompetenzen bezeichnet werden.

Während soziale Kompetenzen lange Zeit als eine konstante und relativ situationsunabhängige Persönlichkeitseigenschaft oder gar als ein generalisiertes Persönlichkeitsmerkmal verstanden wurden, betont die neuere Forschung die starke Situationsspezifizität sozial kompetenten wie auch sozial inkompetenten Verhaltens. Soziale Kompetenzen sind erforderlich, um in Situationen, in denen eigene und fremde Bedürfnisse kollidieren, den entstehenden Konflikt mithilfe eines Kompromisses zu bearbeiten und zu entschärfen. Personen gelten als sozial kompetent, wenn sie in der Lage sind, in solchen Situationen allseits akzeptable Kompromisse zwischen sozialer Anpassung einerseits und persönlichen Bedürfnissen andererseits zu finden und zu realisieren (Hinsch & Pfingsten 1998: 12).

Der vorliegende Beitrag verfolgt nun die Annahme, dass sexuelle Belästigung und sexuelle Gewalt am Arbeitsplatz negative Konsequenzen in der Arbeitswelt haben und sowohl die fachlichen wie auch sozialen Kompetenzen der Belegschaft beeinträchtigen. Das damit benannte Themenfeld ist dabei jedoch keines, das sich als intuitiv einer allgemein gültigen und konsensual geteilten Kartographierung zugänglich erweist. Vielmehr beginnen die Schwierigkeiten und Probleme bereits bei der Bestimmung des Gegenstands selbst. Darauf deutet bereits die doppelte Rede von sexueller Belästigung einerseits und sexueller Gewalt andererseits hin, die für manche zwei füglich voneinander zu unterscheidende und zu trennende Sachverhalte darstellen.

Dieser Argumentation wird an dieser Stelle indes nicht gefolgt. Vielmehr sind sexuelle Belästigung und sexuelle Gewalt an unterschiedlichen Plätzen auf einem Kontinuum anzusiedeln, wobei sexuelle Gewalt selbstredend die stärkste und intensivste Ausprägung des Gesamtphänomens darstellt. Sie bildet praktisch den Endpol des Kontinuums und kann sinnvollerweise in zwei Unterkategorien erfasst werden, einmal der Versuch einer Vergewaltigung und zum anderen die durchgeführte Vergewaltigung. Sexuelle Belästigung wiederum beginnt in einer sich auf wenige und damit übersichtliche Unterkategorien beschränkenden Annäherung zunächst noch recht harmlos mit sexistischen Bemerkungen oder sexistischen Witzen, geht dann über zu einer Unterkategorie, zu der beispielsweise das unerwünschte Zeigen oder das sichtbare Anbringen pornografischer Darstellungen zählen, erstreckt sich schließlich auf unerwünschte sexuell bestimmte körperliche Berührungen, wie z. B. Streicheln der Schulter, Berührungen an Brust oder Po und dockt damit an den Bereich der sexuellen Gewalt an. Eine der größten empirischen Studien zu diesem Thema, die repräsentative Befragung der *European Union Agency for Fundamental Rights* (2014) unter insgesamt etwa 42.000 Frauen aus den 28 Mitgliedsstaaten der Europäischen Union differenziert sogar zwischen elf verschiedenen Unterkategorien von sexueller Belästigung und unterscheidet:

- Einladungen zu einem Rendezvous, die als unangemessen empfunden worden sind;

- Fragen zum Privatleben, die als aufdringlich, beleidigend oder aggressiv wahrgenommen worden sind;

- Kommentare und Äußerungen zum Aussehen, die als aufdringlich, beleidigend oder aggressiv empfunden worden sind;

- Zweideutige/sexuell anzügliche Kommentare oder Witze, die als aufdringlich oder beleidigend wahrgenommen worden sind;

- Anstarren oder Blicke, die als unangenehm, einschüchternd oder anzüglich empfunden worden sind;

- Übersendung von sexuell eindeutigen Bildern, Fotos oder Geschenken, die als unangenehm, anzüglich oder beleidigend wahrgenommen worden sind;

- Unerwünschte sexuell eindeutige Emails oder Kurznachrichten (SMS), die als anzüglich, beleidigend oder unangemessen empfunden worden sind;

- Annäherungsversuche auf den Internetseiten sozialer Netzwerke wie Facebook, Twitter, Instagram oder dergleichen oder in Internet-Chatrooms, die als unangemessen, anzüglich oder beleidigend wahrgenommen worden sind;

- Unsittliches Entblößen;

- Unerwünschte Berührungen, Umarmungen oder Küsse; und

- Erzwungenes, genötigtes Anschauen pornografischen Materials.

Das Verständnis von sexueller Belästigung und sexueller Gewalt als ein auf einem Kontinuum angesiedeltes Gesamtphänomen erscheint jedoch geboten, weil es inhärente Zusammenhänge und Verbindungslinien zwischen sexueller Belästigung und sexueller Gewalt gibt. So kann ein Klima, in dem sexuelle Belästigung toleriert oder erlaubt wird, durchaus den Boden für sexuelle Gewalt bereiten, so dass die Bekämpfung von sexueller Gewalt mit der Bekämpfung von sexueller Belästigung beginnt.

Im Folgenden werden nun die arbeitsweltlichen Konsequenzen des Gesamtphänomens von sexueller Belästigung und sexueller Gewalt mit Blick auf die Streitkräfte untersucht, wobei die Annahme verfolgt wird, dass sexuelle Belästigung und sexuelle Gewalt im Militär die Performanz der Streitkräfte negativ beeinflusst. „Hinschauen" ist folglich auch für dieses thematische Feld notwendig.

2. Zur Illustration des Phänomens

Im Oktober 2017 wurde die Glitzerwelt Hollywoods erschüttert, als einer ihrer Großen, der Filmproduzent Harvey Weinstein, in Artikeln der „New York Times" und des „New Yorker" von fünf Frauen, darunter die Schauspielerin Ashley Judd, der sexuellen Belästigung bezichtigt wur-de.[1] In der Folge bekannten immer mehr Frauen, darunter vor allem Schauspielerinnen wie etwa Angelina Jolie, Gwyneth Paltrow oder auch, etwas später, Uma Thurman, aber auch Beschäftigte der Weinstein Company, Zielscheibe von sexueller Belästigung, sexueller Nötigung oder sogar Vergewaltigung durch Harvey Weinstein geworden zu sein, der bei Widerstand mit Entlassung oder damit drohte, die Schauspielkarrieren der Frauen zu zerstören. Unter dem Hashtag *#MeToo* folgen seitdem unzählige Frauen aus aller Welt der Aufforderung der Schauspielerin Alyssa Milanova, die Statusmeldung *„Me too"* (Auch ich) zu hinterlegen, um die Dimension des Problems deutlich zu machen.[2] Dies ist überaus eindrucksvoll gelungen; sexuelle Belästigung kann weder als ein singuläres noch als ein lokales noch als ein nur die Filmindustrie betreffendes Phänomen abgetan werden, sondern ist ein globales, ein gesellschaftsübergreifendes und ein ubiquitäres Phänomen.

Dies zeigt sich auch in empirischen Studien wie beispielsweise in der bereits erwähnten Untersuchung der European Union Agency for Fundamental Rights, die im Jahr 2012 eine repräsentative Befragung zur Prävalenz von sexueller Belästigung unter insgesamt etwa 42.000 Frauen aus den 28 Mitgliedsstaaten der Europäischen Union durchgeführt hat. Deren Ergebnisse (Tabelle 1) zeigen, dass über alle Mitgliedsstaaten der Europäischen Union hinweg mehr als jede zweite Frau (55 Prozent) im Alter von 15 Jahren und älter sexuelle Belästigungserfahrungen machen mussten und ein gutes Fünftel (21 Prozent) der Europäerinnen im Alter von 15 Jahren und älter angaben, in

---

[1] Die drei Journalisten Jodi Kantor, Megan Twohey und Ronan Farrow erhielten für ihre Enthüllungsartikel im April 2018 den Pulitzer-Preis in der Kategorie "Dienst an der Öffentlichkeit" (vgl. Spiegel Online 2018).
[2] Ein Vorläufer in Deutschland ist der Hashtag #aufschrei aus dem Jahr 2013, der auf ein sexuell belästigendes Verhalten des bekannten FDP-Politikers Rainer Brüderle im Jahr 2012 zurückgeht. Die Initiatorinnen dieses Hashtags wurden hierfür mit dem Grimme Online Award ausgezeichnet. (Vgl. hierzu Hollstein 2014)

den vergangenen 12 Monaten mindestens einer Variante der sexuellen Belästigung ausgesetzt gewesen zu sein. Hinsichtlich sexueller Gewalt – die (leider) mit physischer Gewalt vermengt wurde – bekundete jede dritte Europäerin (33 Prozent), solches schon einmal erlebt zu haben. Acht Prozent äußerten, in den letzten 12 Monaten einen solchen Vorfall über sich haben ergehen lassen müssen. Die Zahlen für Deutschland weichen interessanter Weise sowohl bei sexueller Belästigung[3] wie bei sexueller/physischer Gewalt kaum von den europäischen Durchschnittswerten ab.

---

[3] In einem kleinen Exkurs müsste an dieser Stelle darauf hingewiesen werden, dass zwei Jahre, nachdem sexuelle Belästigung am Arbeitsplatz erstmals in der amerikanischen Öffentlichkeit thematisiert und diskutiert wurde, im Jahr 1977 ansatzweise auch in Deutschland über sexuelle Belästigung am Arbeitsplatz diskutiert wur-de, als nämlich die Journalistin Annemarie Runge und vier weiteren Kolleginnen ihren Fall öffentlich machten. Zu einer größeren öffentlichen Debatte kam es allerdings erst sechs Jahre später, als Klaus Hecker von der Bundestagsfraktion der GRÜNEN, von mehreren Fraktionsmitarbeiterinnen der sexuellen Belästigung bezichtigt wurde und schließlich zurücktreten musste. Im gleichen Jahr stellte das Europäische Parlament klar, dass sich die europäische Direktive zur Gleichbehandlung von Männern und Frauen am Arbeitsplatz auch auf sexuelle Belästigung erstreckt und die Mitgliedsländer somit gefordert sind, entsprechende Maßnahmen einzuleiten. Ein Jahr später forderte auch der Ministerrat die Mitglieder zum Handeln auf. Zu einem Gesetz, das vor sexueller Belästigung am Arbeitsplatz schützen soll und von den Arbeitgebern entsprechende Maßnahmen verlangt, kommt es in Deutschland jedoch erst im Jahr 1994. Es findet seine Fortsetzung im Allgemeinen Gleichbehandlungsgesetz von 2006 und in der Änderung des Sexualstrafrechts durch den dort neu aufgenommenen § 184i zu sexueller Belästigung. (Vgl. Frauenmediaturm 2018; Hohmann/Moors 1995)

Tabelle 1: Prävalenz von sexueller Belästigung (SB) und sexueller/physischer Gewalt (SPG) unter Frauen in den Mitgliedsstaaten der Europäischen Union im Jahr 2012 (in Prozent)

	SB (ab 15 Jahre)	SB (in den letzten 12 Monaten)	SPG (ab 15 Jahre)	SPG (in den letzten 12 Monaten)
EU-28	55	21	33	8
Belgien	60	30	36	11
Bulgarien	24	14	28	8
Dänemark	80	37	52	11
Deutschland	**60**	**22**	**35**	**8**
Estland	53	16	33	5
Finnland	71	23	47	10
Frankreich	75	30	44	11
Griechenland	43	15	25	7
Großbritannien	68	25	44	8
Irland	48	19	26	8
Italien	51	18	27	7
Kroatien	41	17	21	5
Lettland	47	14	39	7
Litauen	35	9	31	6
Luxemburg	67	25	38	7
Malta	50	20	22	5
Niederlande	73	32	45	11
Österreich	35	15	20	5

	SB (ab 15 Jahre)	SB (in den letzten 12 Monaten)	SPG (ab 15 Jahre)	SPG (in den letzten 12 Monaten)
Polen	32	11	19	4
Portugal	32	15	24	6
Rumänien	32	11	30	7
Schweden	81	32	46	11
Slowakei	49	29	34	10
Slowenien	44	11	22	3
Spanien	50	18	22	4
Tschechien	51	21	32	8
Ungarn	42	18	28	9
Zypern	36	14	22	5

Quelle: EU Agency for Fundamental Rights 2014: 28f., 34, 99f.

Die #MeToo-Kampagne wiederum hat zweifellos entscheidend dazu beigetragen, sexuelle Belästigung und sexuelle Gewalt als ein relevantes Problemfeld deutlich stärker als zuvor in das allgemeine gesellschaftliche Bewusstsein zu heben. So berichtet die schwedische Außenministerin Margot Wallström noch im Oktober 2017 über sexuelle Belästigung in den höchsten Kreisen der schwedischen Politik; im Europaparlament klagen Mitarbeiterinnen der Abgeordneten über sexuelle Belästigung und sogar Vergewaltigung; der britische Verteidigungsminister Michael Fallon muss Anfang November 2017 unter dem Druck von Belästigungsvorwürfen seinen Hut nehmen; eine Mitarbeiterin der Labour Party bezichtigt einen namenlos bleibenden Labour-Politiker der Vergewaltigung; Kevin Spaceys Schauspielkarriere findet nach massiven Vorwürfen von sexueller Belästigung und sexuellen Übergriffen vor allem auch gegenüber minderjährigen Jungen ein unrühmliches Ende, er wird aus bereits abgedrehten Szenen der Serie *House of Cards* herausgeschnitten und ersetzt; Mitte November 2017 werden Vorwürfe von verbaler sexueller Belästigung gegen den Ballettmeister der Semper-Oper in Dresden, Gamal Gouda, laut; Mitte Dezember 2017 verliert der republikanische Kandidat Roy Moore nach Berichten über sexuelle Übergriffe gegen Frauen, auch gegenüber minderjährigen Jugendlichen, die vermeintlich sicheren Senatswahlen in dem amerikanischen Bundesstaat Alabama an den Gegenkandidaten der Demokraten; Anfang Januar 2018 berichtet das „ZEIT-Magazin" über sexuelle Übergriffe und Nötigung durch den Regisseur Dieter Wedel, der kurz darauf als Intendant der Bad Hersfelder Festspiele zurücktritt; Anfang Februar 2018 wird auch Bollywood erfasst, nachdem der Schauspieler und Regisseur Ravi Kapoor von seiner Cousine wegen eines sexuellen Übergriffs angezeigt wird; auch dem amerikanischen Präsidenten Donald Trump werden von 22 Frauen sexuelle Übergriffe vorgeworfen (Volke & Eikmanns 2018). Ende April 2018 schließlich wird der Schauspieler und Comedian Bill Cosby strafrechtlich verurteilt, nachdem die Geschworenen es als erwiesen erachtet hatten, dass er die Klägerin Andrea Constand im Jahr 2004 zunächst betäubt hat und anschließend ihr gegenüber sexuell übergriffig geworden ist; weitere 56 Frauen werfen Cosby ähnliche Vergehen bis hin zur Vergewaltigung vor, wobei einige Frauen zum Zeitpunkt der Vorfälle noch minderjährig waren.

Im Zuge der Kampagne wurden sexuelle Belästigung und sexuelle Gewalt auch innerhalb der amerikanischen sicherheitspolitischen Community wieder thematisiert. In einem Offenen Brief an die National Security Community meldeten sich 223 Frauen zu Wort, die zumeist als ehemalige oder aktive Diplomatinnen, Wissenschaftlerinnen und Soldatinnen, aber auch als Entwicklungshelferinnen tätig sind bzw. waren, und wiesen auf einen nach wie vor auch in diesem Bereich bestehenden Handlungsbedarf hin: "We, too, are survivors of sexual harassment, assault, and abuse or know others who are. This is not just a problem in Hollywood, Silicon Valley, newsrooms or Congress. It is everywhere. These abuses are born of imbalances of power and environments that permit such practices while silencing and shaming their survivors. [...] Many women are held back or driven from this field by men who use their power to assault at one end of the spectrum and perpetuate – sometimes unconsciously – environments that silence, demean, belittle or neglect women at the other.

Assault is the progression of the same behaviors that permit us to be denigrated, interrupted, shut out, and shut up. These behaviors incubate a permissive environment where sexual harassment and assault take hold. And it's time to make it stop." (Abercrombie-Winstanely et al. 2017: 1)

Für den engeren Bereich der amerikanischen Streitkräfte wiederum stehen sexuelle Belästigung und sexuelle Gewalt spätestens seit dem sogenannten Tailhook-Skandal aus den frühen 1990er Jahren auf der Agen-da.[4] Tailhook ist eigentlich die englische Bezeichnung für den Fanghaken, der notwendig ist, um Flugzeuge auf Flugzeugträgern bei der Landung abzubremsen. Dieser Fanghaken greift praktisch nach dem Seil, das das Flugzeug zusätzlich abbremst, und wurde zum Namensgeber für die gleichnamige gemeinnützige und private Vereinigung der amerikanischen Marineflieger.[5] Die Tailhook Association veranstaltet seit etwa Mitte der 1950er Jahre einmal pro Jahr ein Symposium, das als Kontaktbörse und als Weiterbildungs- und Informationsveranstaltung dient. Geschätzt werden diese Symposien auch deswegen, weil man dort die Gelegenheit hat, relativ einfach und unbürokratisch mit hochrangigen Offizieren, Admirälen und Kommandanten der amerikanischen Marine zu sprechen. Infolgedessen nahm dieses Symposium im Laufe der Zeit einen halboffiziellen Charakter an.

Wie in den Jahren seit 1963 fand auch das 35. Tailhook-Symposium in Las Vegas statt. Man tagte vom 5. bis zum 8. September 1991 im Hilton Hotel, in dem sich auch die meisten der 5.000 Teilnehmer und Teilnehmerinnen des Symposiums einquartiert hatten. Im Laufe dieses Symposiums kam es zu erheblichen Entgleisungen. So wurden von mindestens sechs Staffeln der Marineflieger professionelle Stripteasetänzerinnen in das Hotel eingeladen, bei deren Aufführung es

---

[4] Die amerikanischen Streitkräfte stehen mit Vorfällen zu sexueller Belästigung und sexueller Gewalt selbstredend keineswegs allein. Selbst in der noblen französischen Militärakademie in Saint Cyr soll es ähnliche Vorfälle gegeben haben. So prangerte erst kürzlich eine Reihe von Absolventinnen der Militärakademie eine Atmosphäre der Misogynie und des Sexismus in der Einrichtung an (vgl. hierzu und zu so unterschiedlichen Ländern wie Russland, Nordkorea, Israel oder Peru, Ryan 2018).

[5] Um Vollmitglied dieser Vereinigung werden zu können, muss man mit dem Fanghaken seines Flugzeuges mindestens einmal mit Erfolg das Fangseil des Flugzeugträgers eingefangen haben.

teilweise zu sexuellen Exzessen im Publikum und auf den Bühnen gekommen ist. Eine weitere Einheit, die VAW-110 (Carrier Airborne Early Warning Squadron), nahm in ihrer Suite neben Beinrasuren auch einige Intimrasuren vor. Die VMFP-3 (Marine Corps Tactical Reconnaissance Squadron) wiederum gab zu Ehren ihres Maskottchens an einer Nashornattrappe ein alkoholisches Getränk (das „Nashorn-Sperma") aus, das aus einer Art Dildo in einer Oralsex simulierenden Art und Weise getrunken werden musste. Vereinzelt wurden auch Minderjährigen alkoholische Getränke und pornographisches Material zugänglich gemacht. An dem Hotelmobiliar wurde in erheblichem Maße Sachbeschädigung begangen. Vor dem Aufzug des dritten Stockwerks wurden zumeist weibliche Teilnehmerinnen einem Spießrutenlauf unterworfen. Um den Gang zu durchqueren, mussten sie ein Spalier aus 2-300 Männern passieren und wurden dabei sexuell berührt und auch gewaltsam entkleidet. Nach einigen Anzeigen wegen sexueller Nötigung bei der örtlichen Polizei wurde eine offizielle Untersuchung des Naval Investigative Service eingeleitet, deren Ergebnis im April 1992 in einer etwa 2.000 Seiten starken Dokumentensammlung vorgestellt wurde. Schon kurz darauf wurde Kritik an dieser Untersuchung laut, der man vorwarf, dass sie die tatsächlichen Ergebnisse weder vollständig noch realistisch wiedergab. Marineminister Garrett veranlasste deswegen im Juni 1992 eine Evaluation dieser Untersuchung, die von dem vom Inspector General des Verteidigungsministeriums (DoD) durchgeführt wurde und die die Vorwürfe an die Adresse des ersten Untersuchungsberichtes bestätigte. Der Inspector General des Verteidigungsministeriums (DoD) verfasste daraufhin einen Untersuchungsbericht, der im April 1993 veröffentlicht worden ist. Dieser Bericht kommt zu dem Ergebnis, dass 90 Personen Opfer verschiedener Formen von sexueller Belästigung und sexueller Übergriffe geworden sind. Die große Mehrheit der Opfer dieser Übergriffe waren Frauen; lediglich sieben Opfer waren männlichen Geschlechts. 50 Befragte der ersten Untersuchung konnten in dieser Untersuchung der Falschaussage überführt werden. Dennoch musste sich nicht ein einziger der insgesamt 140 Marineoffiziere, denen der Bericht Fehlverhalten und Entgleisungen nachweisen konnte, vor Gericht verantworten, in etwa der Hälfte der Fälle aus Mangel an Beweisen. Dies betraf insbesondere die sexuellen

Übergriffe auf Frauen. Gegen die zweite Hälfte der Offiziere wurde innermilitärisch disziplinarisch vorgegangen. Sie mussten teilweise hohe Geldstrafen zahlen, und ihre militärische Karriere wurde schwieriger. (Vgl. Office of the Inspector General 1993; Vistica 1995; McMichael 1997)

Obwohl seitens der amerikanischen Streitkräfte Maßnahmen ergriffen wurden, um sexueller Belästigung und sexueller Gewalt entgegenzuwirken, kam und kommt es im US-Militär immer wieder zu medienwirksamen Vorfällen. So wurden beispielsweise in der Lackland Air Force Base im texanischen San Antonia zwischen 2009 und 2011/12 insgesamt 43 Rekrutinnen während ihrer Grundausbildung von ihren Ausbildern nicht nur sexuell belästigt, sondern zumindest teilweise auch vergewaltigt. In einigen Fällen wurden diese Ausbilder nach Bekanntwerden der Vorfälle zu Freiheitsstrafen verurteilt. (Vgl. Committee on Armed Services 2013)

Auch die Bundeswehr blieb und bleibt von Vorfällen dieser Art nicht verschont. So äußerte sich beispielsweise im Jahr 2014 eine Frau, die fast 10 Jahre lang als Soldatin in der Bundeswehr tätig war, unter dem fiktiven Namen Marina Baus gegenüber den Medien dahingehend, dass die Soldatinnen von den männlichen Soldaten lediglich als „Titten und Arsch" wahrgenommen würden und die männlichen Soldaten in ihren Gesprächen den Geilheitsgrad der „Schlampen" ihrer Einheit zu bestimmen versuchten. Dies sei „an der Tagesordnung" gewesen. Normal sei auch gewesen, dass ein männlicher Kamerad im Übungslager seine Hände nicht bei sich habe halten können. (Zitate nach Schnell 2014)

Erste Anhaltspunkte zur Prävalenz von sexueller Belästigung und sexueller Gewalt in den deutschen Streitkräften wiederum lieferte eine im Jahr 2014 veröffentlichte empirische Untersuchung (Kümmel 2014: 49ff.). Diese differenzierte zwischen vier Unterkategorien des Themenfeldes von sexueller Belästigung und sexueller Gewalt und befragte im Jahr 2011 sowohl Soldatinnen wie auch Soldaten danach, ob in ihrer Gegenwart Bemerkungen oder Witze sexuellen Inhalts zum Besten gegeben wurde, ob sie pornographischen Darstellungen ausgesetzt wurden, ob sie unerwünschte sexuell bestimmte Berührungen erfahren haben und ob sie Opfer einer Vergewaltigung geworden sind. Die Ergebnisse belegen, dass sexuelle Belästigung und sexuelle

Gewalt in der Bundeswehr ein ernstzunehmendes Problem sind (Abbildung 1)

Abbildung 1: Sexuelle Belästigung und sexuelle Gewalt in der Bundeswehr (in Prozent)

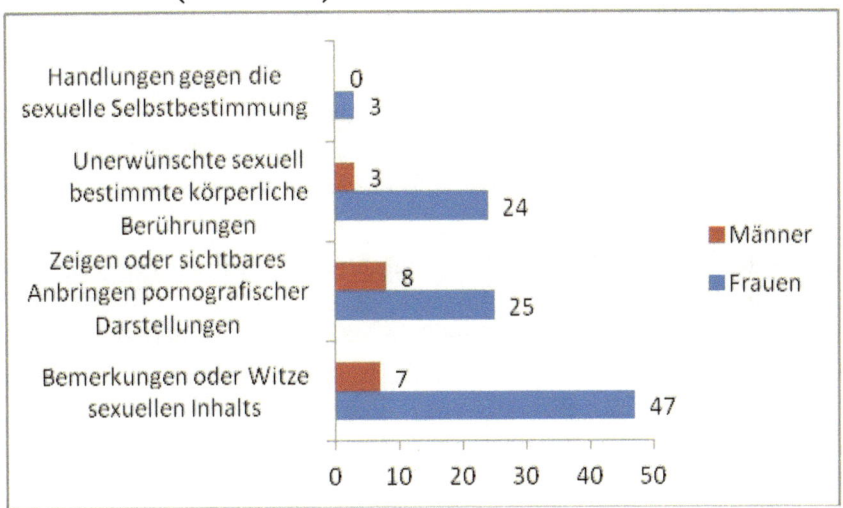

Quelle: Kümmel 2014: 50-53.

Die aktuellsten Zahlen zu sexueller Belästigung in der Bundeswehr wiederum sind in dem Jahresbericht 2017 des Wehrbeauftragten des Deutschen Bundestages, Dr. Hans-Peter Bartels, zu finden (Wehrbeauftragter 2018). Diese basieren indes nicht auf einer repräsentativen Untersuchung, sondern auf einer Auswertung der bei ihm eingegangenen Meldungen. Danach erreichten das Büro des Wehrbeauftragten in dem Berichtsjahr insgesamt 235 Meldungen wegen des Verdachts auf Straftaten gegen die sexuelle Selbstbestimmung, was annähernd einer Verdopplung im Vergleich zum Berichtsjahr 2016 gleichkommt. Diese Meldungen betreffen zum einen einschlägige Delikte, die von Angehörigen der Bundeswehr außerhalb der Streitkräfte mutmaßlich verübt worden sind. Der Bericht listet hierzu insgesamt 54 Fälle auf, darunter Exhibitionismus, Besitz von Kinderpornographie, sexueller Missbrauch von Kindern und Jugendlichen und Übergriffe gegen weibliche Zivilpersonen. (Wehrbeauftragter 2018: 77)

Auch in den hierzulande aktuell Aufsehen erregendsten Missbrauchs-skandal um einen neunjährigen Jungen aus dem südbadischen Staufen, der von seinem Stiefvater Christian L. (39) und seiner Mutter Berrin T. (47) im Darknet und über den LineMessenger gegen Geld für Missbrauchszwecke angeboten wurde, ist ein Soldat der Bundeswehr involviert. So wirft die Staatsanwaltschaft in Freiburg Knut S., einem nunmehr ehemaligen Stabsfeldwebel der Bundeswehr, vor, den Neunjährigen in besonders schwerer und grausamer Weise vergewaltigt und verletzt zu haben. Mittlerweile hat Knut S. die ihm zur Last gelegten Taten gestanden, weil Christian L. den sexuellen Missbrauch des Jungen gefilmt hat und Knut S. eindeutig zu erkennen ist (Soldt 2018).

Die in dem Bericht des Wehrbeauftragten darüber hinaus angeführten 181 Fälle beziehen sich auf einschlägige Delikte innerhalb der Bundeswehr. So werden 167 männlichen und fünf weiblichen Soldaten sowie neun Zivilpersonen sexuelle Belästigung und sexuelle Übergriffe von Soldaten der Bundeswehr, meist Soldatinnen, vorgeworfen. Davon verweisen unter anderem 42 Meldungen auf verbale sexuelle Belästigung, 10 Meldungen auf sexuelle Belästigung in sozialen Medien, 79 Meldungen auf unerwünschte körperliche Berührungen und 19 Meldungen auf durchgeführte oder versuchte Vergewaltigungen. (Wehrbeauftragter 2018: 77)

3. Die individuellen-werden-zu-arbeitsweltlichen Folgen

Im Vorangegangenen konnte im Wesentlichen anhand der Beispiele des US-Militärs einerseits und der Bundeswehr andererseits hinreichend substantiiert werden, dass sexuelle Belästigung und sexuelle Gewalt in beiden Streitkräften ein relevantes Problemfeld markieren, so dass die Frage nach dessen arbeitsweltlichen Folgen eine berechtigte ist.

Die Beantwortung dieser Frage nimmt nun ihren Ausgang in der Erörterung der tatsächlichen wie potenziellen Folgen von sexueller Belästigung und sexueller Gewalt bei den Betroffenen selbst (vgl. zum Folgenden Krug et al. 2002: 162ff.). Die Erfahrungen von sexueller Belästigung und sexueller Gewalt können zu psychischen wie auch physischen Beeinträchtigungen bei den Betroffenen führen, was sich negativ auf ihre Fachkompetenz wie auch auf ihre soziale Kompetenz auswirken kann und somit arbeitsweltliche Konsequenzen nach sich zieht. Physische und psychische Gesundheit sind wesentliche Elemente für eine erfolgreiche berufliche Integration. Je gesünder die Menschen körperlich und seelisch sind, desto regelmäßiger können sie zur Arbeit gehen und desto besser können sie sich auf ihre Tätigkeit konzentrieren. Sexuelle Belästigung und sexuelle Gewalt wirken dem entgegen. "Sexual harassment and assault results in toxic working conditions", heißt es plakativ bei Sharon Adams (2018). Generell gilt, dass diese Beeinträchtigungen infolge von sexueller Belästigung oder sexueller Gewalt umso gravierender sind, je näher der jeweilige individuelle Vorfall in Richtung des Endpunktes des Kontinuums verortet ist. Gleichzeitig gilt aber auch, dass zwei sehr ähnliche Vorfälle bei den Betroffenen durchaus unterschiedliche und unterschiedlich intensive bzw. heftige Reaktionen und Folgewirkungen hervorrufen können. Und es gilt, dass ähnliche Reaktionen und Folgewirkungen bei zwei Betroffenen nicht unbedingt mit einem in beiden Fällen ähnlichen oder gleich gearteten Vorfall korrespondieren müssen.[6]

Vor allem die traumatische Exposition gegenüber sexueller Gewalt kann gravierende und in Teilen sogar lebensgefährliche körperliche Verletzungen nach sich ziehen. So werden manche Opfer sexueller Gewalt im Intimbereich stark verletzt, was dauerhafte gynäkologische Folgen haben kann, oder sehen sich Erwürgungsversuchen ausgesetzt. Zudem können durch den Akt der Vergewaltigung selbst unterschiedlichste Geschlechtskrankheiten bis hin zu HIV/AIDS übertragen werden.[7] Auch eine ungewollte Schwangerschaft kann eine Folge

---

[6] Es gibt auch Versuche, die ökonomischen Kosten von sexueller Gewalt und sexueller Belästigung zu ermitteln. Die Studie von Matt et al. (2010: 506) beispielsweise taxiert die im Kontext einer Vergewaltigung auflaufenden durchschnittlichen Kosten auf knapp 450.000 USD.

[7] Vgl. hierzu auch den Erlebnisbericht von Dana (o.J.): "After about an hour, I heard someone yell, ‚LOCK THE DOOR.' I looked over at the door, which two soldiers had locked and blocked with their bodies. I realized that was not good. I got up and was ready to fight my way to the door. All of a sudden, one of the guys hit me in my mouth. I fell back and partially blacked out. I realized that there were 12 of them and one of me. For the next 90 minutes, I was gang raped by all 12 guys. I continued to yell and scream when I could, but not enough to stop them from

sein. Hinzukommen können chronische Schmerzen, Bluthochdruck, Diabetes, Verdauungsprobleme und Herzerkrankungen.

Das vielleicht größte destruktive Potenzial für die betroffene Person weisen indes die psychischen, mentalen und emotionalen Folgewirkungen auf. Emotional ist es zumeist ein starker Cocktail aus Zorn, Verwirrung, Frustration, Schock, Ungläubigkeit, Dauerstress, Furcht und Lebensangst. Familiale Beziehungen, Partnerbeziehungen, Intimität und Sexualität können hoch problematisch werden. Als Folge davon nimmt die soziale Integration und damit die soziale Unterstützung der Betroffenen ab.[8] Sie ziehen sich zurück, verlassen immer seltener ihre Wohnung, gehen kaum noch unter Leute und vermeiden größere Menschenansammlungen, vor allem des Nachts. Sie neigen auch signifikant häufiger als Nicht-Betroffene zu Alkohol-, Medikamenten- und Drogenkonsum, gehen häufiger unbedacht Risiken ein, neigen stärker zu selbstgefährdendem und auch suizidalem Verhalten und sind öfter von Obdachlosigkeit bedroht.[9] Auch eine ungünstigere

---

hitting me again. Once they raped me, they threw me outside, naked, with my clothes in a pile beside me. (…) I had distanced myself from the gang rape. I was so disconnected from my body that I did not realize what had happened to me. About three months after the gang rape, I was at my next duty station and had gone to get my annual OB/GYN exam. It was at that time that I found out I had venereal warts. After the gang rape, I made little effort to connect with my body and acknowledge that anything was wrong. After finding this out, I had to go for weekly treatment to get the warts burned off. Every week for the next six weeks, I was reminded of what had happened to me. I grew so angry at those men for giving me an STD. I had hoped that the first guy who raped me was the one who gave me venereal warts and that somehow, all of the other guys had gotten it. That is how angry and bitter I was about it. It took me a long time to come to peace with the fact that I contracted an STD."

[8] Vgl. hierzu auch den Erlebnisbericht von Lori (o.J.): "The physical injuries I received seem trivial compared to the mental toll this assault has had on my life. I had numerous abrasions around my neck and face along with the blood vessels in my left eye breaking due to the strangulation. (…) My overworking and avoidance have left me with poor skills in building trusting relationships. Unable to attain a close, 'authentic' relationship, I missed out on it all with my ex-husband and daughter. My trust is now slowly returning after therapy, but at what cost to my life?"

[9] Vgl. hierzu auch den Erlebnisbericht von Kirstin (o.J.): "I became homeless, and I turned to drugs. I drank and shoplifted, all for engaging in risky behaviors to try and have some kind of control again. I learned in therapy later on with a civilian therapist that this was misguided. I never knew I could use the VA until I was committed

Selbstwahrnehmung, ein geringeres Selbstwertgefühl, Depressionen, Tagträume, Schlaf- und Essstörungen sowie Angstattacken sind bei den Betroffenen zu beobachten.[10] Die Betroffenen werden oftmals auch durch sogenannte Flashbacks irritiert. So können bestimmte Situationen bei ihnen unvermittelt Gefühle auslösen, die der aktuellen Situation nicht entsprechen, sondern sich auf das traumatische Erlebnis beziehen. Den Betroffenen ist dieser Umstand meist nicht bewusst. Sie werden von ihren Gefühlen praktisch überrumpelt, ohne eine rechte Erklärung dafür zu haben. So kann es sein, dass sie beispielsweise durch einen Geruch, etwa ein Rasierwasser oder ein Parfüm, an die Gewalterfahrung erinnert werden. Zuletzt können die Betroffenen auch Psychosen, multiple Persönlichkeiten und Posttraumatische Belastungsstörungen entwickeln.[11] (Vgl. Krug et al. 2002: 162ff.; Adams 2018; Perilloux / Duntley / Buss 2012; Huber 1996)

---

to the San Antonio State Hospital after many suicide attempts. I was eventually transferred to the Audie Murphy VA Medical Center where I was diagnosed with PTSD. Treatment was never offered for my diagnosis, just what would become a very long list of dangerous hard, anti-psychotic medications. I'd hear commanding voices. I believed them when later they told me I was psychotic. Many diagnoses followed."

[10] Vgl. hierzu auch den Erlebnisbericht von Anonymous (o.J.): "I started having issues falling asleep and staying asleep after this. What little sleep I did get was plagued by violent, terrifying nightmares that I would often wake up from and throw up on the floor next to my bed. I cried almost every night. I started drinking to try to fall asleep. I wanted to tell people, but had no one I felt I could trust with the information. I threw myself into work and impressed my new command with my efficient work ethic. It got so bad that I would work myself ragged while my coworkers watched movies in the shop. The three hours of sleep on average I had been getting for the past year and the 14-hour workdays really began to wear me down. I developed anorexia and became suicidal."

[11] Vgl. hierzu auch den Erlebnisbericht von Wendy (o.J.): "My PTSD was caused by Military Sexual Trauma (MST) (…). I have never healed. I have mastered the cover-up, the pushing down of emotions and sweeping pain under the rug. I have created a public persona, a mask I have worn for decades. I've always thought I was, for the most part, functioning and handling it. In doing so, I have robbed myself of a full life. My experiences have been dulled, not only by the prescribed anti-depressants (I have been on a few different ones and, after the roller-coaster ride of emotions, settled on Zoloft), but by the scar tissue. I never allowed myself to love fully or have relationships, even with my own son. I read another soldier's story on here and got chills, it was so similar to mine."

Oder den Erlebnisbericht von Levy (o.J.): "I learned to never trust anyone, despite

Vor diesem Hintergrund ist es alles andere als überraschend, dass Betroffene signifikant häufiger als Nicht-Betroffene Gesundheitsdienstleistungen und medizinische Sorge in Anspruch nehmen (vgl. Dolezal/ McCollum/Callahan 2009) und dass sie ebenfalls signifikant häufiger berufliche Absenzen entwickeln und dem Dienst fernbleiben oder den Dienst sogar komplett quittieren.

Von besonderer Bedeutung ist die Reduzierung der sozialen Integration der Betroffenen. Soziale Eingebundenheit wirkt sich nämlich unmittelbar auf physisches und psychisches Wohlbefinden aus (Cohen / Herbert 1996: 124); ein soziales Netzwerk vermittelt das Gefühl, geschätzt, anerkannt, geliebt und von anderen gebraucht zu werden, was sich positiv auf gesundheitsrelevante Regulationssysteme wie das Immunsystem auswirkt. Auch achten sozial integrierte Personen stärker auf eine gesundheitsförderliche Lebensweise, da das soziale Netzwerk sie mit entsprechenden Informationen versorgt und nicht zuletzt einen gewissen sozialen Druck oder eine soziale Kontrolle ausübt. Sexuelle Belästigung und sexuelle Gewalt erschüttern nun das Vertrauen in die Zuverlässigkeit des Gegenübers, die wichtigen „weak ties" (Granovetter 1973) eines Netzwerkes verflüchtigen sich zusehends.[12]

Somit ist davon auszugehen, dass die Erfahrung von sexueller Belästigung und sexueller Gewalt zu Beeinträchtigungen der sozialen Kompetenzen wie auch der Fachkompetenz führt und das kognitive, das emotionale und das motorische Verarbeiten einer Situation (vgl. hierzu das Modell bei Hinsch & Pfingsten 1983: 8; vgl. auch dies. 1998: 17-33) negativ beeinflusst. Die Integritätsverletzung qua sexueller Gewalt erzeugt kognitive Dysfunktionen. Sie beeinträchtigt die Fähigkeit, sich in Situation, in denen man von anderen bedrängt wird, zur

---

their rank or demeanor, and how to sleep comfortably with a knife under my pillow. There was never a time when I was not carrying a small blade for protection. By the end, I was allowed to go see a therapist who diagnosed me with post-traumatic stress disorder and said they had only seen levels as bad as mine in men with multiple deployments. I have never gone to Iraq or Afghanistan."

[12] Vgl. hierzu auch den Erlebnisbericht von Anonymous (o.J.): "I was constantly scared of what a guy might do to me again and if any would follow through on their harassing remarks and threats. I started trying to avoid everyone and isolated myself from the class."

Wehr zu setzen, Grenzen zu setzen und sich zu behaupten. Sie kann zu Beeinträchtigungen der Perzeptionsfähigkeit und zu Wahrnehmungsungenauigkeiten, ja, sogar Fehlinterpretationen und Wahrnehmungsverzerrungen führen, so dass beispielsweise die soziale Umwelt als unfreundlicher und bedrohlicher wahrgenommen wird als sie tatsächlich ist. Solches kann in militärischen Settings geradezu desaströse Folgen haben, denn „[t]oxic environments squelch innovation and productivity, preventing military personnel from working at their peak." (Adams 2018)

4. Was tun?

Sexuelle Belästigung und sexuelle Gewalt sind ein Themenfeld, bei dem „Hinschauen" nötig ist, können doch mit den Erfahrungen von sexueller Belästigung und sexueller Gewalt gravierende Folgen auf der Mikro-Ebene der individuellen Soldatin bzw. des individuellen Soldaten verbunden sein, die sich auf der Meso-Ebene der militärischen Organisation arbeitsweltlich negativ abbilden und zu einer suboptimalen Performanz der Streitkräfte führen. „Sexual assaults within the military represent a significant threat to military readiness, as sexual assaults inflict serious health effects and performance degradation", schreiben Castro et al. (2015: 54). Absicht des vorliegenden Beitrags war es, genau diesen Zusammenhang aufzuzeigen.

Übersetzt man die Folgen sexueller Belästigung und sexueller Gewalt in die Sprache der damit verbundenen betriebswirtschaftlichen Kosten, die im Falle der Streitkräfte als Kosten und Einbußen in militärischer Bereitschaft, militärischer Effektivität und militärischer Effizienz zu begreifen sind, stärkt dies das Eigeninteresse der militärischen Organisation daran, sexueller Belästigung und sexueller Gewalt entgegenzutreten und Maßnahmen zu ergreifen, die geeignet sind, das Phänomen in seinem Umfang und in seiner Intensität zu verringern. Der Kampf gegen sexuelle Belästigung und gegen sexuelle Gewalt im Militär verliert dadurch immer mehr den Charakter eines von außen an die Streitkräfte herangetragenen sozialen Imperativs und wird immer stärker zu einem funktionalen Imperativ.

Momentan, so will es mir scheinen, befinden sich die Streitkräfte dieser Welt genau in dieser schwierigen und absehbar langwierigen Phase des Übergangs. Darauf deuten die immer noch vorhandenen Schwierigkeiten bei der Meldung von entsprechenden Vorfällen und die etwa in den USA zu beobachtenden eher niedrigen Raten der gerichtlichen Ahndung entsprechender Taten hin. Große Resonanz erzielte hier der von Kirby Dick und Amy Zierung gedrehte Dokumentarfilm „The Invisible War", der Anfang des Jahres 2012 bei dem Sundance Filmfestival in Park City, Utah, Premiere feierte und den Publikumspreis für den besten Dokumentarfilm erhielt. In der Dokumentation berichten Betroffene sexueller Gewalt in den amerikanischen Streitkräften von ihren Erlebnissen im Umgang mit ihren Beschwerden. Unisono finden sie sich in der militärgerichtlichen Be- und Abarbeitung ihres Falles nicht recht wieder, kritisieren eine unzureichende Gesundheitssorge, sehen eher sich als die Täter mit beruflichen Nachteilen und mit Repressalien seitens der militärischen Organisation konfrontiert, fühlen sich regelrecht aus dem Militär herausgedrängt und empfinden die militärgerichtliche Ahndung der Vorfälle zumeist als nicht adäquat (vgl. hierzu auch Caplan 2012; Human Rights Watch 2015; Thompson 2016). Ähnliche Probleme diagnostiziert der Wehrbeauftragte des Deutschen Bundestages Dr. Hans-Peter Bartels in seinem jüngsten Jahresbericht, wenn er schreibt: „Den Wehrbeauftragten erreichen auch immer wieder Eingaben von Opfern, die sich mit ihrem Vorbringen in ihren Dienststellen nicht ernst genommen fühlen. […] Nur durch eine ehrliche und reflektierte Aufarbeitung von Vorfällen können nachhaltige Veränderungen herbeigeführt werden. Manche Betroffene sehen sich erst dann in der Lage, das Erlebte bekannt zu machen, wenn sie ihren Standort im Rahmen einer Versetzung oder Kommandierung verlassen haben. Im Bewusstsein Vieler hat das Verhalten solcher Hinweisgeber ein negatives Image. Ihr Melden wird häufig als illoyales Gebaren gegenüber der Gruppe betrachtet – schnell wird jemand so zum Nestbeschmutzer. Das darf nicht sein. Hinweise auf die Verletzung von Regeln und Werten sind kein Verrat, sondern verantwortungsvolles Handeln. Das muss klar kommuniziert werden. Soldatinnen und Soldaten, die Missstände aufzeigen, machen sich diese Entscheidung oft nicht leicht. Eine gut funktionierende Einheit muss Kritik aus ihren eigenen Reihen vertragen und sich damit konstruktiv auseinandersetzen können." (Wehrbeauftragter 2018: 78; vgl. auch Kümmel 2008: 79-83)

Allerdings, und das kennzeichnet die Übergangsphase, sind auch eindeutige Fortschritte zu erkennen. So wurde im Februar 2017 im Verteidigungsministerium bei dem „Stabselement Chancengerechtigkeit, Vielfalt und Inklusion" die „Ansprechstelle Diskriminierung und Gewalt in der Bundeswehr" geschaffen, die neben die bereits etablierten Ansprechpartner wie Gleichstellungsbeauftragte, Gleichstellungsvertrauensfrauen, Militärpfarrer, Vorgesetzte oder auch den Wehrbeauftragten des Deutschen Bundestages tritt und an die sich ehemalige wie aktive, zivile wie militärische Angehörige der Bundeswehr wenden können, wenn sie zur Zielscheibe von Mobbing, Diskriminierung, körperlicher oder auch seelischer Gewalt, sexueller Belästigung und sexueller Gewalt werden. Seit Einrichtung der Ansprechstelle gehen dort etwa 12 Telefonanrufe pro Woche ein. (Wehrbeauftragter 2018: 78) Doch dabei wird man nicht stehen bleiben können. Weitere Maßnahmen wie Schulungen zu sexueller Belästigung und sexueller Gewalt sind notwendig. Auch eine gelebte Innere Führung kann in dieser Hinsicht positiv wirken. Somit gilt vorerst und auf absehbare Zeit weiterhin: „Hinschauen"!

Literatur

Abercrombie-Winstanely, Gina (Ambassador) et al. (2017): #metoonatsec. An Open Letter to the National Security Community, 28. November 2017. Online unter:
https://de.scribd.com/document/365758768/Metoonatsec-Open-Letter-on-Sexual-Harassment-in-National-Security?irgwc=1&content=10079&campaign=Skimbit%2C%20Ltd.&ad_group=58287X1517246X8dd04e0a2b1fa9e42dbcbb88c4f7790c&keyword=ft750noi&source=impactradius&medium=affiliate#from_embed; zuletzt abgerufen am 08. Mai 2018.

Adams, Sharon (2018): The Price of Sexual Harassment in the Military, in: Legion. Canada's Military History Magazine, 13. März 2018. Online unter:
https://legionmagazine.com/en/2018/03/the-price-of-sexual-harassment-in-the-military/; zuletzt abgerufen am 08. Mai 2018.

Anonymous (o.J.): Anonymous Story. Online unter:

https://www.protectourdefenders.com/survivor-story/anonymous-story-9/; zuletzt abgerufen am 08. Mai 2018.

BriGette (o.J.): BriGette's Story. Online unter:

https://www.protectourdefenders.com/survivor-story/brigettes-story-2/; zuletzt abgerufen am 08. Mai 2018.

Caplan, Paula J. (2012): Military Sexual Assault: The Aftermath. What Happens in the Military after Rape, in: Psychology Today, 28. Juli 2012. Online unter:

https://www.psychologytoday.com/us/blog/science-isnt-golden/201207/military-sexual-assault-the-aftermath; zuletzt abgerufen am 08. Mai 2018.

Castro, Carl A. (2015): Sexual Assault in the Military, in: Current Psychiatry Reports 17: 7, 1-13.

Cohen, Sheldon/Herbert, Tracy B. (1996): Health Psychology. Psychological Factors and Physical Disease from the Perspective of Human Psychoneuroimmunology, in: Annual Review of Psychology 47: 1, 113-142.

Cohen, Zachary (2018): From Fellow Soldier to 'Monster' in Uniform: #MeToo in the Military. In: *CNN*, 07. Februar 2018. Online unter:

https://edition.cnn.com/2018/02/07/politics/us-military-sexual-assault-investigations/index.html; zuletzt abgerufen am 08. Mai 2018.

Committee on Armed Services (2013): A Review of Sexual Misconduct by Basic Training Instructors at Lackland Air Force Base. Washington, D.C.: Government Printing Office.

Cotter, Adam (2016): Sexual Misconduct in the Canadian Armed Forces, 2016. Ottawa: Statistics Canada.

Dana (o.J.): Dana's Story. Online unter:

https://www.protectourdefenders.com/survivor-story/danas-story/; zuletzt abgerufen am 08. Mai 2018.

Delisi, Matt et al. (2010): Murder by Numbers: Monetary Costs Imposed by a Sample of Homicide Offenders, in: The Journal of Forensic Psychiatry & Psychology 21: 4, 501-513.

Dolezal, Theresa/McCollum, David/Callahan, Michael (2009): Hidden Costs in Health Care. The Economic Impact of Violence and Abuse. Eden Prairie, MN: Academy on Violence and Abuse

European Union Agency for Fundamental Rights (2014): Violence Against Women: An EU-Wide Survey. Main Results. Wien: EU Agency for Fundamental Rights.

FAZ Net (2018): In Freiburger Prozess: Bundeswehr-Soldat gesteht Kindesmissbrauch. In: *FAZ Net*, 07. Mai 2018. Online unter: http://www.faz.net/aktuell/gesellschaft/kriminalitaet/soldat-gesteht-in-freiburger-prozess-kindesmissbrauch-15578734.html; zuletzt abgerufen am 08. Mai 2018.

Frauenmediaturm (2018): Sexuelle Belästigung. Online unter:

http://www.frauenmediaturm.de/themen-portraets/themen-debatten/sexuelle-gewalt/sexuelle-belaestigung/; zuletzt abgerufen am 08. Mai 2018.

Granovetter, Mark S. (1973): The Strength of Weak Ties, in: American Journal of Sociology 78: 6, 1360-1380.

Hinsch, Rüdiger & Pfingsten, Ulrich (1998): Gruppentraining sozialer Kompetenzen. Dritte Auflage. Weinheim.

Hohmann, Harald & Moors, Christiane (1995): Schutz vor sexueller Belästigung am Arbeitsplatz im Verfassungs- und Gesetzesrecht der USA und Deutschlands, in: Kritische Justiz 28: 2, 151-171.

Hollstein, Miriam (2014): Das große Schweigen? Was vom #aufschrei übrig blieb, in: aus Politik und Zeitgeschichte B-8, 7-10.

Huber, Andreas (1996): Stichwort EQ – Emotionale Intelligenz. München.

Huber, Michaela (1995): Multiple Persönlichkeiten. Überlebende extremer Gewalt. Ein Handbuch. Frankfurt am Main.

Human Rights Watch (2015): Embattled. Retaliation Against Sexual Assault Survivors in the US Military. O.O.: Human Rights Watch.

Jason (o.J.) Jason's Story. Online unter:
https://www.protectourdefenders.com/survivor-story/jasons-story/; zuletzt abgerufen am 08. Mai 2018.

Jessie (o.J.): Jessie's Story. Online unter:
https://www.protectourdefenders.com/survivor-story/jessies-story/; zuletzt abgerufen am 08. Mai 2018.

Kirstin (o.J.): Kirstin's Story. Online unter:
https://www.protectourdefenders.com/survivor-story/kirstins-story/; zuletzt abgerufen am 08. Mai 2018.

Krug, Etienne G. et al. (Hg.) (2002): World Report on Violence and Health. Geneva: World Health Organization.

Kümmel, Gerhard (2008): Truppenbild mit Dame. Eine sozialwissenschaftliche Begleituntersuchung zur Integration von Frauen in die Bundeswehr (Forschungsbericht 82). Strausberg: Sozialwissenschaftliches Institut der Bundeswehr.

Kümmel, Gerhard (2014): Truppenbild ohne Dame? Eine sozialwissenschaftliche Begleituntersuchung zum aktuellen Stand der Integration von Frauen in die Bundeswehr (Forschungsbericht 106). Potsdam: Zentrum für Militärgeschichte und Sozialwissenschaften der Bundeswehr.

Lang, Rudolf W. (2000): Schlüsselqualifikationen. Handlungs- und Methodenkompetenz, personale und soziale Kompetenz. München.

Levy (o.J.): Levy's Story. Online unter:
https://www.protectourdefenders.com/survivor-story/levis-story/; zuletzt abgerufen am 08. Mai 2018.

Lori (o.J.): Lori's Story. Online unter:
https://www.protectourdefenders.com/survivor-story/loris-story/; zuletzt abgerufen am 08. Mai 2018.

McMichael, William H. (1997): The Mother of all Hooks: The Story of the U.S. Navy's Tailhook Scandal. New Brunswick, N.J., London.

Office of the Inspector General (1993): The Tailhook Report. The Official Inquiry into the Events of Tailhook '91. The Shocking Details Behind the Scandal that has Rocked the Nation. 2. Aufl. New York.

Perilloux, Carin / Duntley, Joshua D. / Buss, David M. (2012): The Costs of Rape, in: Archives of Sexual Behavior 41: 5, 1099-1106.

Ryan, Luke (2018): A Look at Sexual Assault in Militaries Around the World. In: SOFREP News. Trusted News and Intelligence From Spec Ops Veterans, 24. März 2018. Online unter:

https://sofrep.com/101164/a-look-at-sexual-assault-in-militaries-around-the-world/; zuletzt abgerufen am 05. Mai 2018.

Schnell, Lisa (2014): Sexuelle Belästigung bei der Bundeswehr. Grenzüberschreitung in der Pampa, in: Spiegel online, 01. Februar 2014. Online unter:

http://www.spiegel.de/politik/deutschland/protest-gegen-verharmlosung-von-sexueller-belaestigung-in-bundeswehr-a-946400.html; zuletzt abgerufen am 05. Mai 2018.

Soldt, Rüdiger (2018): Geständnis des Stiefvaters: Junge soll mehr als 50 Mal missbraucht worden sein, in: FAZ Net, 18. April 2018. Online unter:

http://www.faz.net/aktuell/gesellschaft/kriminalitaet/staufen-junge-soll-ueber-50-mal-missbraucht-worden-sein-15548618.html; zuletzt abgerufen am 05. Mai 2018.

Spiegel Online (2018): Weinstein-Enthüllungen: Pulitzerpreis für "New York Times" und "New Yorker", in: Spiegel online, 17. April 2018. Online unter:

http://www.spiegel.de/kultur/gesellschaft/pulitzerpreis-new-york-times-und-new-yorker-fuer-weinstein-berichterstattung-ausgezeichnet-a-1203242.html; zuletzt abgerufen am 05. Mai 2018).

Thompson, Mark (2016): Military Sexual Assault Victims Discharged after Filing Complaints. In: Time, 18. Mai 2016. Online unter: http://time.com/4340321/sexual-assault-military-discharge-women/; zuletzt abgerufen am 05. Mai 2018).

Volke, Dora & Eikmanns, Frederik (2018): Gleichberechtigung – Wie sich die „MeToo"-Debatte entwickelt hat, in: Süddeutsche Zeitung Online, 05. April 2018. Online unter:

http://www.sueddeutsche.de/leben/gleichberechtigung-wie-sich-die-metoo-debatte-entwickelt-hat-1.3932250; zuletzt abgerufen am 05. Mai 2018.

Wehrbeauftragter des Deutschen Bundestages (2018): Unterrichtung durch den Wehrbeauftragten. Jahresbericht 2017 (59. Bericht). Deutscher Bundestag, 19. Wahlperiode, Drucksache 19/700. Berlin: Wehrbeauftragter des Deutschen Bundestages.

Wendy (o.J.): Wendy's Story. Online unter:

https://www.protectourdefenders.com/survivor-story/wendys-story/; zuletzt abgerufen am 08. Mai 2018.

Rechtspopulismus und Bundeswehr.
Eine Bestandsaufnahme mit Risikoanalyse

Dierk Spreen

Der Fall „Franco A." und seine Folgen

Die erste Abschlussarbeit des Bundeswehroberleutnants Franco A. von 2014 stellte laut einem Gutachten, das für die Bundeswehr erstellt wurde, einen „radikalnationalistischen, rassistischen Apell"[1] dar. Disziplinare Ermittlungen wurden allerdings ohne Beteiligung des Militärischen Abschirmdienstes eingestellt. Franco A. schrieb nach einer Belehrung eine neue Arbeit und konnte sein Studium erfolgreich abschließen.[2] 2017 wurde er aber am Wiener Flughafen vorläufig festgenommen, während er „eine auf einer Toilette des Wiener Flughafens versteckte, geladene Pistole aus der Zeit des Zweiten Weltkriegs wieder an sich […] nehmen" wollte.[3] Im Laufe der Ermittlungen stellte sich heraus, dass er sich beim Bundesamt für Migration und Flüchtlinge (BAMF) als syrischer Asylbewerber ausgegeben hatte. Außerdem wurde ihm „vorgeworfen, dass er Munition – zum größten Teil aus Beständen der Bundeswehr – bei einem Studenten lagerte. Franco A., der Student und ein weiterer mutmaßlicher Komplize, Oberleutnant Maximilian T., wurden verhaftet und später wieder auf freien Fuß gesetzt."[4] Dass bei einer solchen nachgerade aberwitzigen Geschichte die Spekulationen ins Kraut schossen, verwundert wohl wenig. Maximilian T. machte später noch einmal von sich reden, als er laut Medienberichten von einem AfD-Bundestagsabgeordneten als „persönlicher Referent" eingestellt wurde. *Zeit online* zufolge soll dieser Bundestagsabgeordnete „in der AfD-Fraktion für Verteidigungspolitik zuständig" sein.[5]

Mit dem Fall „Franco A." ist erneut ein Problem auf die Tagesordnung der Inneren Führung gerückt, das seit Bestehen der Bundeswehr

---

[1] Zit. n. Weiland 2017.
[2] Unterrichtung durch den Wehrbeauftragten 2017: 19.
[3] Ebd., 18.
[4] Ebd., 19.
[5] Biermann et al. 2018.

latent vor sich hin gärt und immer wieder einmal unter verschiedenen Labels manifest wird. *Zeit online* etwa titelte: „Wie rechts ist die Bundeswehr? Rassistische Aufrufe offenbarten die Gesinnung des Offiziers Franco A. Seine Vorgesetzten reagierten nicht. Alltag oder Einzelfall?"[6]

Der Untertitel bringt die Grundfrage auf den Punkt. Handelt es sich bei rechtsextremen Vorfällen um ein strukturelles Problem? Verweisen sie auf rechte Netzwerke in der Bundeswehr? Gibt es ein generelles „Haltungsproblem", wie die Verteidigungsministerin meinte? Oder spiegelt sich in diesen Vorfällen letztlich die Verbindung zwischen Gesellschaft und Bundeswehr, wie es in den Jahresberichten des Wehrbeauftragten dargestellt wird? Diese Verbindung zur Gesellschaft ist ja gewollt und hat selbstredend zur Folge, dass sich soziale, kulturelle und politische Spannungen und Probleme in der Bundeswehr wiederfinden. „Die Bundeswehr ist eine offene Armee mit ständig wechselndem Personal und damit auch Spiegelbild unserer Gesellschaft. Fehlentwicklungen in unserer Gesellschaft machen deshalb nicht vor der Bundeswehr halt."[7]

Eine kleine Diskursanalyse des Verbandsblattes des deutschen Bundeswehrverbandes („Die Bundeswehr") ergibt folgende Diskursstruktur (Abb. 1): Demnach stehen sich zwei diskursive Positionen gegenüber. Die eine Position sieht in dem Fall „Franco A." die Spitze eines Eisbergs und spricht von einem „Haltungsproblem" innerhalb der Bundeswehr.[8] Aufgrund ihrer entsprechenden Äußerungen wird diese Position durch die Verteidigungsministerin Ursula von der Leyen quasi verkörpert. Das andere Lager sieht vor allem „Verfehlungen einzelner"[9]: „Nicht die Innere Führung an sich hat versagt, sondern Menschen haben Fehler gemacht".[10] Kritisiert wird ein „Generalverdacht" gegenüber der Bundeswehr. Dies ist die Auffassung des Vorsitzenden des Bundeswehrverbandes und vermutlich auch vieler Sol-

---

[6] Dausend & Klingst 2017.
[7] Unterrichtung durch den Wehrbeauftragten 2007: 45.
[8] Zit. n. Remme 2017.
[9] Die Bundeswehr 7/2017: 1.
[10] Die Bundeswehr 6/2017: 9

datinnen und Soldaten.[11] Auch unter verteidigungspolitischen Experten der SPD findet sich diese Auffassung.[12]

Abbildung 1: Schematische Diskursstruktur zum Fall „Franco A."

Quelle: Eigene Grafik

Eine Entweder-oder-Struktur der Debatte über rechte politische Einstellungen in der Bundeswehr ist nicht unproblematisch. Denn schnell fallen bei polarisierten Diskursstrukturen differenziertere Problemwahrnehmungen unter den Tisch. Hinter vermeintlichen Einzelfällen können sich aber strukturelle gesellschaftliche Probleme verbergen. Hier soll gefragt werden, inwiefern das der Fall sein kann. Außerdem soll darauf eingegangen werden, ob es eine spezifisch die Bundeswehr betreffende Seite des politischen Gesamtphänomens „Rechtspopulismus/Neue Rechte/Rechtsextremismus" gibt.

Dazu gehe ich folgendermaßen vor. Zunächst rekapituliere ich die Ergebnisse diverser Untersuchungen zur Verbreitung rechter politischer Einstellungen in der Bundeswehr und in der Gesellschaft. Anschließend soll versucht werden, so etwas wie den Idealtypus einer rechtspopulistischen Sinnwelt zu formulieren. Das soll es erleichtern,

---

[11] Unterrichtung durch den Wehrbeauftragten 2017: 9, 11, 40.
[12] Remme 2017.

die durchaus vielfältigen Einstellungen, Aussagen, Tendenzen und Diskusangebote in der politischen Sphäre rechts des liberalen Konservativismus zu einem sozial- und staatstheoretischen Gesamtkontext in Beziehung zu setzen. Diese Vorgehensweise verweist darauf, dass es sich bei den messbaren rechtspopulistischen Einstellungen keineswegs nur um mehr oder weniger zusammenhangslose Spontanreaktionen handeln muss. Eine Ursachenanalyse fragt dann nach gesellschaftlichen Gründen für die politische Attraktivität rechtspopulistischer Thesen und Forderungen. Haben wir es derzeit und in Zukunft mit einer strukturellen Verwundbarkeit der Demokratie durch rechtspopulistische Akteure, Diskurse und Medien zu tun?

Eine solche strukturelle Verwundbarkeit müsste sich dann auch in der Bundeswehr widerspiegeln. In der abschließenden Risikoanalyse wird der Blick daher wieder auf die Bundeswehr gerichtet. Hier geht es darum, mögliche Einfallstore rechtpopulistischen Gedankenguts in bundeswehrspezifische Diskurse aufzuzeigen und Gegenmaßnahmen zur Diskussion zu stellen. Dabei zeigt sich, dass es nicht bloß darum gehen kann, Bewerberinnen und Bewerber mit problematischem weltanschaulichem Hintergrund aus der Bundeswehr fernzuhalten. Vielmehr muss es auch darum gehen, auf eine potenzielle strukturelle Verwundbarkeit, deren Ursachen gesellschaftlicher Natur sind, angemessen zu antworten.

Studien zu rechten politischen Einstellungen innerhalb und außerhalb der Bundeswehr

Vor nunmehr 17 Jahren veröffentlichte das Sozialwissenschaftliche Institut der Bundeswehr (SOWI) eine umfangreiche empirische Studie über rechtsextreme Orientierungen in Deutschland und ihre Folgen für die Bundeswehr. Mit Hilfe der Daten aus der jährlichen allgemeinen Bevölkerungsumfrage wurde u. a. untersucht, ob „ein signifikanter Zusammenhang zwischen Bundeswehraffinität und rechtsextremen Orientierungen besteht".[13] Die Studie geht methodisch davon aus, dass „übersteigerter Nationalismus und Fremdenfeindlichkeit zu den konstitutiven Elementen des Konstrukts Rechtsextremismus zäh-

---

[13] Gareis et al. 2001: 32.

len".[14] Es stellte sich heraus, dass „mit zunehmender Identifikation mit der Bundeswehr [...] sich die nationalistischen Einstellungen [verstärken] und [...] sich potenzielle Bewerber für den Dienst in den Streitkräften weiter vom Durchschnitt ihrer Altersgruppe, aber auch dem der Gesamtgesellschaft ab[heben]".[15] Gleichwohl sah die Studie keinen Grund zum Alarmismus, da „die von den Befragten tatsächlich erreichten Mittelwerte von extremen Positionen weit entfernt sind. Der männliche potenzielle Bundeswehrbewerber liegt in seinen Merkmalsausprägungen fast exakt im Mittelwert der Gesamtstichprobe."[16]

Im Jahr 2007 führte das SOWI dann eine Untersuchung zu den politischen Haltungen der Studierenden an den Bundeswehruniversitäten durch. Diese ergab, dass 13 Prozent der befragten Studentinnen und Studenten höhere Zustimmungswerte zu den Politikzielen der Neuen Rechten erreichten.[17] Interessant ist dabei, dass der Vergleich mit Jugendlichen und jungen Erwachsenen insgesamt für die Studierenden sehr positiv ausfällt, denn unter diesen fiel die Ablehnung von neurechten Politikzielen in einigen Punkten „wesentlich schwächer aus, als das bei den Studierenden an den Universitäten der Fall ist".[18] „Dass man die Zuwanderung von Ausländern nach Deutschland stoppen sollte, befürworten beispielsweise 39 Prozent der 15- bis 32-Jährigen in Deutschland; unter den Bundeswehrstudenten sind es 25 Prozent. Dass man den Einfluss der Parlamente einschränken sollte, finden sogar 30 Prozent der Jugendlichen richtig; an den Universitäten der Bundeswehr sprechen sich 11 Prozent dafür aus."[19] Ein Vergleich mit jungen Männern mit Hochschulreife ergab, dass deren Zustimmungswert zu neurechten Vorstellungen mit 21 Prozent zwar unter dem Wert für Jugendliche und junge Erwachsene insgesamt liegt (26 Prozent), aber dennoch immer noch weit über dem der Studierenden an den Bundeswehruniversitäten in Hamburg und München. Mithin war der Zustimmungswert zu politischen Zielen der

---

14 Ebd., 33.
15 Ebd., 53, vgl. a. S. 55.
16 Ebd., 56.
17 Bulmahn 2010: 126.
18 Ebd., 128.
19 Ebd., 128f.

Neuen Rechten unter den Studierenden der Bundeswehruniversitäten gerade einmal halb so hoch, wie der unter den Jugendlichen und jungen Erwachsenen in der Gesamtbevölkerung.[20] Allerdings ließ die Hälfte der an einer Bundeswehr-Universität Studierenden „deutliche Zweifel an der Ausgestaltung unseres parlamentarischen Systems erkennen".[21] Politikverdrossenheit und Demokratiemisstrauen waren 2007 also auch an den Universitäten der Bundeswehr angekommen.

Insgesamt war unter den Befragten an den Universitäten der Bundeswehr das liberal-konservative Einstellungsmilieu wesentlich stärker verbreitet als in der Gesamtbevölkerung.[22] Das dürfte wenig verwundern, da die Mitglieder von Sicherheitskräften einem Sicherheits- und Ordnungsauftrag verpflichtet sind. Innere und äußere Sicherheit wird aber zumeist, wenn auch verkürzend, als konservativer Frame identifiziert. Auf die Frage der *taz* an einen der an der SOWI-Studierendenbefragung beteiligten Wissenschaftler, ob es an den Bundeswehr-Unis „also mehr CDU-Wähler [gebe] als an zivilen Hochschulen", lautete die Antwort schlicht: „Ja. Es wäre, glaube ich, auch absurd, davon auszugehen, dass in der Bundeswehr zum Beispiel genauso viele Menschen den Grünen nahestehen wie in der Gesamtbevölkerung."[23]

Die beiden am stärksten innerhalb der Bundeswehr repräsentierten SINUS-Milieus sind gemäß einer vom Katholischen Militärbischofsamt in Auftrag gegebenen und 2012 abgeschlossenen Studie die bürgerliche Mitte und das konservativ-etablierte Milieu (Abb. 2). „Berufssoldaten repräsentieren die traditionelle und die gemäßigt-moderne Bildungselite in Deutschland, die Zeitsoldaten hingegen die Mitte der Gesellschaft."[24] Der Milieuschwerpunkt der ranghohen Entscheider liegt im konservativen Segment, wodurch hier ein „konservativ-traditionsorientiertes Binnenklima" entstehen könne.[25]

---

[20] Ebd., 130-132.
[21] Fiebig & Flach 2007: 137.
[22] Fiebig & Schulze 2017.
[23] Ebd.
[24] Calmbach 2012: 6.
[25] Ebd., 7.

Abbildung 2: SINUS-Milieus der Zeit- und Berufssoldaten der Bundeswehr

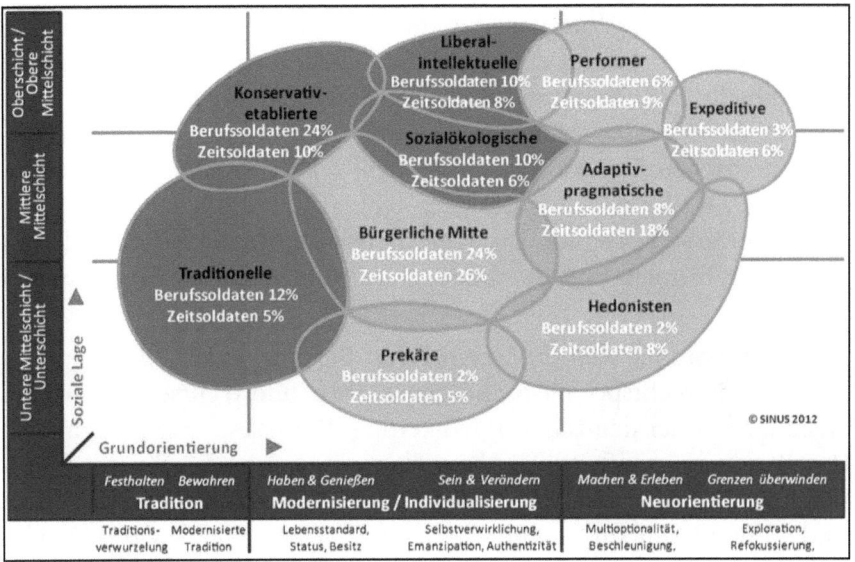

Quelle: Calmbach 2012: 6

Der 2008 erschienenen Studie der militarismuskritischen Informationsstelle Militarisierung e.V. (IMI-Studie) liegen keine eigenständigen empirischen Umfragen zu Grunde. Die Studie untersucht die verschiedenen „Einflussfaktoren [...], die von innen wie von außen an der rechten Ausrichtung der Bundeswehr beteiligt zu sein scheinen".[26] Sie kommt, was aufgrund ihres politischen Hintergrundkontextes auch wenig verwundern kann, zu einem kritischeren Fazit als die SOWI-Studien. „Der so genannte ‚Staatsbürger in Uniform' scheint allgemein politisch weiter rechts zu stehen als die Zivilbevölkerung."[27] Rechte Grenzgänge und Grenzüberschreitungen sowohl bei ehemaligen als auch bei zukünftigen Offizieren bewertet die IMI-Studie nicht als Ausdruck oder Variation einer statistischen Normalität, sondern

---

[26] Teidelbaum 2008: 4.
[27] Ebd., 23.

als „Tendenzen an der Spitze"[28] bzw. als „Symptome dafür, dass die Bundeswehr rechte Geister anzieht."[29]

Informationen zu Vorfällen mit rechtsextremem Hintergrund lassen sich zudem den Jahresberichten des Wehrbeauftragten entnehmen.[30] Der aktuelle Bericht betont, dass „[u]nsere Soldatinnen und Soldaten [...] in ihrer großen Mehrheit fest auf dem Boden der freiheitlich-demokratischen Grundordnung [stehen]." Er ruft allerdings auch zu erhöhter „Wachsamkeit gegenüber rechtsextremen Tendenzen" auf, „weil Verfassungsgegner aus diesem Milieu oft soldatische Hierarchien, Uniformen und Ausbildung an Waffen besonders attraktiv finden".[31]

Die Mitte-Studie der Friedrich-Ebert-Stiftung misst dagegen die Verbreitung rechtspopulistischer, neurechter und rechtsextremer Einstellungen in der deutschen Bevölkerung. *Rechtspopulismus* ist demnach durch „identitätsstiftende[..] Vorstellungen eines eng definierten ‚Volkes'"[32] gekennzeichnet, die einerseits eine Abgrenzung gegen Andere und „Fremdgruppen" beinhalten („‚wir' gegen ‚die Anderen'") und andererseits gegen politische Eliten bzw. gegen „die da oben" gerichtet sind. Damit umfasst er erstens Elemente der Gruppenbezogenen Menschenfeindlichkeit (GMF): „Die Eigengruppe wird von Fremdgruppen distanziert, insbesondere von Gruppen, die eine Migrationsgeschichte aufweisen beziehungsweise die zum vermeintlich homogenen ‚Volk' als nicht dazugehörig betrachtet werden."[33] Zweitens umfasst er antidemokratische Haltungen, die mit einem charakteristischen Demokratiemisstrauen verbunden sind. Diese Haltungen richten sich gegen Eliten, sogenannte „Altparteien" und die vermeintliche Vorherrschaft einer „Political Correctness".[34]

Außerdem sei für den Rechtspopulismus ein rechtsgerichteter Autoritarismus („law and order"), Nationalismus, eine ablehnende Haltung gegenüber der EU sowie eine spezifische Gefühlslage, die in der Stu-

---

[28] Ebd., 12.
[29] Ebd., 23.
[30] www.bundestag.de/parlament/wehrbeauftragter/jahresberichte/247006
[31] Unterrichtung durch den Wehrbeauftragten 2017: 19.
[32] Zick et al. 2016b: 115.
[33] Ebd., 115, vgl. Vorländer 2017: 74-77.
[34] Zick et al. 2016b: 115, vgl. Küpper et al. 2016 : 148.

die als „kollektive Wut" beschrieben wird, konstitutiv.[35] Eine merkwürdige Neigung zur wütenden Kritik und zur aggressiven Selbstaktivierung stellen auch andere Beobachter fest: „Der ressentimentgeladene Mensch ‚verbeißt sich' in sein eigenes Unwohlsein. Seine Kritik zielt nicht auf die Verbesserung eines missliebigen Zustands [...], sie gibt sich vielmehr zufrieden im selbstvergiftenden ‚Hochgefühl der grundsätzlichen Opposition' (Max Scheler), die durch wild herangezogene Erfahrungspartikel immer wieder bestätigt wird."[36]

Rechtsextremismus ist vom Inhalt her radikaler und eindeutiger als der Rechtspopulismus. Die zur Erfassung rechtsextremer Auffassungen formulierten Aussagen in der empirischen Studie sind daher „hart und eindeutig". „Ihnen zuzustimmen fällt nicht leicht, und sie lassen sich nicht irgendwie ‚uminterpretieren'. Entsprechend sind die Zustimmungswerte eher niedrig. Wer hier allerdings zustimmt, äußert eine klar rechtsextreme Haltung."[37] Dazu passt, dass rechtsextreme Einstellungen mit einer höheren Gewaltneigung korrelieren. „Neben menschenfeindlichen Überzeugungen zählen auch nationalchauvinistische, autoritäre und immer noch den Nationalsozialismus verharmlosende Einstellungen und auch die Affinität zu Gewalt zum Repertoire dieser Gemengelage."[38]

Neurechte Haltungen haben einen intellektuellen Diskurshintergrund und verfolgen „die Strategie eines rechten Kulturkampfes". Die Diskurshegemonie der 68er soll gebrochen, das „Meinungsdiktat" der politischen Korrektheit aufgehoben („Lügenpresse"), der schleichende „Austausch" der angestammten Bevölkerung gegen Migranten mit islamischen Hintergrund gestoppt werden („Islamverschwörung").[39] Bindeglied der neurechten Haltungen ist daher das Widerstandsmotiv.[40] Man beschwört einen Kulturkampf „gegen die liberale multikulturelle Einwanderungsgesellschaft".[41] Das klammernde Widerstandsmotiv verdichtet sich in Kampfparolen wie „Merkel muss weg", wo-

---

35 Zick et al. 2016b: 116.
36 Leggewie 2017: 22.
37 Zick et al. 2016b: 127.
38 Zick & Küpper 2016: 20.
39 Zick et al. 2016b : 147, Küpper et al. 2016 : 151.
40 Küpper et al. 2016: 149f.
41 Ebd., 148.

mit Unzufriedene adressiert werden.[42] Im Übrigen waren 40 Prozent der Befragten der Meinung, dass die Gesellschaft durch den Islam unterwandert würde.[43]

Ein weiteres inhaltliches Kennzeichen des Denkens der Neuen Rechten ist zudem der Rekurs auf ein vorgeblich natürliches Menschen- und Familienbild. Das richtet sich gegen die Emanzipation der Frauen, gegen die in den Menschenrechten kodifizierte, von Herkunft, Geschlecht und Glauben unabhängige Gleichheit aller Menschen, gegen sexuelle Selbstbestimmung sowie gegen Migration und die Ausdifferenzierung der Lebensformen.[44]

Letztlich, da es immer um „völkische" (ein Nazi-Wording!) Homogenität und kollektive Identität geht, richtet sich das neurechte Denken gegen den Individualisierungsprozess überhaupt. Dementsprechend finden sich auch positive Haltungen zu autoritären Regierungsformen – sozialtheoretisch kann sich das im Rückgriff auf Intellektuelle wie etwa Carl Schmitt zeigen.

Wie ordnet die Mitte-Studie die Partei *Alternative für Deutschland* (AfD) in dieses Feld ein? Die AfD vertrete inzwischen „offen völkische Positionen, die [...] insbesondere über das Flüchtlingsthema artikuliert wurden."[45] „Nahezu alle GMF-Elemente finden unter den potenziellen Wählerinnen und Wählern der AfD die höchsten Zustimmungswerte. So stimmen insgesamt 88 % der Anhänger der AfD einer Abwertung asylsuchender Menschen zu [...]."[46] Die Partei verknüpfe die „rechtspopulistische Inanspruchnahme ‚des Volkes'" [...] mit einem Erhebungsversprechen gegen die sogenannten ‚Altparteien', das zunehmend völkisch-nationalistische Züge annimmt. Damit segelt die AfD im Fahrwasser neurechter Bestrebungen zur Restitution der Nationalstaaten."[47]

Der Übergang zwischen Rechtsextremismus und Rechtspopulismus ist fließend. „Je antiliberaler und antipluralistischer" der Rechtspopu-

---

[42] Ebd., 145.
[43] Zick 2016: 207.
[44] Küpper et al. 2016: 148.
[45] Zick & Küpper 2016: 21.
[46] Zick et al. 2016a: 64.
[47] Küpper et al. 2016: 145.

lismus „dabei auftritt, desto größer sind seine Schnittmengen zum Extremismus."[48] Rechtspopulistische Redner behaupten gerne, im Namen „des Volkes" zu sprechen.[49] Mit dem antiliberalen und antipluralistischen Gesellschaftsideal ist die Orientierung an der Vorstellung einer homogenen Gesellschaft gemeint. Ein „nationaler Chauvinismus, der nach der Restaurierung einer national homogenen Volksgemeinschaft strebt, [scheint] eine Übereinstimmung zwischen rechtspopulistischen und rechtsextremen Milieus zu bieten."[50] Im Kontext des Wunsches nach „homogener ‚Volksgemeinschaft'" gedeihen allerdings „Vorurteile gegenüber [...] allen, die der ‚Volksgemeinschaft' im Wege stehen."[51] Im Fokus entsprechender Diskursbeiträge stehen daher nicht erst seit 2015 „die Ausländer".[52]

Was die Verbreitung dieser Einstellungsmuster angeht, hält die Mitte-Studie fest, dass zum Erhebungszeitraum 40 Prozent der Befragten zu rechtspopulistischen Einstellungen tendierten.[53] Jede dritte rechtspopulistisch eingestellte Person ist dabei „zu gewalttätigem Handeln bereit, um die eigene Position zu behaupten oder zu verteidigen."[54] Nur 3 Prozent aber vertraten zum selben Zeitpunkt eine ausgeprägte rechtsextreme Einstellung.[55] Die Werte auf den einzelnen Extremismus-Skalen fielen jedoch sehr unterschiedlich aus. Zum Beispiel befürworteten knapp 4 Prozent eine rechtsgerichtete Diktatur, knapp 8 Prozent waren eindeutig ausländerfeindlich und knapp 13 Prozent vertraten einen nationalen Chauvinismus.[56] Was neurechte Einstellungen angeht, tendierten 2016 fast 28 Prozent der Bevölkerung zu solchen Einstellungen. Neun Prozent aller Befragten „erreichten maximal hohe Zustimmungswerte".[57]

---

[48] Decker 2018: 22.
[49] Ebd. Eine Illustration geben Küpper et al. 2016: 144f.
[50] Zick et al. 2016b: 141. S. auch Küpper et al. 2016: 165.
[51] Zick 2016: 209.
[52] Jaschke 2001: 36. Jaschke bezieht sich auf Diskursbeiträge und parlamentarische Praxis der Partei „Die Republikaner".
[53] Zick et al. 2016b: 118.
[54] Ebd., 122.
[55] Ebd., 139.
[56] Ebd., 128.
[57] Küpper et al. 2016 : 160.

Besonders bemerkenswert ist, dass „weder Rechtspopulismus noch Rechtsextremismus in der Mitte der Gesellschaft anschlussfähig wären, würde man ihnen ihre Stereotype und Vorurteile gegenüber schwächeren Gruppen nehmen. Dies gilt in ähnlicher Weise für neurechte Einstellungen, die sich unter anderem auf antimuslimischen Verschwörungsmythen gründen."[58] Im Umkehrschluss heißt das, *dass* die Syndrome eines radikalisierten rechten Denkens in der Mitte der Gesellschaft angekommen sind. Selbst im Fall des Rechtsextremismus handelt es sich „um ein politisches Problem in der Mitte der Gesellschaft".[59] Die Interpretation, dass eine sozioökonomisch verunsicherte Mitte sich nach unten und gegen Andere abgrenzen will, drängt sich geradezu auf. Damit bestünde ein Zusammenhang mit der Entsicherung der Gesellschaft, die spätestens mit der Agenda 2010 zur Leitidee der politischen Elite avanciert ist und deren Wirkungen keineswegs auf bildungsferne Schichten, Arbeitslose oder Dauersozialhilfeempfänger einzugrenzen sind.

Vor diesem Hintergrund erscheint es mehr als angebracht, dass die SOWI-Studien von 2001 und 2007 aktualisiert werden, um gesichertes Datenmaterial über die Verbreitung neurechter oder rechtspopulistischer Einstellungen unter Angehörigen der Bundeswehr zu erhalten. Im Hinblick auf die Studie von 2007 wäre es wünschenswert, wenn man eine echte Vergleichsgruppe zu den Studierenden der Bw-Universitäten heranziehen würde, also nicht nur die Gruppe der Hochschulzugangsberechtigten (Abiturienten u. ä.), sondern die der tatsächlich auch Studierenden. Anbieten würde sich insbesondere eine vergleichbare Erfassung rechtslastiger Einstellung unter den Studierenden der LMU München und der Universität Hamburg. Dann erhielte man einen echten Vergleich.

Zur inneren Systematik der rechtspopulistischen Sinnwelt

Aus dem bisher Gesagten wird deutlich, dass die Grenzen zwischen Rechtspopulismus, Rechtsextremismus und Neuer Rechter fließend

---

[58] Zick 2016: 204.
[59] Decker et al. 2008: 11.

sind. Bei dem ganzen Komplex handelt es sich um ein „Sammelbe-cken".[60] Dennoch fragt sich, ob es nicht so etwas wie einen Gesamt-kontext oder eine Denkform gibt, die dieses Sammelbecken zusam-menhält. Es soll in diesem Kapitel daher nicht darum gehen, die Grenzen und die Vielfältigkeit dieses Komplexes zu betonen, sondern vielmehr soll der Versuch unternommen werden, eine innere Syste-matik dieser Gedankenwelt herauszuarbeiten, die sich jenseits des liberalen Konservatismus bewegt, der im gegenwärtigen Deutschland vor allem durch die CDU vertreten wird. Dem politischen Konserva-tismus in der Bundesrepublik dienen „die liberalen westlichen Demo-kratien in den USA und im Vereinigten Königreich als Ideal".[61] Die antipluralistische und antiliberale Ausrichtung rechtspopulistischer Diskurse steht dem liberalen bundesrepublikanischen Konservatismus entgegen.

Im Folgenden ist von einer „rechtspopulistischen Sinnwelt" die Rede. Mit der Bezeichnung einer „rechtspopulistischen Sinnwelt" soll das Denken (weit) rechts des liberalen Konservatismus bezeichnet wer-den. Besteht dieses nur aus einzelnen, lose zusammenhängenden Versatzstücken, die mal mehr, mal weniger Anklang in der Bevölke-rung finden? Oder lässt sich eine innere Systematik, ein Zusammen-hang wesentlicher Grundannahmen mit bestimmten sozial- und staatstheoretischen Implikationen erkennen? Es wird also mittels ide-altypischer Zuspitzung der Versuch unternommen, eine solche Sys-tematik herauszuarbeiten bzw. einige Konsequenzen dieses Denkens auszuweisen.

Idealtypisches Vorgehen versucht durch eine „gedankliche Steigerung bestimmter Elemente der Wirklichkeit"[62] zu einem kohärenten Beg-riffsgebilde zu finden. Damit soll die jeweilige „Eigenart des Zusam-menhangs"[63] der mannigfaltigen und gegebenen Tatsachen des sozia-len Lebens erkennbar gemacht werden. Bei einem solchen methodi-schen Vorgehen ist daher zu beachten, dass Menschen, die in einzel-nen Punkten rechtspopulistischen oder neurechten Einstellungsmus-tern zuneigen, eine idealtypische rechtspopulistische Sinnwelt *durchaus*

---

[60] Zick et al. 2016b: 114.
[61] Bednarz 2018: 17
[62] Weber 1988: 190.
[63] Ebd., 190.

nicht teilen müssen und zwar weder als Ganzes noch in allen Konsequenzen. Denn ein Idealtypus „wird gewonnen durch einseitige Steigerung eines oder einiger Gesichtspunkte und durch Zusammenschluss einer Fülle von diffus und diskret, hier mehr, dort weniger, stellenweise gar nicht, vorhandenen Einzelerscheinungen, die sich jenen einseitig herausgehobenen Gesichtspunkten fügen, zu einem in sich einheitlichen Gedankengebilde".[64]

Es wurde bereits darauf hingewiesen, dass rechtspopulistische Diskurse eine starke Fixierung auf „Ausländer" bzw. „Migranten" aufweisen. Die Rede von einem vorgeblichen „Bevölkerungsaustausch" macht die Runde. Beschworen wird auch die Gefahr einer „Islamisierung" oder einer „Unterwanderung" durch den Islam.[65] Das gemeinsame dieser Wahrnehmungen ist, dass sowohl Migration als auch islamische Glaubensbekenntnisse als Gefährdungen „des Eigenen", der eigenen „Kultur" oder „Identität" wahrgenommen werden.

Die nicht nur von Rechtspopulisten immer wieder angestoßenen Debatten über „nationale Identität" oder eine „nationale Leitkultur" haben ihre gesellschaftliche Ursache zunächst einmal in der Frage, was denn das Gemeinsame in einer individualisierten Gesellschaft sein kann bzw. sein soll. Sie adressieren, was Ulrich Beck die „Reintegrationsdimension" des Individualisierungsprozesses nannte.[66] Problematisch wird es aber sofort, wenn dieses Gemeinsame so eng gefasst wird, dass die Freiheit beschnitten wird, individuelle Lebensentwürfe zu verfolgen. Das ist zum Beispiel der Fall, wenn kulturelle, religiöse oder weltanschauliche Gemeinsamkeitsideale ins Spiel kommen. Solche weitgehenden kollektiven Identitätsentwürfe münden in der Ansicht, dass Integration eigentlich nur Assimilation bedeuten könne.

Natürlich muss man zugeben, dass Integration ein schwieriges Konzept ist, weil Systemintegration – also z. B. Integration in den Arbeitsmarkt oder in das politische System qua Erwerb der Staatsbürgerschaft – und Sozialintegration – also Integration in lebensweltliche Netzwerke – nicht das Gleiche sind. Denkt man Gesellschaft aber als

---

[64] Ebd., 191.
[65] Küpper et al. 2016: 151.
[66] Beck 1986: 206.

Herkunftsgemeinschaft mit einer jeweils spezifischen kulturellen Identität, dann haben exogene Neuankömmlinge es immer schwer. Integriert werden könnten sie nur im Rahmen einer fundamentalen Verwandlung, denn nur dann wären sie keine Fremden mehr (Assimilation). Im Falle „völkischer" Identität ist eine Assimilation faktisch allerdings unmöglich, da hierbei die Abstammungslinie eine zentrale Rolle spielt. Das beispielsweise beim Gespräch auf der Straße gerne in einem apodiktischen Duktus vorgetragene Argument, die Integration von Einwanderern islamischen Glaubens sei doch „unmöglich", kann daher als ein Marker genommen werden, der eine solche homogene und national-kulturelle Gemeinschaftsvorstellung anzeigt.

Homogene Gemeinschaftsvorstellungen und die in sie eingelassenen politischen Implikationen sind ein wesentlicher Bestandteil rechtspopulistischer Diskurse. Immer wieder wird scheindemokratisch betont, dass es darum gehe, „dem Volk" wieder zur „Herrschaft" zu verhelfen. „Die da oben" erscheinen nicht länger als Repräsentanten des Volkes. Presse und Medien werden als „Lügenpresse"[67], „etablierte" Parteien als „Volksverräter"[68] tituliert. Hinter solchen Formulierungen verbirgt sich die Behauptung eines Souveränitätsverlustes „des Volkes". Der politische Sinn solcher Formulierungen lässt sich entschlüsseln, wenn man einen der bekanntesten Protagonisten der „Konservativen Revolution" zu Rate zieht, nämlich Carl Schmitt.[69]

Bei Schmitt heißt es: „Souverän ist, wer über den Ausnahmezustand entscheidet."[70] Souverän ist Schmitt zufolge, wer zwischen Freund und Feind unterscheidet sowie über Krieg und Frieden entscheidet. Da Schmitt den gesellschaftlichen Normalfall, also die Geltung von Rechtsnormen, als nur scheinbar suspendierten Kriegszustand denkt, da er also vom permanenten Ausnahmezustand ausgeht, fallen diese Entscheidungen für ihn zusammen: Im Krieg ist die Unterscheidung zwischen Freund und Feind essentiell. Solche Unter- und Entscheidungen sind für Schmitt unteilbar, da sie ein Entscheidungsmonopol voraussetzen. Soldaten können nicht vielen Herren gleichzeitig gehorchen. Deshalb hat der Souverän das „Monopol der letzten Entschei-

---

[67] Zit. n. Küpper et al. 2016: 144.
[68] Zit. n. Decker & Brähler 2016: 17.
[69] Vgl. Breuer 1995: 3.
[70] Schmitt 1993: 13.

dung".[71] Entwicklungen, die politische Souveränität aufspalten, verteilen oder einschränken, werden von Schmitt daher kritisiert. Pluralismus, Parlamentarismus, Gewaltenteilung, Grundrechte und politischen Wertorientierungen steht er skeptisch gegenüber, ebenso Völkerbund oder UNO. Die Europäische Union würde, soweit sie auf Souveränitätsübertragung und -teilung beruht, seiner Kritik ebenfalls unterliegen.

Im hiesigen Zusammenhang ist vor allem wichtig, dass in einem solchen politisch-theoretischen Kontext auch die Integration von Migranten prinzipiell verdächtig wirkt. Migration erscheint rasch als eine Art Import potentieller Verbrecher und Terroristen.[72] Migranten und Ausländer untergraben aus dieser Sicht die Einheit und Homogenität des Volkes.

Schon Schmitt setzt den Feind und den Fremden ohne überzeugende Problematisierung gleich.[73] Das lässt sich in der theoretischen Systematik eigentlich nur daraus erklären, dass ihm der Fremde als potentieller Feind erscheint. Nicht irgendwelche Attribute des Fremden sind das Problem, sondern die Fremdheit an sich. Im *Begriff des Politischen*, einer der zentralen Schriften Schmitts, heißt es dann auch: „Der politische Feind braucht nicht moralisch böse, er braucht nicht ästhetisch hässlich zu sein; er muss nicht als wirtschaftlicher Konkurrent auftreten [...]. Er ist eben der Andere, der Fremde, und es genügt zu seinem Wesen, dass er in einem besonders intensiven Sinne existenziell etwas anderes und Fremdes ist, so dass im extremen Fall Konflikte mit ihm möglich sind [...]."[74] Diese existenzielle Andersheit, die aus Schmitts Sicht den Fremden zum (potenziellen) Feind macht, erklärt sich aus der homogenen Gesellschaftsvorstellung, die ihm vorschwebt. Ein anderer Glaube, eine andere Herkunft, eine andere Kultur oder Tradition – alles das markiert Andersheit und steht daher im

---

[71] Ebd., 19.
[72] Spektakuläre Verbrechensfälle, in denen Asylbewerber oder Ausländer als Täter ermittelt werden, werden gerne als Bestätigung dieses Verdachts interpretiert. Politische Akteure nutzen das aus: Demonstrationen werden organisiert, die Opfer vereinnahmt.
[73] Ladwig 2003: 54-59.
[74] Schmitt 1963: 27. Alle Zitate sind der neuen Rechtschreibung angepasst.

Widerspruch zur „Gleichartigkeit".[75] An anderer Stelle spricht Schmitt im Hinblick auf die „Substanz der Gleichheit" auch von „bestimmten physischen und moralischen Qualitäten".[76] Eine solche Gleichartigkeit lässt sich zumindest in modernen Gesellschaften objektiv aber gar nicht bestimmen. Sie ist bloß eine gefühlte – und letztlich willkürliche – Unterstellung.

Moderne Gesellschaften basieren dagegen auf der Kompetenz, mit jedem zu kommunizieren und allerorten Fremden zu begegnen. Lebensweltlich sind sie immer ein Mix aus Nähe und Distanz.[77] Das ist ja das Wunder der Großstadt und der Moderne.[78] Moderne Gesellschaften kennen zwar Strategien der Standardisierung und Normalisierung; diese begleiten aber Ausdifferenzierung und Individualisierung und sind keine existenziellen Voraussetzungen von Vergesellschaftung. Am Ende basiert moderne Gesellschaft auf der alltäglichen und friedlichen Interaktion unter einander Fremden. Diese normale und ganz alltägliche Fremdheitskompetenz wird im Kontext der rechtspopulistischen Sinnwelt unterschlagen.

Die Ineinssetzung des Fremden mit einem (der Möglichkeit nach) inneren Feind zeigt sich auch in Schmitts Begriff der Demokratie: „Jede wirkliche Demokratie beruht darauf, dass nicht nur Gleiches gleich, sondern, mit unvermeidlicher Konsequenz, das Nichtgleiche nicht gleich behandelt wird. Zur Demokratie gehört also notwendig erstens Homogenität und zweitens – nötigenfalls – die Ausscheidung oder Vernichtung des Heterogenen."[79]

Nicht nur die Integration von Fremden, sondern auch politischer Pluralismus, d. h. die Meinungs- und Parteienvielfalt, widerspricht im Rahmen einer solchen Sichtweise der Homogenität und Souveränität des Volkes. Die Behauptung, man selbst sei das Sprachrohr „des Volkes", transportiert erstens die Vorstellung, dass dieses „Volk" eine homogene Gruppe sei, da es ja mit nur einer Stimme spricht. Zweitens transportiert sie die Idee, dass in einer ‚echten' Demokratie die

---

75 Ladwig 2003: 55.
76 Schmitt 1994: 67.
77 Trotha 1987.
78 Simmel 2006.
79 Schmitt 1994: 67.

unmittelbare Einheit zwischen dem Volk und seinen Sprechern unterstellt werden müsse. Diese Auffassung richtet sich – wie dies bereits Ernst Fraenkel in einem klassischen und nach wie vor hochaktuellen Aufsatz gezeigt hat – gegen den gesellschaftlichen Pluralismus, gegen den Gleichheitsgrundsatz der Menschenrechte und gegen das Prinzip der repräsentativen Demokratie.[80] In seiner Untersuchung zu Pegida kommt auch der Dresdner Soziologe Tino Heim zu dem Ergebnis, dass „in diesem Verständnis eines als allmächtig, allwissend und geeint imaginierten Demos Pluralismus, Gewaltenteilung oder Minderheitenschutz eine bestenfalls nachrangige Rolle spielen oder zum erklärten Feindbild des volksfremden ‚Minderheitenterrors' [...] der ‚sozialistisch-quersexuellen Minderheitenlobby' [...] und der ‚Herrenmenschen 2.0' [...] zählen."[81]

Vor diesen Hintergrund lassen sich auch Parolen wie „Wir sind der Souverän. Wir sind das Volk!"[82], die von einem Sprecher vor einer Gruppe, einer Gruppe allein oder von Sprecher und Gruppe gemeinsam skandiert werden, interpretieren. Diese Parole ist ihrem Inhalt nach eine Anmaßung. Nicht das Volk skandiert sie, sondern lediglich eine (kleine) Teilmenge desselben. Diese Teilmenge beansprucht dann auch noch, mit „dem Souverän" identisch zu sein. Das gemeinsame Skandieren solcher Parolen drückt aber auch performativ einen doppelten Einheitsanspruch aus. Gewissermaßen qua Zuruf – oder „durch acclamatio" wie Carl Schmitt sagen würde[83] – wird die Einheit der Gruppe bzw. ihre Übereinstimmung mit dem Sprecher bestätigt. Dass die politische Gesellschaft („das Volk") von Interessenvielfalt geprägt, vielstimmig und vielfältig ist, passt da nicht ins Bild. Der Sinn des Repräsentationsprinzips und des Parteienpluralismus ist aber gerade der, die Vielfalt widerzuspiegeln und einen Interessenausgleich zu ermöglichen.

Mit dem Literatur- und Diskurswissenschaftler Jürgen Link lässt sich auch von „Kollektivsymbolik" sprechen. Link versteht unter diesem Begriff Bedeutungskomplexe, die „für ‚ethnisch' möglichst ‚reine', monokulturelle Territorien und auf Kontinuität und Tradition ge-

---

[80] Fraenkel 1991: 297-325
[81] Heim 2016: 357.
[82] Zit. n. Heim 2016: 367.
[83] Schmitt 1994: 74.

gründete scharfe ‚Identitäten'" plädieren.[84] Nationale Kollektivsymbolik kreist um die Kategorie des „deutschen Volkes" und dessen Souveränität. Von hier aus lässt sich gegen Entfremdungserfahrungen in zwei Richtungen polemisieren: einerseits gegen das funktionalistisch-materialistisch-technokratische System und den Werteverfall; andererseits gegen Überfremdung, Migrantenflut, Globalisierung, Amerikanismus oder Universalismus.

In der politischen Diskurs- und Sinnwelt des Rechtspopulismus besteht eine gewisse Neigung, jedes gesellschaftliche Thema über den Migrationsleisten zu schlagen – erschiene dies Außenstehenden auch noch so skurril und verquer. Man muss verstehen, dass sich darin auch eine politische Weltanschauung widerspiegelt. Es handelt sich nicht um eine durch individuelle Pathologien – und seien es bloß Vorurteile – motivierte Politik, sondern um eine politische Paranoia. „Hier versucht eine menschenfeindliche Ideologie festzulegen, welche Gruppen zum ‚Volk' dazugehören und welche nicht."[85]

Dass die Zuerkennung von Asyl oder Bürgerrechten an exogene Neuankömmlinge nicht pauschal positiv erfolgen kann, ist mit dem nationalstaatlichen Dispositiv der Demokratie gesetzt. Eine prinzipielle Verdächtigung des Fremden und die Homogenisierung des Eigenen gehen darüber allerdings weit hinaus, selbst wenn man berücksichtigt, dass die mit dem Nationalstaat verbundene „Strukturierung von Zugehörigkeit" zwangsläufig Trennungslinien miterzeugt.[86]

Sicherheitspolitik von rechts

Die Bundeswehr wird nach Beobachtungen des Journalisten Lucius Teidelbaum in rechten Kreisen gerne als „Instrument der Machtpolitik" betrachtet.[87] Kritisiert werde außerdem, dass dieses Instrument heute „fremden Interessen" diene.[88] Für rechtsextremistische Organisationen gelte sogar, dass sie „aktuelle Auslandseinsätze eher ab[leh-

---

[84] Link 2002: 204.
[85] Zick 2016: 206.
[86] Popitz 1992: 70.
[87] Teidelbaum 2017.
[88] Ebd.

nen].“[89] Auch Missmanagement und Mängel bei der technischen Ausrüstung der „Uschi-Wehr“[90] werden laut Teidelbaum beklagt. Nationale Selbstbestimmung und Interessenverfolgung gelten als wichtige Orientierungsmarken. „Eine effiziente Armee wird [...] als Garant zur Wahrung deutscher Interessen betrachtet.“[91] Um die „Wehrhaftigkeit“[92] zu fördern, wird die Rückkehr zur allgemeinen Wehrpflicht gefordert. Davon verspricht man sich, dass sich die Bevölkerung mit der Bundeswehr identifiziert.[93]

Teidelbaum zitiert außerdem Alexander Gauland, der 2012 einen Beitrag auf der Meinungsseite des „Tagesspiegels“ mit dem Satz einleitete: „Die Deutschen haben ein gestörtes Verhältnis zur militärischen Gewalt.“[94] Von einem „diffuse[n] Ganzkörperpazifismus“ war in diesem Beitrag die Rede und von der „Weigerung, Notwendigkeit und Folgen militärischer Gewalt überhaupt zu denken und sie in ein politisches Weltbild einzuordnen“.[95] Die Deutschen würden militärische Gewalt „nicht als die Fortsetzung der Politik mit anderen Mitteln“ betrachten, „sondern als das schlechthin Böse und Falsche“.[96]

Weiter heißt es: „Statt also immer von Neuem die pazifistische Melodie zu singen, wäre es klug, eine politische zu intonieren, weil eben militärische Gewalt [...] nicht an sich schlecht, sondern nur als falsche Politik schlecht ist. Das aber setzt voraus, dass die Deutschen wieder eine Tatsache der Weltgeschichte akzeptieren lernen, die Bismarck in seiner ersten Regierungserklärung als preußischer Ministerpräsident 1862 in die berühmten Worte fasste: ‚Nicht durch Reden und Majoritätsbeschlüsse werden die großen Fragen der Zeit entschieden [...] sondern durch Eisen und Blut.‘“[97]

---

[89] Nachtwei 2013.
[90] Zit. n. Teidelbaum 2017.
[91] Teidelbaum 2017.
[92] Zit. n. Teidelbaum 2017.
[93] Teidelbaum 2017.
[94] Gauland 2012: 6, vgl. auch Teidelbaum 2017. Gauland ist einer der Mitgründer der 2013 gegründeten Partei Alternative für Deutschland (AfD).
[95] Gauland 2012: 6.
[96] Ebd., 6.
[97] Ebd., 6.

Nach Teidelbaum sollen einige Vertreter des „ultrarechten Parteiflügels" der AfD sogar die NATO-Mitgliedschaft Deutschlands ablehnen. Dies werde „meist von einer demonstrativen Hinwendung zu Russland begleitet".[98] Das Parteiprogramm der AfD von 2016 enthält allerdings ein Bekenntnis zur NATO, wenngleich es gegen eine europäische Armee votiert: „Gemeinsame europäische Streitkräfte lehnt die AfD ab und hält an einer umfassend befähigten Bundeswehr als Eckpfeiler deutscher Souveränität fest."[99] Die AfD stehe, so ist zu lesen, für „eine Außenpolitik, die darauf verpflichtet ist, die außen- und sicherheitspolitischen, die wirtschaftlichen und kulturellen Interessen Deutschlands zu wahren".[100]

Deutlich wird, dass rechte Diskurse spezifisch militär- und sicherheitspolitische Deutungsangebote bereithalten. Die Bandbreite der Positionen ist allerdings groß. Als ihr Gravitationszentrum lässt sich die starke Betonung nationaler Interessen und nationaler Selbstbestimmung ausmachen.

Rechtspopulisten präsentieren sich im Allgemeinen als Vertreter einer Law-and-Order-Politik: Der „rechtsgerichtete Autoritarismus [...] fordert Strafen für Abweichungen und Verschärfungen von Sicherheitsmaßnahmen vor allem gegen jene, die tatsächlich oder vermeintlich gegen eine gesetzte ‚Norm' verstoßen, die von der vermeintlichen Mehrheit definiert wird. Im aktuellen Rechtspopulismus geht es hier vorrangig um jene, die vermeintlich nicht in die dominante Ordnung der eigenen Kulturgeschichte passen, zu der einige als dazugehörig, andere als nicht dazugehörig betrachtet werden."[101]

Die immer wieder anzutreffenden Vorstellungen von unbedingter nationalstaatlicher Souveränität, dem Vorrang nationaler Interessen und damit einhergehend der Behauptung, internationale Beziehungen seien lediglich ein Raum bloßer Machtpolitik, wirken auf den ersten Blick merkwürdig aus der Zeit gefallen. Darüber hinaus lässt sich allerdings ein Zusammenhang mit den Homogenitätsnormen und

---

[98] Teidelbaum 2017.
[99] AfD 2016: 61.
[100] AfD 2016: 60. Bemerkenswert ist die Behauptung „kulturelle[r] Interessen Deutschlands", die außenpolitisch zu wahren seien.
[101] Zick et al. 2016b: 114.

migrationspolitischen Vorstellungen rechtspopulistischen Denkens konstruieren. Ein erneuter Rückgriff auf Carl Schmitt kann verdeutlichen, inwiefern das der Fall sein kann, denn für Schmitt war die Vorstellung unbedingter Souveränität zentral.

Dass souverän ist, wer über den Ausnahmezustand entscheidet und zwischen Freund und Feind unterscheidet, impliziert in der Konsequenz, dass die soziale Ordnung und mithin die Geltung von rechtlichen Normen diesem Entscheidungskomplex nachgeordnet gedacht werden. Politische Entscheidungen, die rechtlichen Einschränkungen unterworfen sind, drücken so gesehen keine unbedingte Souveränität aus. Sie erscheinen als Ausdruck eingeschränkter Souveränität. Der liberale Rechtsstaat erkennt nicht nur unverfügbare Grund- und Menschenrechte an, er ist auch selbst dem Recht unterworfen. Er ist zudem in eine internationale Rechtsordnung eingebunden und unterliegt dem Völkerrecht, das eben auch die Verpflichtung beinhaltet, politische Ziele und Interessen mit friedlichen Mitteln zu verfolgen. Vorgeordnetes Recht meint aber ganz klar: Keine unbedingte politische Souveränität, sondern, zumindest der Idee nach, Verwiesenheit aller Staaten auf eine kollektiv ausgehandelte Rechtsordnung der Menschheit. Für Schmitt ist das ein skandalöser Gedanke. Schmitt sieht den Staat als die Instanz an, die die zugleich differenzierende und konstituierende Entscheidung über Freund und Feind treffen sollte. Dabei vertritt er die These, dass der Staat in der Entscheidung über Krieg und Frieden an keine allgemeine Norm gebunden sei. Wie Thomas Kater in einer grundlegenden Untersuchung über das Verhältnis zwischen „Institution und Norm" herausgearbeitet hat, sollen nach der Auffassung Schmitts die „Staaten keine ihre Wirklichkeit übersteigende Norm anerkennen und damit auch keine ihre souveräne Selbständigkeit beschränkende Institution".[102]

Staatliche Ordnung denkt sich Schmitt als eine „in sich befriedete[..], territorial in sich geschlossene[..] und für Fremde undurchdringliche[..], organisierte[..] politische Einheit".[103] Das Erscheinen des Fremden innerhalb des homogenen Bevölkerungskörpers ist virtuell schon ein Bürgerkrieg. „Je nach dem Verhalten des zum Staatsfeind

---

[102] Kater 2003: 177.
[103] Ebd., 47.

Erklärten"[104] wird aus dieser Möglichkeit eine bewaffnete Wirklichkeit. Für Schmitt ist daher die Unterscheidung zwischen Freund und Feind der notwendige politische Konstitutionsakt normativer Ordnung.

Eine solche Konstruktion impliziert in der Konsequenz eine an Verfolgungswahn grenzende Wachsamkeit im Innern, denn es wäre „naiv" anzunehmen, dass der Fremde/Feind sich immer offen zu erkennen gäbe. Die in solcher Sichtweise sich ergebende andauernde Bedrohungslage bzw. virtuelle Bürgerkriegslage fordere eine auf Dauer gestellte Transformation der in sich zerstreuten Gesellschaft der Privatinteressen in eine abwehrbereite und formierte soziale und politische Gemeinschaft.

Worauf Schmitts politische Theorie abzielt, kann man sich letzten Endes wohl nur als eine Art polizeiliches Maßnahmenregime vorstellen – ein Regime, das ohne den Bezug auf einen die Souveränität, den Staat oder „das Volk" überwölbenden, d. h. die Souveränitätsmacht einschränkenden rechtlichen Rahmen auskommt und letztlich auf „Sicherheit" und auf vollziehende Gewalt konzentriert ist. Anders lässt sich die Behauptung, jede Ordnung beruhe „auf einer Entscheidung und nicht auf einer Norm"[105] kaum interpretieren: Der Souverän und ein ihm durch Gefolgschaft und Gehorsam verbundener polizeiartiger Verband stellen die innere Ordnung her. Recht erscheint als lediglich nachgeordnet; es kann die souveräne Entscheidung und damit letztlich auch die Organe der exekutiven Gewalt nicht binden. Da die souveräne Entscheidung immer auf der Unterscheidung zwischen Freund und Feind bzw. zwischen Eigenem und Fremden beruht, muss diese polizeilich hergestellte innere Ordnung der politischen Einheit immer auch eine homogene Gemeinschaft sein. Die Pointe dabei ist, dass es kein objektives Kriterium gibt, das die Entscheidung des Souveräns, wer zu dieser Gemeinschaft gehört und wer nicht, eingrenzen kann, denn diese Entscheidung ist letztlich willkürlich.

Was nach innen gilt, gilt auch nach außen: Auch hier soll es keine überwölbenden Normen geben, die die Souveränität einschränken, politisch zu entscheiden. Solche politischen Entscheidungen müssen

---

[104] Ebd.
[105] Schmitt 1993: 16.

keine kriegerischen sein, allerdings können sie solche sein. Wichtig ist aus dieser Sicht, dass das Primat des Politischen nicht eingeschränkt wird. Krieg und Frieden müssen immer in politische Entscheidungen und ihre Kontexte eingestellt betrachtet werden. Uneingeschränkte nationale Souveränität führt in letzter logischer Konsequenz zu der außenpolitischen Forderung, dass jede Einbindung in supra- oder internationale Organisationen oder Normsysteme, sofern sie Souveränitätstransfer, -verzicht oder -teilung voraussetzen, zu vermeiden sei.

Der Rekurs auf Schmitt kann deutlich machen – daher die etwas ausführlichere Darstellung[106] –, dass sich idealtypisch ein Zusammenhang zwischen Migrantenbesessenheit und „völkischen" Homogenitätsvorstellungen einerseits und (ggf. militärisch unterstützter) Machtpolitik sowie exekutivem Sicherheitsstaat andererseits konstruieren lässt.

Nun unterliegt auch das Denken im Bereich rechts des liberalen Konservativismus vielfältigen Einflüssen, so dass es auch vielfältige und widersprüchliche Auffassungen zur Sicherheitspolitik gibt. Für Auslandseinsätze oder dagegen? Für die NATO-Mitgliedschaft oder dagegen? Es dürfte aber deutlich geworden sein, dass die Leitidee einer uneingeschränkten nationalen Souveränität in eine bestimmte Richtung drängt. Diese Richtung führt allerdings keineswegs zu mehr Sicherheit, sondern vielmehr zu mehr Unsicherheit. Die Einbindung in supranationale Institutionen, die Anerkennung von universellen Rechtsnormen, die das Politische überwölben, die Diskriminierung des Krieges als Mittel der Politik – alles dies hat die Welt sicherer gemacht. Insbesondere gilt das für die Europäische Union, die im Jahr 2012 den Friedensnobelpreis nicht umsonst bekommen hat. Alles dies ist eine Reaktion auf die Katastrophen des 20. Jahrhunderts, die aus einer Welt nationaler Souveränitäten mit imperialistischen Ansprüchen hervorgingen.

Rechtspopulistische Interpretationsangebote verbreiten sich nicht von selbst in der Gesellschaft, sondern sie benötigen dafür Medien. Das können Webseiten, Facebook-Gruppen, Zeitungen, Flugblätter, Zeitschriften oder Unterhaltungsangebote sein. Rechtsextreme und rechtspopulistische Milieus verfügen inzwischen über ein breites

---

[106] Ausführlich zu Carl Schmitt vgl. Spreen 2008: 76-116.

Spektrum dieser Medien – und zwar einschließlich des Unterhaltungsbereichs. Medien können auf eine jeweils spezifische Zielgruppe zugeschnitten werden. Die Jugend- und Popkultur kann man mit Rechtsrock erreichen. Rechte Military-Science-Fiction adressiert insbesondere männliche Jugendliche mit Technik- und Science-Fiction-Fable sowie Soldaten. Die bereits diskutierte IMI-Studie erwähnt eine ganze Reihe „rechte[r] Lektüren für den Kamerad in und außerhalb der Truppe".[107] Sofern dabei Inhalte aus dem Kontext des Rechtspopulismus, der Neuen Rechten oder des Rechtsextremismus transportiert werden, kommt solchen Medien eine „Fährenfunktion" zu.[108] Sie tragen bestimmte politische Kategorien und damit eine bestimmte Form des politischen Denkens in die Öffentlichkeit und sogar in andere politische Lager.

Krise der Repräsentation und exklusive Solidarität

Natürlich stellt sich die Frage nach den Ursachen für die politische Attraktivität insbesondere rechtspopulistischer Deutungsmuster. Hierzu sollen Überlegungen vorgestellt werden, die im Wesentlichen auf die Postdemokratie-These von Colin Crouch zurückgehen.

Crouch weist darauf hin, dass die postdemokratischen politischen Eliten dazu neigen, ihre Entscheidungen zunehmend an sachlichen Notwendigkeiten auszurichten. Ihr managementkonformer Politikstil impliziert eine „Entpolitisierung des Politischen" und führt zu einer „marktkonformen Demokratie".[109] Referenz der Entscheidungen sind demnach nicht mehr die Bedürfnisse der Menschen, sondern das Votum der Märkte. Es liegt auf der Hand, dass dies eine Entfremdung zwischen Politik und Gesellschaft impliziert. Verstärkt wird diese Entwicklung dadurch, dass die Verantwortungs- und Verpflichtungsellipsen der Parteieliten deutlich über die Parteibasen hinausreichen. Experten und übernationale Unternehmen füllen die Lücke und vertiefen zugleich die Spaltungen, zwischen Parteieliten und -basen einerseits und Politik und Gesellschaft andererseits.[110]

---

[107] Teidelbaum 2008: 19f.
[108] Jäger 1989.
[109] Heim 2016: 406f.
[110] Crouch 2008: 93-100.

In die Lücke zwischen Politik und Gesellschaft springt der Rechtspopulismus mitten hinein. Er ist folglich auch Ausdruck einer Krise des Repräsentationsprinzips. Dieses Prinzip basiert auf der „Trennung der Funktionen der Legitimationsbeschaffung von der politischen Entscheidungsfunktion".[111] Der Zweck dieser Trennung ist ein durchaus produktiver, denn er garantiert die operative Autonomie des politischen Systems gegenüber den notwendig widersprüchlichen Ansprüchen aus der Bevölkerung. „Der politische Entscheidungskontext", so Niklas Luhmann, „erreicht auf diese Weise eine gewisse Autonomie und Indifferenz gegenüber anderen Bereichen der Gesellschaft."[112] Zudem pazifiziert die Wahlmöglichkeit zwischen verschiedenen Parteien und ihren Programmen gesellschaftliche Konflikte und überführt sie in eine geordnete Funktion (Funktion der Konfliktabsorption).

Allerdings provoziert die Differenz zwischen Legitimation und Entscheidung immer wieder Kritiken, die die Einheit von Regierten und Regierenden propagieren. In der politischen Theorie zieht sich das von Jean-Jacques Rousseau bis Carl Schmitt durch.[113]

Wechseln manche Mitglieder einer vagabundierenden Linken aufgrund dieser in das Repräsentationsprinzip eingelassenen Funktionstrennung schon mal die Seiten, um rechts laut zu werden? Was bei einem solchen Flügelwechsel zumindest identisch bleibt, ist der quasi Rousseau'sche Durchgriff zwischen Legitimation und Entscheidung. Links wie rechts findet sich die Vorstellung einer idealen Demokratie, in der zwischen Führung und Volk kein Blatt passt.

Allerdings kann die Differenz von Legitimation und Entscheidung die aktuelle politische Attraktivität des Rechtspopulismus allein nicht ausreichend erklären. Es müssen weitere Entwicklungen hinzukommen, die Crouch zufolge insbesondere in dem postdemokratischen Strukturwandel begründet sind.

Die postdemokratische Versachlichung der Politik hat eine Annäherung der traditionellen Parteien bis zur gefühlten Ununterscheidbarkeit zur Folge. Die Politik der Sachentscheidung verwischt die politi-

---

[111] Heim 2016: 371.
[112] Luhmann 1969: 160.
[113] Fraenkel 1991: 307-325.

schen Differenzen, die nur noch als Problem von Markenkernen diskutiert und als entleerte Spektakel inszeniert werden.[114] Diese Entkernung aber beschädigt die Absorptionsfunktion des Politischen. Essentielle soziale Konfliktfelder werden nicht mehr ausreichend im Diskurs der Parteien repräsentiert und suchen sich andere Wege. Die vielfältigen Formen der Entsicherung, die die Politik in den letzten Jahrzehnten durchgesetzt hat, machen sich jetzt bemerkbar. Die Frage ist: Bemerken das auch diejenigen, die dafür verantwortlich sind? Im Zeitalter der Prekarisierung ist hier insbesondere das Problem sozialer Sicherheit zu nennen, dessen ungenügende sozialpolitische Begleitung bis weit in die gesellschaftliche Mitte hinein zu Verunsicherung führt.[115]

Dabei gibt die nationalstaatliche Begrenzung der Demokratie den Weg in die rechtspopulistische Protesthaltung quasi vor. Unter den Bedingungen globaler Konkurrenz um Standorte, Arbeitsplätze etc. ist ein gewisser nationaler Egoismus mitgesetzt, so dass die Möglichkeit des Bezugs auf nationalistische und „völkische" Homogenitätsnormen immer schon mitgeführt wird.[116] Verschärfen sich soziale Problemlagen, so ist der Diskursweg zu exklusiver Solidarität bereits gut ausgetreten. Schon Adorno wies darauf hin, dass „gegenüber dem laissez faire [...] die Hitlerwelt tatsächlich bis zu einem gewissen Grade die Ihren vor den Naturkatastrophen der Gesellschaft" beschützte.[117]

Der Switch zur „Upgradekultur"[118], der mit dem aktivierenden Sozialstaat und der Agenda 2010 auch in der Sozialpolitik angekommen ist, verstärkt diesen Trend. Denn die „aktivgesellschaftliche Arbeits- und Leistungsorientierung führt angesichts von gesteigertem Konkurrenzdruck, Prekarisierung und Abstiegsdrohung auch zu wachsender Unduldsamkeit gegen jene, denen Leistungsunwilligkeit zugeschrieben

---

[114] Crouch 2008: 32.

[115] 40 Prozent der abhängig Beschäftigten befinden sich inzwischen in prekären bzw. „atypischen" Arbeitsverhältnissen (Böckler Impuls 2/2017: 4). Vgl. Spreen 2018: 23-34.

[116] Vgl. Heim 2016.

[117] Adorno 1963: 133.

[118] Spreen 2015; Spreen 2018.

wird."[119] Der Sound des Sozialen verschärft sich: Weniger universalistische Solidarität, mehr „fressen oder gefressen werden" oder auch: „Wer nicht arbeitet, soll auch nicht essen." (Franz Müntefering)[120]. Ausgrenzung, Stigmatisierung, Mobbing, EU-Skepsis, Feindlichkeit gegen Flüchtlinge – das alles sind Formen exklusiver Solidarität.

Folgt man der Analyse Crouchs, dann stellt sich die postdemokratische Situation auf Dauer, denn es handelt sich um einen Strukturwandel des Politischen, der eng mit einem ökonomischen, sozialen und kulturellen Wandel verbunden ist (Postfordismus, Individualisierung, Upgradekultur). Hauptkennzeichen dieser Konstellation ist die Entfernung der demokratischen Parteiführungen und der Parlamente von fundamentalen gesellschaftlichen Problemlagen.

Crouch hat die politische Chance, die sich aus der wechselseitigen Entfremdung zwischen Bürgerschaft und Demokratie für Rechtspopulisten ergibt, vorhergesehen: Die Parteieliten, Spindoktoren und Expertenkreise, so seine Befürchtung, könnten sich als unfähig erweisen, „mobilisierungstaugliche Themen" und soziale Probleme ausreichend wahrzunehmen, so dass Rechtspopulisten in die politische Arena eintreten können.[121]

Vor diesem Hintergrund erscheint die Annahme einer strukturellen Verwundbarkeit der Demokratie durch rechtspopulistische Parteien und Bewegungen durchaus plausibel. In die postdemokratische Konstellation ist eine solche Verwundbarkeit eingelassen.

Was aber bedeutet das für die Bundeswehr?

Rechtspopulismus als Risiko für die Bundeswehr

In den sowohl bundeswehrintern als auch in der Öffentlichkeit seit Jahrzehnten geführten Diskussionen über Traditionspflege, die Bedeutung der Wehrmacht und das Geschichtsverhältnis spielt die Befürchtung eine Rolle, dass die Bundeswehr vergleichbar der Reichswehr zu einem „Staat im Staate" werden könnte und sich das wechselseitige Vertrauensverhältnis zwischen Demokratie und Armee lo-

---

[119] Heim 2016: 401.
[120] Zit. n. Heim 2016: 400.
[121] Crouch 2008: 149f.

ckert bzw. auflöst. Solchen Befürchtungen kommt gegenwärtig wieder Aktualität zu. Denn im Kontext der Professionalisierung und des Paradigmenwechsels zur Einsatzarmee ist eine systemische Schließung des Subsystems Militär sowohl erwartbar als auch beobachtbar.[122] Vor dem Hintergrund einer solchen systemischen Schließung des Subsystems „Militär" aber muss demokratieabgewandten Haltungen und Anschauungen in der Bundeswehr erhöhte kritische Aufmerksamkeit zukommen, weil sich die soziale und normative Integration der Bundeswehr in die Zivilgesellschaft wandelt und dabei durchaus auch lockern könnte. Die Abschaffung der Wehrpflicht verstärkt solche aus der Professionalisierung und Einsatzorientierung stammenden Schließungstendenzen, weil damit zusätzlich eine wichtige Verbindung zwischen der Gesellschaft und ihren Soldaten gelöst wurde.

Diese Systemisierungstendenzen sind wesentlich politisch induziert. Denn im Kontext der Ausrichtung auf eine Einsatzarmee kommt der Bundeswehr aus Sicht des politischen Systems eine neue Funktion zu – nämlich die eines professionellen Akteurs globaler Gewaltbewältigung mittels Gewalt im Rahmen erweiterter globaler Sicherheit.[123]

Die der Massenimmigration von 2015 folgende politische „Erweckung" demokratieabgewandter rechtspopulistischer, neurechter und rechtsextremer Ansichten ist für die Frage nach der militärischen Staatstreue vor allem deshalb ein Problem, weil das politische Phänomen des Rechtspopulismus parallel zu den Tendenzen der Funktionalisierung und der systemischen Schließung und dem damit verursachten Strukturwandel des Integrationsmodus der Bundeswehr erscheint. Diese Parallelität ist politisch nicht risikolos. In der rechtspopulistischen Sinnwelt wird nun einmal der Sicherheitsstaat befürwortet. Nationalstaatlicher Souveränität und Verteidigung kommt ein hoher Stellenwert zu. Sichtweisen, die ein positives Verhältnis zu militärischer Gewaltausübung ausdrücken oder von der Gesellschaft die ungebrochene Identifikation mit der Truppe fordern, können allerdings eine Leerstelle im soldatischen Berufsethos adressieren, die mit

---

[122] Zum Begriff des Militärs als Subsystem der Politik Kohl 2009.
[123] Ausführlich zum Funktions- und Strukturwandel der Bundeswehr vgl. u. a. Spreen 2017.

dem Wandel von der Friedensarmee zur Einsatzarmee einhergeht – eine Leerstelle, die um die Gewaltfrage kreist und die bisher weder von der Politik noch von der Gesellschaft ausreichend reflektiert worden ist. Ein Sammelband, der Beispiele aus der Gedankenwelt junger Offiziere dokumentiert, setzt hier Warnzeichen.[124] In einem Beitrag ist etwa die Rede von einer „dekadenten Haltung" der „post-heroischen Gesellschaft", die bestimmte „Aspekte der Kriegsführung [...] nicht mehr akzeptiert". „Schmerzhafte Erfahrungen" würden „verdrängt"; es herrsche „Misstrauen gegenüber öffentlichen Altruismus"[125]. Die Schlussfolgerung, die der Autor zieht, lautet:

„Da der Rückhalt in Politik und Gesellschaft nur in Ansätzen vorhanden ist und sogar schwindet, weitere Einsätze mit Kampfhandlungen aber nicht kategorisch ausgeschlossen werden, braucht es einen neuen Berufsethos [sic!], aus dem wir unsere Motivation, unseren Willen zum Kämpfen, kurz unsere geistige Kampfkraft ziehen. Die postheroische Gesellschaft stellt keine Alternative dar, sie ist vielmehr ein Produkt der stetig stärker werdenden Verdrängung von Leid, Tod und Elend aus dem Raum der öffentlichen Wahrnehmung; vielleicht ist sie sogar der Auslöser dafür."[126]

Es ist ja nicht so, dass die Beobachtung eines „strukturellen Legitimationsproblems"[127] insbesondere im Hinblick auf bewaffnete Einsätze völlig aus der Luft gegriffen wäre, auch wenn die Dekadenzthese in Zeiten des Neoliberalismus und einer von Aktivierungs- und Optimierungsimperativen durchzogenen Gesellschaft recht merkwürdig anmutet. Aber „Kriegsverdrängung" kennzeichnet tatsächlich die liberale Diskursgrundierung der modernen Zivilgesellschaft.[128] Wenn Politik und Gesellschaft (und auch die Bundeswehr selbst) die betroffenen Soldatinnen und Soldaten mit den vielfältigen Fragen im Regen stehen lassen, die mit der Rollenverschiebung zur „Einsatzarmee" verbunden sind, dann könnten Rechtspopulisten oder ihnen politisch nahestehende Diskursakteure eine Chance wittern und in diese Lücke vorstoßen.

---

[124] Bohnert & Reitstetter 2014.
[125] Birkhoff 2014: 113.
[126] Ebd., 115.
[127] Spreen 2008: 278f.
[128] Joas & Knöbl 2008.

Im Einzelnen meine ich, folgende Risiken identifizieren zu können:

Mit der wachsenden politischen Bedeutung des Rechtspopulismus verändert sich erstens das *gesellschaftliche Rahmenklima*, in dem sich die Bundeswehr verorten muss. Im Diskursfeld „Sicherheit" tauchen Positionen auf, die Migranten als potentiell feindlich betrachten, internationale Verantwortung und globale Sicherheit geringschätzen und von einem nationalistischen Imperativ ausgehen. Die Anhänger solcher Sichtweisen haben prinzipiell ein offeneres Verhältnis zu Gewalt, so dass nicht nur im Feld der Bewerberinnen und Bewerber genauer hingeschaut werden muss, sondern den Soldatinnen und Soldaten auch ein überzeugendes Angebot in den Bereichen Innere Führung und Politische Bildung gemacht werden muss – ein Angebot, das auf die rechtpopulistische Versuchung angemessen reagiert.

Der Funktionswandel der Bundeswehr zur Einsatzarmee und zu einem global wirkenden Sicherheitsakteur konfrontiert Soldatinnen und Soldaten zweitens mit neuen Erfahrungen. Nun gibt es plötzlich „Kampftruppen" innerhalb der Bundeswehr. Damit besteht die Gefahr, dass die Gewalterfahrung als Gravitationszentrum soldatischer Existenz ausgemacht wird.

Nach meinem Dafürhalten sollten solche, die Gewalterfahrung thematisierenden Sichtweisen als Ausdruck einer Selbstverständniskrise verstanden werden, die mit dem Funktionswandel der Bundeswehr zusammenhängt und Orientierungsbedarf dokumentiert. Hier muss der Diskurs gesucht werden. Die Entstehung eines geschlossenen Diskursraumes für Kampf- und Gewalterfahrungen kann leicht in die falsche Richtung führen. Wenn erst „die Gewalt" als Zentrum des soldatischen Selbstverständnisses erscheint, dann könnte z. B. so mancher auf die Idee verfallen, in *Landser*-Heftchen oder anderen Verklärungspublikationen nachzulesen, wie sich das im letzten Weltkrieg denn so anfühlte. Damit ist gemeint: Die Fokussierung auf den Kampf kann Geschichts- und Wehrmachtsmythen eine Tür in die Bundeswehr öffnen, sofern nicht in einem Diskurs der Zivilgesellschaft mit ihren Soldaten gemeinsame Orientierungsangebote erarbeitet werden.

Drittens ergibt sich mit dem Strukturwandel der Bundeswehr und durch die damit verbundene Tendenz zur systemischen Schließung das Risiko einer *zunehmenden Abschottung* zwischen Gesellschaft und Armee. Das zivil-militärische Verhältnis ist schon an sich nicht ohne wechselseitige Verständnisprobleme, diese können sich aber noch steigern. Zumindest aus der Wahrnehmung von Soldatinnen und Soldaten ist ein verschärftes Anerkennungsproblem auch tatsächlich gegeben.[129] Was der soldatischen Anklage in Richtung „Zivilgesellschaft" aber zumeist verborgen bleibt, ist die Tatsache, dass die diskursive Engführung des eigenen Berufsverständnisses auf Kampf, Gewalt und das Militärische die Anerkennungsproblematik nur verschlimmern kann.

Auch die Anerkennungsproblematik ist ein Einfallstor für rechtspopulistische Sinnangebote. Man fordert, dass die Zivilgesellschaft militärische Gewaltausübung als Mittel der Politik anzuerkennen habe, oder dass sich die Bevölkerung mit ihren Soldaten identifizieren solle und inszeniert sich dabei als Fürsprecher soldatischer Interessen.[130] Ein ungebrochenes Verhältnis zum Militärischen und zur militärischen Gewaltausübung ist aber nur in autoritär verfassten „Kriegsgesellschaften" möglich.[131] Zudem widerspricht die Auffassung, dass Kriegführung wieder ein legitimes Mittel nationaler Interessenverfolgung sein solle, dem Gewaltverbot der UN-Charta.[132]

Die Veränderung des gesellschaftlichen Rahmen- und Diskursklimas, der im Kontext von Kampf- und Gewalterfahrungen auftauchende Bedarf nach Sinngebung sowie die Möglichkeit der Entstehung eines von der Gesellschaft abgeschotteten Selbstverständigungsdiskurses sind potentielle Andockstellen für rechtspopulistische Ideologeme.

Es ist daher unzureichend, rechtspopulistische oder sogar rechtsextreme Haltungen unter Soldatinnen und Soldaten als lediglich individuelle Fehlleistungen zu verstehen, denn sie haben einen gesellschaftlichen Kontext.

Vor dem Hintergrund des hier Gesagten wären m. E. vier Dinge zu tun. Erstens wäre das gesellschaftliche Rahmenklima zu ändern. Gesellschaftliche Problemlagen, wie z. B. „Hartz IV" und soziale Unsi-

---

[129] Vgl. Bohnert 2014: 15.
[130] Teidelbaum 2017.
[131] Vgl. Kruse 2015.
[132] Deiseroth 2012.

cherheit, müssen ernsthaft und vor allem auch aus Sicht der Betroffenen glaubwürdig und lebenspraktisch akzeptabel bearbeitet werden.

Zweitens ist eine gründliche (Selbst-)Aufklärung über die Geschichts- und Sozialmythen rechtspopulistischer bis rechtsextremer Diskurse notwendig, um der strukturellen Verwundbarkeit der postdemokratischen Gesellschaft insgesamt zu begegnen. Das betrifft auch die politische Bildung innerhalb der Bundeswehr.

Drittens ist sowohl der Bevölkerung als auch den Mitgliedern der Bundeswehr ein analytisch gesättigtes politisches Narrativ anzubieten, das den Sinn der neuen Einsatzarmee erklärt. Auch hier ist die demokratische Politik gefordert. Im Kern handelt es sich bei den Auslandseinsätzen der Bundeswehr um eine global ausgerichtete und „ordnungskonstitutive" Gewaltbewältigung mittels Gewalt.[133] Nicht der Kampf oder die Gewaltausübung ist folglich der Sinnkern des Soldatenberufs, *sondern die Gewaltkontrolle*, was allerdings die effektive Fähigkeit zur Gegengewalt voraussetzt.[134]

Und viertens sind die Debatten zum zivil-militärischen Verhältnis und zum Sinn der Einsatzarmee öffentlich zu führen. Sie auf bundeswehrinterne und sicherheitspolitische Kreise zu beschränken, fördert die Selbstabschließung einer bundeswehrspezifischen Sinnwelt. Der Sinn und Inhalt des Soldatenberufs muss aber sowohl für die Soldaten als auch für die Gesellschaft erkennbar und erfahrbar sein. Er erschöpft sich nicht in abstrakten Sicherheitsfloskeln, nicht in Ausbildungs- und Berufschancen, nicht in Technikfaszination und nicht einmal im bewaffneten Schutz der Nation.[135]

Insgesamt gesehen steht die Bundeswehr mit dem Programm der Inneren Führung für einen Soldatentypus, der sich durch eine gefestigte demokratische Haltung, moralisches Urteilsvermögen und hohe professionelle Kompetenz auch im Ernstfall auszeichnet. Solche Ideale und Kompetenzen aber wollen vermittelt, gelebt und gefördert werden. Hier ist die demokratische Politik in den Bereichen Rahmenklima bzw. Generalisierung sozialer Sicherheit, organisierter politi-

---

[133] Spreen 2012.
[134] Grundlegend dazu Popitz 1992: 43-48.
[135] Stichworte sind beispielsweise globale Gendarmerie, UN-Friedenstruppen oder CIMIC.

scher Aufklärung, Sinngebung bewaffneter Einsätze im Rahmen globaler Gewaltbewältigung sowie der zivilgesellschaftlichen Integration einer professionellen Einsatzarmee gleich vierfach gefordert.

Die Politik ist nicht nur deshalb gefordert, weil diese Problembereiche schon aus sich heraus Aufmerksamkeit verlangen. Vielmehr generieren diese Problembereiche jeweils Chancen für rechtspopulistische Stichwortgeber, in die Bundeswehr hineinzuwirken. Rechtpopulistische Diskurse organisieren sich nicht einfach spontan, sondern sie sind an Diskursstrategien gebunden, mittels derer gezielt versucht wird, neue soziokulturelle Milieus zu erschließen sowie rechtspopulistische und rechtsextreme Ideologeme zu normalisieren (Fährenfunktion). Das rechte Ideologie-Marketing verfährt dabei zielgruppenspezifisch. Soldatinnen und Soldaten kann man mit Themen erreichen, die sie bewegen – insbesondere, wenn die demokratische Politik eine unzureichende Problemwahrnehmung hat wie z. B. im Falle der Sinnfrage. Daran, dass es Rechtspopulisten geschafft haben, in den Qualitätsmedien und im medialen Normalitätsspektrum nicht nur repräsentiert, sondern sogar überrepräsentiert zu werden, kann man ablesen, wie gut die Fährenfunktion funktioniert. Was in die Köpfe injiziert wird, ist die Verengung sozialer Probleme auf „Ausländerfragen", die Irritation des alltäglichen Sicherheitsgefühls ebenfalls mit dem Fokus auf „Ausländer", die Normalisierung von Gewalt, die Vorstellung eines homogenen Volkskörpers sowie die Illusion, dass Demokratie auf der unmittelbaren Einheit zwischen Volk und Führung beruhe.

Literatur

Adorno, Theodor W. (1963). Eingriffe. Neun kritische Modelle. Frankfurt am Main.

AfD (Alternative für Deutschland) (2016): Programm für Deutschland. Das Grundsatzprogramm der Alternative für Deutschland. Beschlossen auf dem Bundesparteitag in Stuttgart am 30.04./ 01.05.2016. Berlin. Online: www.afd.de/grundsatzprogramm; letzter Zugriff 10.10.2018.

Beck, Ulrich (1986): Risikogesellschaft. Auf dem Weg in eine andere Moderne. Frankfurt am Main.

Bednarz, Liane (2018): Der „rechte" Glauben, in: Neue Gesellschaft/Frankfurter Hefte, H. 5, 17-20.

Biermann, Kai / Geisler, Astrid / Steffen, Tilman (2018): Terrorverdächtiger arbeitet für AfD-Bundestagsabgeordneten. Verteidigungspolitiker Nolte beschäftigt einen mutmaßlichen Komplizen von Franco A. Der Mann sollte auch im Bundestag arbeiten. Doch ihm wurde der Zutritt verweigert. Zeit online vom 19.4.2018. Online: www.zeit.de/politik/deutschland/2018-04/franco-a-afd-bundestag-jan-nolte; letzter Zugriff 10.10.2018.

Birkhoff, Jan-Philipp (2014): Führen trotz Auftrag. Zur Rolle des militärischen Führers in der postheroischen Gesellschaft, in: Marcel Bohnert, Lukas J. Reitstetter (Hg.): Armee im Aufbruch. Zur Gedankenwelt junger Offiziere in den Kampftruppen der Bundeswehr. Berlin, 105-128.

Bohnert, Marcel (2014): Vorwort, in: Marcel Bohnert, Lukas J. Reitstetter (Hg.): Armee im Aufbruch. Zur Gedankenwelt junger Offiziere in den Kampftruppen der Bundeswehr. Berlin, 15-19.

Bohnert, Marcel / Reitstetter, Lukas J. (Hg.) (2014): Armee im Aufbruch. Zur Gedankenwelt junger Offiziere in den Kampftruppen der Bundeswehr. Berlin.

Bulmahn, Thomas (2010): Haltung zu politischen Zielen der „Neuen Rechten", in: Thomas Bulmahn et al.: Ergebnisse der Studentenbefragung an den Universitäten der Bundeswehr Hamburg und München 2007. (SOWI-Forschungsbericht 89) Strausberg, 117-132.

Bulmahn, Thomas et al. (2010): Ergebnisse der Studentenbefragung an den Universitäten der Bundeswehr Hamburg und München 2007. (SOWI-Forschungsbericht 89) Strausberg.

Breuer, Stefan (1995): Anatomie der Konservativen Revolution. 2., durchgesehene und korrigierte Auflage. Darmstadt.

Calmbach, Marc (2012): Die Bundeswehr – soziokulturell so vielfältig wie unsere Gesellschaft. Die Sinus-Milieus in der Bundeswehr, in: KOMPASS. Soldat in Welt und Kirche 9, S. 4-7. Online: www.kmba.militaerseelsorge.bundeswehr.de/portal/a/kmba/start/service/publikationen/kompass; letzter Zugriff 10.10.2018.

Crouch, Colin (2008): Postdemokratie. Berlin.

Dausend, Peter & Klingst, Martin (2017): Wie rechts ist die Bundeswehr? Zeit online vom 3.5.2017. Online: www.zeit.de/2017/19/rechtsextremismus-bundeswehr-terror-ursula-von-der-leyen; letzter Zugriff 10.10.2018.

Decker, Frank (2018): Rechtspopulismus und/oder Rechtsextremismus? In: Neue Gesellschaft/Frankfurter Hefte, H. 5, 22-25.

Decker, Oliver & Brähler, Elmar (2016): Autoritäre Dynamiken: Ergebnisse der bisherigen „Mitte"-Studien und Fragestellung, in: Oliver Decker, Johannes Kiess, Elmar Brähler (Hg.): Die enthemmte Mitte. Autoritäre und rechtsextreme Einstellung in Deutschland. Die Leipziger Mitte-Studie 2016. Gießen, 11-21.

Decker, Oliver / Rothe, Katharina / Weißmann, Marliese / Geißler, Norman / Brähler, Elmar (2008): Ein Blick in die Mitte. Zur Entstehung rechtsextremer und demokratischer Einstellungen. Im Auftrag der Friedrich-Ebert-Stiftung, Forum Berlin. Berlin.

Deiseroth, Dieter (2012): Einstimmung auf Verfassungs- und Völkerrechtsbruch. Eine Kolumne im Berliner Tagesspiegel propagiert den Einsatz von militärischer Gewalt für politische Zwecke, in: Hintergrund. Das Nachrichtenmagazin vom 6.8.2012. Online: www.hintergrund.de/medien/einstimmung-auf-verfassungs-und-voelkerrechtsbruch; letzter Zugriff 10.10.2018.

Fiebig, Rüdiger & Flach Max H. (2010): Haltungen zu weiteren rechtspopulistischen Positionen, in: Bulmahn et al. (2010), 133-137.

Fiebig, Rüdiger & Schulze, Tobias (2017): „Wir waren positiv überrascht." Rechte sind an Bundeswehr-Unis nicht zahlreicher als unter Abiturienten. Das fand Rüdiger Fiebig in einer Befragung für das Verteidigungsministerium heraus, in: taz.de vom 13.5.2017. Online: www.taz.de/!5406803

Fraenkel, Ernst (1991): Deutschland und die westlichen Demokratien. Erweiterte Ausgabe. Frankfurt am Main.

Gareis, Sven Bernhard / Kozielski, Peter Michael / Kratschmar, Michael (2001): Rechtsextreme Orientierungen in Deutschland und ihre Folgen für die Bundeswehr. (SOWI-Arbeitspapier Nr. 129) Strausberg.

Gauland, Alexander (2012): Pazifistische Melodien. Die Gewalt gehört seit Jeher zur Politik dazu, in: Tagesspiegel vom 23.7.2012, S. 6. Online: www.tagesspiegel.de/meinung/diffuser-pazifismus-wa rum-sich-die-deutschen-mit-gewalt-so-schwer-tun/6907386.html; letzter Zugriff 10.10.2018.

Heim, Tino (2016): Politischer Fetischismus und die Dynamik wechselseitiger Projektionen. Das Verhältnis von Pegida, Politik und Massenmedien als Symptom multipler Krisen, in: Tino Heim (Hg.): Pegida als Spiegel und Projektionsfläche. Wechselwirkungen und Abgrenzungen zwischen Pegida, Politik, Medien, Zivilgesellschaft und Sozialwissenschaften. Wiesbaden, 341-444.

Jäger, Siegfried (1989): Rechtsextreme Propaganda heute, in: Konrad Ehlich (Hg.): Sprache im Faschismus. Frankfurt am Main, 289-322.

Jaschke, Hans-Gerd (2001): Rechtsextremismus und Fremdenfeindlichkeit. Begriffe, Positionen, Praxisfelder. 2. Auflage. Opladen.

Joas, Hans & Knöbl, Wolfgang (2008): Kriegsverdrängung. Ein Problem in der Geschichte der Sozialtheorie. Frankfurt am Main.

Kater, Thomas (2003): Institution und Norm. Historisch-systematische Grundlagen der politischen Philosophie, Habilitationsschrift vorgelegt an der Fakultät für Kulturwissenschaften der Universität Paderborn. Paderborn.

Kohl, Tobias (2009): Zum Militär der Politik, in: Soziale Systeme, H. 1, 160-88.

Küpper, Beate / Häusler Alexander / Zick, Andreas (2016): Die neue Rechte und die Verbreitung neurechter Einstellungen in der Bevölkerung, in: Zick, Andreas / Küpper, Beate / Krause, Daniela (Hg.): Gespaltene Mitte – Feindselige Zustände. Rechtsextreme Einstellungen in Deutschland 2016, hg. für die Friedrich-Ebert-Stiftung. Bonn, 143-166.

Kruse, Volker (2015): Kriegsgesellschaftliche Moderne. Zur strukturbildenden Dynamik großer Kriege. München.

Ladwig, Bernd (2003): „Die Unterscheidung von Freund und Feind als Kriterium des Politischen" (26-28), in: Reinhard Mehring (Hg.). Carl Schmitt. Der Begriff des Politischen. Ein kooperativer Kommentar. Berlin, 45-60.

Leggewie, Claus (2017): Ein progressives Gegennarrativ. Populismus in Europa und die Antwort der Sozialdemokratie, in: Frankfurter Hefte / Die neue Gesellschaft, H. 5, S. 17-23.

Link, Jürgen (2002): „Rechtspopulismus"? Über einige diskurstaktische Problem beim Bekämpfen des Neorassismus unter normalistischen Verhältnissen, in: Alex Demirivić, Manuela Bojadžajev (Hg.): Konjunkturen des Rassismus. Münster, 197-211.

Luhmann, Niklas (1969): Legitimation durch Verfahren. Neuwied.

Nachtwei, Winfried (2013): Eine Diskussion so alt wie die Bundeswehr? Rechtsextreme Einstellungen und Vorfälle in und im Umfeld der Bundeswehr, in: Gorch Pieken / Matthias Rogg (Hg.): Rechtsextreme Gewalt in Deutschland 1990-2013. Katalog zur Sonderausstellung des Militärhistorischen Museums der Bundeswehr in Dresden mit Fotografien und Texten von Sean Gallup. Dresden, 102-115. Online: nachtwei.de/index.php?module =articles&func=display&aid=1465; letzter Zugriff 10.10.2018.

Popitz, Heinrich (1992): Phänomene der Macht. 2., stark erw. Auflage. Tübingen.

Remme, Klaus (2017): Politisches Unwetter für von der Leyen, in: deutschlandfunk.de vom 02.05.2017. Online: www.deutschland funk.de/bundeswehr-kritik-politisches-unwetter-fuer-von-der-leyen.1783.dc.html?dram:article_id=385170; letzter Zugriff 10.10.2018.

Schmitt, Carl (1963): Der Begriff des Politischen. Text von 1932 mit einem Vorwort und drei Corollarien. Berlin.

Schmitt, Carl (1993): Politische Theologie. Vier Kapitel zur Lehre von der Souveränität. 6. Auflage. Berlin.

Schmitt, Carl (1994): Der Gegensatz von Parlamentarismus und moderner Massendemokratie (1926), in: Carl Schmitt: Positionen und Begriffe im Kampf mit Weimar-Genf-Versailles 1923-1939. 3. Auflage. Berlin, 60-74.

Simmel, Georg (2006): Die Großstädte und das Geistesleben. Frankfurt am Main.

Spreen, Dierk (2008): Krieg und Gesellschaft. Die Konstitutionsfunktion des Krieges für moderne Gesellschaften. Berlin.

Spreen, Dierk (2012): Weltzivilgesellschaft und Gewalt. Ordnungskonsitutive Gewalt im Zeitalter des globalen Politischen, in: Dierk Spreen, Trutz von Trotha (Hg.): Krieg und Zivilgesellschaft. Berlin, 33-95.

Spreen, Dierk (2015): Upgradekultur. Der Körper in der Enhancement-Gesellschaft. Bielefeld.

Spreen, Dierk (2017): Der anomische Soldat. Neue Tendenzen in den zivil-militärischen Beziehungen und im Bereich politisch-militärischer Führung, in: Anna-Sophie Jürgens, Markus Wierschem (Hg.): Patterns of Dis|Order. Beiträge zur Kulturgeschichte der Un|Ordnung. Wien, 209-220.

Spreen, Dierk (2018): Politische Ökonomie nach dem Menschen. Die transhumane Herausforderung, in: Dierk Spreen / Bernd Flessner / Hubert M. Hurka / Johannes Rüster: Kritik des Transhumanismus. Über eine Ideologie der Optimierungsgesellschaft. Bielefeld, 15-62.

Teidelbaum, Lucius (2008): Braunzone Bundeswehr? Der bundesdeutsche Rechtsextremismus und die Bundeswehr. IMI-Studie 2008/04, 18.3.2008. Tübingen: Informationsstelle Militarisierung e.V.

Teidelbaum, Lucius (2017): Partei des Militarismus, in: Der rechte Rand 167, Online: www.der-rechte-rand.de/archive/2293/drr167 -afd-militarismus-gewalt; letzter Zugriff 10.10.2018.

Trotha, Trutz von (1986): Distanz und Nähe. Über Politik, Recht und Gesellschaft zwischen Selbsthilfe und Gewaltmonopol. Tübingen.

Unterrichtung durch den Wehrbeauftragten (2007): Jahresbericht 2006 (48. Bericht). 20.3.2007. Drucksache 16/4700.

Unterrichtung durch den Wehrbeauftragten (2018): Jahresbericht 2017 (59. Bericht). 20.2.2018. Drucksache 19/700.

Vorländer, Hans (2017): Demokratie – in der Krise und doch die beste Herrschaftsform? In: Informationen zur politischen Bildung 332, 72-81.

Weber, Max (1988): Gesammelte Aufsätze zur Wissenschaftslehre. 7. Auflage. Tübingen.

Weiland, Severin (2017): Der rechte Kosmos des Franco A. Ist der rechtsradikale Offizier Franco A. ein verblendeter Sonderling? Offenbar nicht. Seine Ideen sind in der rechtspopulistischen Szene weit verbreitet, in: Spiegel Online vom 20.05.2017. Online: www.spiegel.de/politik/deutschland/bundeswehr-der-rechte-kosmos-des-franco-a-a-1147221.html

Zick, Andreas (2016): Polarisierung und radikale Abwehr – Fragen an eine gespaltene Gesellschaft und Leitmotive politischer Bildung, in: Zick / Küpper / Krause (Hg.) 2016, 203-218.

Zick, Andreas / Krause, Daniela / Berghan, Wilhelm / Küpper, Beate (2016a): Gruppenbezogene Menschenfeindlichkeit in Deutschland 2002–2016, in: Zick / Küpper / Krause (Hg.) 2016, 33-81.

Zick, Andreas / Krause, Daniele / Küpper, Beate (2016b): Rechtspopulistische und rechtsextreme Einstellungen in Deutschland, in: Zick / Küpper / Krause (Hg.) 2016, 111-142.

Zick, Andreas & Küpper, Beate (2016): Einleitung: Gespaltene Mitte, zerrissene Gesellschaft, in: Zick / Küpper / Krause (Hg.) 2016, 13-22.

Zick, Andreas / Küpper, Beate / Krause, Daniela (Hg.) 2016: Gespaltene Mitte – Feindselige Zustände. Rechtsextreme Einstellungen in Deutschland 2016. Hg. für die Friedrich-Ebert-Stiftung. Bonn.

Das Innere-Führungs-Spiel: Wer führt wirklich?

Martin Elbe

1. Innere Führung und das Führungs-Spiel

„In 90 Minuten vom Mannschafter zum General? Die Bundeswehr machts möglich. Nur der Sold passt sich nicht so schnell an, denn den steilen Karriereaufstieg gibt es nur auf dem vom Zentrum Innere Führung entwickelten Brettspiel ETHIXX." (BMVg 2017)

Das so angepriesene Brettspiel verbindet Leiter-, Wissens- und Aktivitätsspiel und soll einen spielerischen Zugang zum Thema Innere Führung für die Politische Bildung in der Truppe liefern. Es ist immer eine gute Idee ein didaktisches Format für die Vermittlung von Inhalten, zu wählen, das die Beteiligten zum Mitmachen aktiviert, insbesondere wenn es sich um ethische Aspekte des täglichen Lebens als Soldat bzw. als Soldatin handelt. Für diesen speziellen Fall gilt das aber in erhöhtem Maß, da nicht nur die Innere Führung als Spiel gelernt werden kann, sondern Führung ganz generell ein konkretes Spiel ist. Angesichts der kleineren und größeren Devianzen im militärischen Alltag konstatierte die Bundesministerin der Verteidigung im Frühjahr 2017 für ihren unterstellten Bereich „Führungsschwäche" und ein „Haltungsproblem". Dies wurde in den Medien breit diskutiert und (auch innerhalb der Bundeswehr) vielfach kritisiert. Vor diesem Hintergrund ist zu untersuchen, inwiefern das reale Führungsspiel, zur Funktionsfähigkeit der Bundeswehr und deren Auftragserfüllung beiträgt, und welche Regelmäßigkeiten und -abweichungen des Sozialverhaltens sich hierbei feststellen lassen.

Hierzu wird im Folgenden Führung als konkretes Spiel aufgefasst, das eine geregelte Form sozialer Interaktion im Alltag unter Kooperationsbedingungen darstellt (Lewin 1968, Berne 1970, Küpper & Ortmann 1988, Corzier & Friedberg 1993, Neuberger 1995, Goffman 2003), wobei individuelle Interessen, Gruppenbesonderheiten, Anspruchsnormen und Interaktionssymbole so kombiniert werden, dass das Kooperationsverhalten mit Hilfe von Regeln und individuell durchgesetzten Vorgaben angemessen koordiniert wird. Hierbei ergeben sich zahlreiche mikropolitisch motivierte Handlungen, die als

Spielzüge aufgefasst werden können, spezifische Spielräume, die Interaktionsmuster bedingen (z. B. Formaldienst) und Verhaltensweisen, die als Regelvariationen aufgefasst oder als Regelbrüche kritisiert werden können. Der Spielbegriff bezeichnet bei den folgenden Überlegungen also keine Metapher, um alltägliches Verhalten anhand einer Analogie verständlich zu machen und stellt auch keinen Versuch der Simulation von Kalkülen zur Nutzenabschätzung im Sinne der mathematischen Spieltheorie dar, sondern beschreibt konkrete Spielzüge und -varianten, die Menschen im Rahmen des militärischen Führungsspiels zeigen. Es werden zunächst die Grundmuster des militärischen Führungsspiels „Innere Führung" dargestellt und dann deren Funktionsweisen im Kontext von Skandalen beleuchtet. Hierbei wird herauszuarbeiten sein, wer unter welchen Bedingungen wirklich führt.

In Anlehnung an den Psychoanalytiker Eric Berne (1970) ist Führung ein fundamentales Spiel unter Erwachsenen, das eine spezifisch gruppendynamische Grundlage hat: Das Bedürfnis nach Struktur in sozialen Kontexten, z. B. in Gruppen. Dieses Strukturbedürfnis beschränkt sich nicht auf Gruppenprozesse, sondern umfasst unseren gesamten Alltag. Menschen suchen nach Sinnstiftung und dieser Sinn findet sich in Werten, also Unterscheidungen von sinnbezogen und nicht-sinnbezogen. Das ist die grundlegende Strukturierung des Alltags in der Lebensführung. In Gruppen drückt sich diese Sinnsuche als Strukturhunger gegenüber Sinnstiftungsleistungen durch Dritte aus – und genau das ist mit Führung in sozialen Kontexten gemeint: Strukturhunger wird zum Führungshunger (Berne 1979), der sich insbesondere einstellt, „wenn der Gruppenführer sich weigert, ein fest umrissenes Programm bekanntzugeben, oder wenn er auf einem Treffen nicht anwesend ist und kein angemessener Ersatz für ihn gefunden werden kann." (Berne 1979: 236) Es wird klar, worin das Führungsspiel besteht: Die Führungskraft muss fortlaufend Sinnorientierung anbieten und immer wieder Erfolgsversprechen für das gemeinsame Handeln in der Gruppe abgeben (Elbe 2015) – das unterscheidet das Spiel vom einfachen Tausch. Grundlage des Führungsspiels ist somit das gemeinsame Interesse der Gruppenmitglieder an der Kooperation in der Gruppe, das letztlich darin besteht, kollektiv etwas zu erreichen, das für das Individuum alleine nicht realisierbar ist – im Fall des Militärs ist dies: kollektive Gewaltandrohung und -ausübung als Sicherheitsproduktion. Damit soll für die Gesellschaft insgesamt die Wahrscheinlichkeit, im ernstesten und tödlichsten aller Spiele selbst mitspielen zu müssen, reduziert werden. Um nicht selbst spielen zu müssen, wird das Spielen anderen überlassen – ggf. haben die Spieler auch keine Wahlfreiheit hinsichtlich eigener Spielbeiträge: das nennt man dann „Wehrpflicht" –, denn das „erbarmungsloseste aller Spiele ist natürlich: »Krieg«." (Berne 1970: 60)

Das somit entstehende Kooperationsproblem kann unterschiedlich gelöst werden. Wehrpflichtsysteme führen zu einer (zumindest temporären) Zwangsmitgliedschaft, die die jeweilige militärische Organisation in die Nähe einer totalen Institution (Goffman 1973) rückt. Für Freiwilligenarmeen gilt dies nur in sehr eingeschränktem Umfang, das Kooperationsproblem wird durch eine (vertraglich gesicherte) freiwillige Mitgliedschaft begründet. Das potenzielle Mitglied wird durch Anreize zur Kooperation bewegt und diese Anreize können recht unterschiedlich strukturiert sein. Neben finanziellen Anreizen können Sicherheitsbestrebungen, Bildungsinteresse, der Wunsch, einer Gemeinschaft (z. B. dem Vaterland) treu zu dienen oder auch Interesse an soldatischem Leben und Tun Anreize zur Mitgliedschaft bieten. Das potenzielle Mitglied wird durch Eintritt in die Armee zum Kameraden oder zur Kameradin, wobei die Mitgliedsrolle gleichwohl einer mehrfachen Differenzierung (z. B. nach militärischem Organisationsbereich, nach Tätigkeitsbereich, nach Laufbahn und Dienstgrad) unterliegt. Die Folgen der Lösung des Kooperationsproblems sind somit Arbeitsteilung und Spezialisierung, also eine Zerlegung der einheitlichen Aufgabe der kollektiven Sicherheitsproduktion in einzelne Teilbeiträge, die gleichsam ein Folgeproblem generieren: den Bedarf nach Koordination (Elbe & Peters 2016).

Diese Koordinationsleistung kann nun prinzipiell auf zweierlei Arten erbracht werden: Die erste Möglichkeit besteht darin, durch das Schaffen von Regeln und institutionellen Sinnbezügen Spielräume zu eröffnen und Spielzüge als Handlungsalternativen zu ermöglichen (Crozier & Friedberg 1993). Erlasse, zentrale Dienstvorschriften und Befehlsschemata sind Beispiele für diese Form der Institutionalisierung von Normen. Die zweite Möglichkeit ist die Etablierung einer persönlichen Herrschaft, mit der Hoffnung, dass diese die Freiräume, die durch die Unterbestimmtheit formaler Spielregeln offen bleiben, mit Sinnangeboten füllen kann und damit Handlungsorientierung aufgrund persönlicher Führung gibt. „Führung ist also ein funktionales Äquivalent zur Institutionalisierung von Normen" (Luhmann 1964: 207) Für beide Ausprägungen der Koordinationsleistung, die als Folgeproblem der Kooperation entstanden sind, gilt, dass sich sowohl das Organisationsspiel mit seiner abstrakten Regelhaftigkeit, als auch das Führungsspiel mit seinen persönlichen Spielzügen immer wieder aufs Neue legitimieren muss. Legitimierung heißt in diesem Zusammenhang, dass ein letztgültiger Anspruch auf Anerkennung in einer Gruppe (auch Gesellschaft) dahingehend besteht, dass eine Koordinationsleistung erbracht werden soll. Ein legitimer Anspruch in diesem Sinn kann nach Weber (1980) durch den Glauben an die Rechtmäßigkeit aufgrund von persönlichen Eigenschaften (Charisma), eingelebter Gewohnheit (Tradition) oder legaler Ordnung (Rationalität) begründet werden. Im Militär (wie auch in zahlreichen anderen Organisationen) sind alle drei Formen der Legitimitätsbegründung gleichzeitig zugelassen und das führt zu einer Diffusion des Spiels. Aus dieser Diffusion lässt sich die Notwendigkeit der Inneren Führung als Rahmen des Führungsspiels in der Bundeswehr ableiten. Die drei zentralen Gestaltungsfelder Menschenführung, politische Bildung und Recht, bzw. soldatische Ordnung (BMVg 2015, vgl. auch Dörfler-Dierken 2013) zielen auf eben die drei Formen der Legitimitätsbegründung (Charisma, Tradition und Rationalität), die sich je nach Ausgestaltung des Spiels komplementär, konkurrierend oder indifferent zueinander verhalten können. Weber (1980) hat diese Typen der Legitimität als Idealtypen beschrieben, d. h. Menschen folgen in ihrem tatsächlichen Handeln kaum nur einem einzelnen Sinnbezug, sondern werden durch unterschiedliche Sinnbezüge in ihrem Handeln motiviert und weichen damit von unterstellten eindeutigen Handlungsgründen systematisch ab. Die Idealtypen sind wissenschaftliche Hilfskonstruktionen, die in ihrer Reinheit (das ist mit „Ideal" gemeint: der reine Sinnverweis, die krasseste vorstellbare Ausprägung) in der Realität nicht anzutreffen sind. Soldaten folgen also nie nur dem Charisma (persönlicher Führung), der Tradition (politisch-gesellschaftlichen Gewohnheiten) oder der Rationalität (Recht und soldatischer Ordnung), sondern orientieren sich in ihrem konkreten

Handeln an einer Mischung institutioneller Bezüge und dem eigenen Wollen.

Beim Innere-Führungs-Spiel kommt es für Vorgesetzte deshalb darauf an, eben den Aspekt zu betonen, der ihren Interessen im Augenblick am besten dient und diesen als relevante Ressource in das Spiel einzubringen. Wer seine Herrschaftsposition aufgrund persönlicher Eigenschaften ausbauen möchte, der wird seine Vorgesetztenfunktion betonen und somit auf „Charisma" als Ressource zurückgreifen. Das gelingt aber nur, wenn der oder die Vorgesetzte es schafft, auch Sinnangebote und ein Erfolgsversprechen hinsichtlich des Koordinationsangebots abzugeben, also tatsächlich zu führen. Befehle, die nicht als sinnvoll erachtet werden, werden demnach auch nicht entsprechend ihres Sinns ausgeführt, sondern wortwörtlich und das führt „in der Regel" zu defizitären Ergebnissen, die aufgrund des gegebenen Befehls letztlich auf den oder die anweisende(n) Vorgesetzte(n) zurückfallen. Wer als Person oder als Gruppe die eigenen Interessen weniger klar darstellen kann (oder möchte), kann versuchen, auf Tradition als Begründung zurück zu greifen – nun muss nur noch deutlich gemacht werden, dass die Tradition, auf die rekurriert wird, gültig ist und damit für das Spiel relevant. Der Diskurs über diese Form der Legitimierung des Spielhandelns hat im Jahr 2017 die Bundeswehr lange beschäftigt und mündete in vier hochkarätig besetzte Traditionsworkshops zur Vorbereitung eines neuen Traditionserlasses. Tradition in einem Erlass regeln zu wollen, entspricht dem Versuch, das Prinzip der Herrschaft aufgrund von Tradition durch rationale Herrschaft qua Setzung abzulösen. Durch die Reflexion wird der Tradition ihre glaubensbegründete, unmittelbar legitimierende Wirkung in der Handlungssteuerung entzogen, anders formuliert: Die Reflexion über Tradition stellt diese zur Disposition.

Ein Erlass ist nun der Versuch, Recht und soldatische Ordnung als Ressource in das Spiel einzuführen. Indem im Erlass die Deutungshoheit begrenzt wird, also zulässige Sinnbezüge genauer oder neu geregelt werden, soll die Möglichkeit, Tradition als Ressource in das Führungsspiel in ungewünschter Form einzubringen, eingeschränkt werden. Der Anspruch der Legitimität, einen solchen Erlass als formal gültig einzuführen, beruht auf dem Glauben der Beteiligten, dass Akteure das Recht haben, dies zu tun, also den Erlass als Spielregel

neu zu setzen. Dies entspricht der dritten legitimen Form der Herrschaft, der legalen Herrschaft mit Hilfe eines bürokratischen Verwal-
tungsstabes, z. B. eines Ministeriums mit entsprechend nachgeordneten Bereichen.

Abbildung 1: Führung, Institutionalisierung und Herrschaft

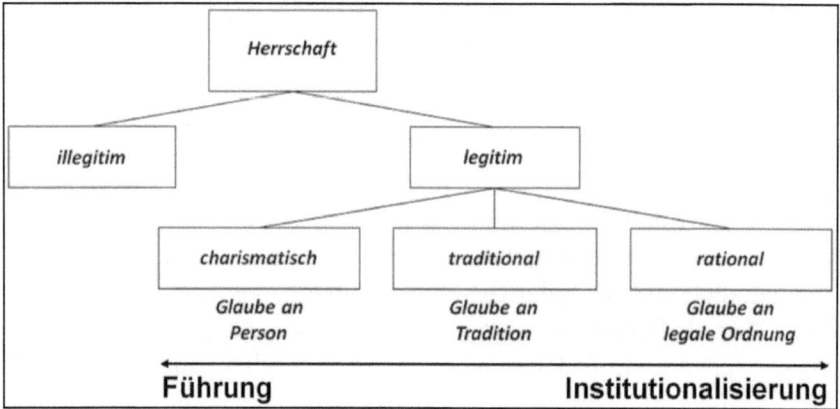

Quelle: Eigene Darstellung in Anlehnung an Elbe & Peters 2016.

Das Innere-Führungs-Spiel erstreckt sich über alle drei legitimen
Formen der Weberschen Herrschaftstypologie (Abbildung 1), wobei
die funktionale Äquivalenz eine zunehmende Substituierung von der
charismatischen Herrschaft (als in hohem Maß personale Führung)
hin zur rationalen Herrschaft (als in hohem Maß institutionalisierte
Regelsteuerung) ausweist. Durch alle drei Herrschaftsformen kann die
Koordinationsfunktion, die als Folgeproblem grundsätzlicher Spielbe-
reitschaft (Kooperationsbedarf) entstanden war, erfüllt werden. Im
Militär treten, wie bereits angemerkt, alle drei Formen gleichzeitig auf,
was das Führungs-Spiel kompliziert macht und der Zahl nun auftre-
tender Folgeprobleme eine weitere Facette hinzufügt. Es entstehen
kollektive Handlungsfolgen der erfolgreichen, koordinierten Kooperation, die sich in drei Klassen einteilen lassen.

1. *Legitimitätsproblem:* Welches der drei Steuerungsprinzipien (Charisma, Tradition, Recht) ist gerade gültig und erzeugt Anspruch auf Gehorsam?

2. *Solidaritätsproblem:* Wie werden die Kooperationsgewinne (Entgelt, sonstige Anreize, soziale Positionen) verteilt?

3. *Moralproblem:* Wem werden moralisch fragwürdige Handlungen und nicht intendierte Effekte (z. B. Machtmissbrauch, Kollateralschäden, Umweltschäden, undifferenzierte Massentötungen) zugerechnet?

In der vorliegenden Analyse des Innere-Führungs-Spiels beschäftigen wir uns insbesondere mit Legitimitäts- und Moralproblemen.

2. Ebenen des Führungsspiels

Um diese Folgeprobleme aufzufangen, wird das Führungsspiel innerhalb des Militärs weiter differenziert. Mit der Schaffung einer eigenständigen „Koordinierungskaste", den Offizieren, im Militär (analog hierzu die Manager in der Privatwirtschaft) werden Generalisten installiert, die grundsätzlich Verantwortung übernehmen sollen, unabhängig von der dominanten Herrschaftsform. Offiziere haben dem nachgeordneten Bereich gegenüber sowohl die Legitimität des soldatischen Handelns zu begründen, als auch durch feine Status- und Soldabstufungen (soziale Position) und die Gewährung von Anreizen zu verdeutlichen. Mit dem Prinzip der Kameradschaft wird gleichzeitig ein grundsätzliches Solidaritätspostulat aufgestellt, das bei Auftreten von Folgeproblemen prinzipiell vergemeinschaftend wirkt und eine Hinterfragung des Status Quo kaum zulässt. Während also das Legitimitätsproblem und das Solidaritätsproblem sozialisiert werden, wird das Moralproblem individualisiert und dem Gewissen des oder der Einzelnen überantwortet, wobei dem noch eine Rechtsgrundlage beigegeben wird: Das Begehen von Straftaten, die in Abweichung von nationalem oder internationalem Recht begangen werden, ist ausdrücklich untersagt und wird dem Individuum zugerechnet. Dies kann auch nicht grundsätzlich durch den sogenannten Befehlsnotstand (also aufgrund eines Befehls von Vorgesetzten gehandelt zu haben) aufgehoben werden. Während also die Offiziere als Generalisten fürs Koordinieren zuständig sind, besorgen die Unteroffiziere als

Spezialisten und die Mannschaftssoldaten als Hilfskräfte das Subordinieren. Dies prägt die soziale Beziehung des Führungs-Spiels auf der Ebene unmittelbarer Interaktion. Trotz der Basiskomplementarität der Kooperation wird diese Interaktionsebene durch mannigfaltige, partielle Konflikte geprägt (Elbe 2016): Der Fremdbestimmung durch Befehle setzt das Individuum seine Tendenz zur Selbstbestimmung entgegen, der Arbeitsteiligkeit koordinierten Handelns widerstrebt der Wunsch nach ganzheitlichem Tun, dem Prinzip der Unterordnung steht der Freiheitsdrang des Individuums entgegen, die Besonderheit jedes Einzelfalls kontrastiert zur Durchschnittsregulierung, die alle erfassen soll.

Im alltäglichen Handeln sieht sich Vorgesetzte einer doppelten Anforderung ausgesetzt, die ihre Stellung als Zwischenvorgesetzte (Luhmann 1964) markiert. Der nachgeordnete Bereich erwartet einerseits Führungsleistung und andererseits Unterstützung und Schutz in dienstlichen sowie persönlichen Angelegenheiten. Das bedeutet z. B., dass der oder die Vorgesetzte nicht die Unzulänglichkeiten, die im nachgeordneten Bereich auftreten, auf die unterstellten Soldaten abwälzt, sondern diese vor Maßregelungen durch den übergeordneten Bereich abschirmt. Kann er dies bieten, dann ist die Gegenleistung Loyalität durch die unterstellten Soldatinnen und Soldaten. Loyalität ist nur ein Ausdruck dafür, dass der Gehorsamsanspruch des oder der Vorgesetzten über den dienstlich vorgeschriebenen Kontext hinausreicht. Insbesondere ist damit gemeint, dass die Unterstellten Befehle sinnhaft interpretieren und eben im Sinn des Vorgesetzten ausführen. Für ein Spiel wäre dies noch recht einfach – kompliziert wird die Sache dadurch, dass der Zwischenvorgesetzte, der nach unten sich einer charismatischen Herrschaft bedient, nach oben, den eigenen Vorgesetzten gegenüber, selber Loyalität vermitteln muss und deren Vorgaben sinnvoll umsetzen soll. Hierzu muss er natürlich deutlich machen, dass er seinen unterstellten Bereich ganz im Sinn der höheren Vorgesetzten führt. Das Spiel, das Zwischenvorgesetzte spielen, ist somit von einer Janusköpfigkeit geprägt,[1] die aus der Vermittlung zwischen

---

[1] Freimut & Stoltefaut (1997) machen die Sandwich-Position des Zwischenvorgesetzten anhand einer Zeichnung deutlich, in der sich ein Manager in seiner Doppelgesichtigkeit und Zerrissenheit gegenüber seinen Mitarbeitern und seinem Vorgesetzten darstellt.

den Anforderungen der Vorgesetzten und der Unterstellten ergibt. Zugleich ist mit dieser Position ein Informationsvorsprung gegenüber den Mitspielern gegeben, denn beim Zwischenvorgesetzten werden Informationen aus beiden Richtungen des hierarchischen Informationskanals gebündelt und dies kann der oder die Zwischenvorgesetzte einsetzen, um seine eigenen Interessen durchzusetzen. Die zentrale Ressource des Zwischenvorgesetzten ist somit in der Verantwortungsübergabe im Sinne der Delegation und in der Gestaltungsbeteiligung im Sinne der Partizipation zu suchen. Vom Führungsspiel auf der Ebene unmittelbarer Interaktion – in der Diktion der Bundeswehr: Menschenführung – sind die Truppenführung als weitere Aufgabe der (höheren) Offiziere und die politische Führung als dritte Form zu unterscheiden. Diese drei Führungsformen können anhand der Intensität sozialer Interaktion und hinsichtlich ihres Beitrags zur Zielerreichung differenziert werden.

Während die Menschenführung als Spielzweck die Erfüllung sozialer Effizienz hat, ist Aufgabe der Truppenführung die Sicherstellung der Zielerreichung, also die Festlegung geeigneter Ziel-Mittel-Relationen und gegebener Ziele. Diese Form des Strebens nach ökonomischer Effizienz ist das Spiel, dessen Regeln in der Partizipation an der Vorbereitung und Exekution von Entscheidungen auf Verbands- und Großverbandsebene erlernt wird. Hierauf soll die Weiterbildung von Truppenoffizieren an der Führungsakademie der Bundeswehr (insbesondere im zweijährigen Generalstabslehrgang) vorbereiten. Wie Wittgenstein (1997) in seinen philosophischen Untersuchungen feststellt, lernt man das Spiel aber letztlich dadurch, dass man daran teilnimmt. Das Ziel des Abstrahierens von der zwischenmenschlichen Ebene des Spiels der Menschenführung hin zum Spiel der Truppenführung wird dadurch erreicht, dass die neuen Generalstabsoffiziere anfangen, das anzuwenden, was Zweck der Sozialisation im Generalstabslehrgang war: ressourcenorientierte Zielerreichung. Der Begriff der Ressourcenorientierung meint nichts Zwischenmenschliches, sondern etwas streng Technokratisch-Planerisches. Hier entfernt sich das Führungsspiel immer mehr vom Charismatischen hin zum Rationalen.

Noch eine Ebene weiter oben befindet sich das politische Spiel der Führung. Hier geht es nicht um Zwischenmenschliches und nicht um

Planerisches, sondern um die blanke Durchsetzung von Interessen, also um Effektivität. Die Frage ist: Werden die richtigen Ziele angestrebt? In modernen Gesellschaften heißt die grundlegendste Antwort hierauf, dass bestimmte Ziele zum Wohle der Allgemeinheit angestrebt werden, es wird also ein kollektives Interesse postuliert. Neben der Frage nach den Zielinhalten ist immer auch die Frage nach den konkreten Interesseneignern zu stellen: Wessen Interessen werden durch bestimmte Entscheidungen befördert? Die Zentrale Dienstvorschrift zur Inneren Führung (A 2600/1; BMVg 2015) leitet im dritten Kapitel die Grundsätze der Inneren Führung aus den ethischen, rechtlichen, politischen und gesellschaftlichen Grundlagen ab, wobei dem Primat der Politik eine besondere Rolle eingeräumt wird (A 2600/1, Nr. 310) und dieser zugleich an die Werte und Normen des Grundgesetztes (A 2600/1, Nr. 311) zurückgebunden wird. Auf der politischen Ebene wird das Innere-Führungs-Spiel somit als rechtlich legitimiertes Interessenspiel von Akteuren, die man sich als Agenten gesellschaftlicher Interessengruppen (z. B. Parteien) vorstellen kann, gespielt. Von zwischenmenschlichen Problemen in der Truppe und von traditionalen Führungspraktiken ist dieses politische Spiel weit entfernt. Im Zweifelsfall wird es aber von traditionalen und zwischenmenschlichen Problemen und Praktiken mit beeinflusst und zwar insbesondere dann, wenn „die Öffentlichkeit" durch Skandale darauf aufmerksam gemacht wird, dass in der Truppe seltsame Spiele gespielt werden.

3. Das Führungsspiel als Skandal

Skandale sind daran gebunden, dass jemand etwas getan hat, das grundsätzlich der Sitte in einer Gesellschaft widerspricht. Für Weber (1980) ist Sitte eingelebtes Verhalten, für das bestimmte Erwartungshaltungen existieren. Wird ein hiervon abweichendes Verhalten gezeigt, dann ist dies erwähnenswert, selbst wenn es keine strenge Konvention gibt und keine rechtliche Kodifizierung stattgefunden hat, also nichts Strafbares getan wurde.[2] Die „Eingelebtheit" der Sitte be-

---

[2] Natürlich kann auch Strafbares gegen die Sitten in einer Gesellschaft verstoßen, doch ist dies soziologisch weniger interessant, da die sozialen Folgen rechtlich vorgegeben sind. Es wird durch unterschiedliche Institutionen ermittelt, ggf. angeklagt,

dingt ihre Traditionalität. Skandale werden in Herrschaftssystemen (wie der Bundeswehr), also an der Grenze zwischen charismatischen Herrschaftsbeziehungen und traditionalen Herrschaftsbeziehungen inszeniert. Hierbei wird ein Führungshandeln (oder das Versagen von Führung) als Verstoß gegen die guten Sitten dargestellt und die Öffentlichkeit wird in die Beobachterrolle gebracht. Die Inszenierung des Skandals umfasst die Bekanntmachung eines angeblich empörenden Vorkommnisses, das nun durch die Presse oder im Internet aufgedeckt wird und dessen Bekanntwerden für die Beteiligten peinlich ist. Diese Schlüssellochperspektive betont die Stellung der Öffentlichkeit als Beobachter eines geheimen Vorganges, der nicht für den Blick dieser Öffentlichkeit bestimmt war.[3] Das macht die Wahrnehmung umso interessanter und durch den Stigmatisierungseffekt für die so Angeschuldigten (und für die Bundeswehr als rahmengebendes soziales System) umso peinlicher. Gegenstand der Skandalisierung kann alles sein, was nicht für den Blick der Öffentlichkeit bestimmt ist und was das Potenzial hat, gegen die eingelebte übliche Verhaltenserwartung zu verstoßen, wobei diese Verhaltenserwartung selbst schon Teil der Inszenierung des Skandals ist. Appelliert wird dabei an ein als durchschnittlich unterstelltes Moralempfinden mit Traditionscharakter, letztlich also an die „gute alte Zeit, in der die Menschen noch Anstand hatten".

Grundsätzlich können skandalisierungsfähige Vorkommnisse sowohl generelles Verwaltungshandeln betreffen (z. B. unsinnig erscheinende Vorschriften, scheinbare Verschwendung von Steuermitteln bei der Beschaffung), als auch Gruppenphänomene (wie z. B. Initiierungsrituale, rituelle Besäufnisse etc.) oder individuelles Verhalten (z. B. unsensibles Führungsverhalten gegenüber Angehörigen von Minderheiten oder individuelle sexuelle Orientierung). Dies passiert immer wieder im militärischen Kontexten (z. B. in einem Canadian Airborne

---

ein Verfahren eröffnet und verhandelt. Abschließend wird ein Urteil gefällt, das bindend ist und mit Zwangsmitteln durchgesetzt wird. All das gilt für Verstöße gegen die Sitten nicht. Hier sind (kollektive) Empörung und Stigmatisierung des Abweichlers bzw. der Abweichlerin die Folge.

[3] Die Dichte und Intensität medialer Berichterstattung lässt die Schlüssellochperspektive heute vielfach zur Breitbandperspektive werden, wobei das Prinzip des unerwünschten und anonymen Zuschauers erhalten bleibt.

Regiment: Winslow 1999, im Rahmen der Sanitätsausbildung bei der Bundeswehr: Elbe 2017a), aber auch in religiösen und anderen Kontexten (z. B. bei der Aufnahme in spezifische Orden, bei der Äquator-Taufe). Speziell hinsichtlich der Intensivierung der Gruppenbindung spielt die Verstärkung der sozialen Schließung aufgrund Teilhabe an einem gemeinsamen Geheimnis eine besondere Rolle.[4] Initiierungsrituale mit sexuellen Praktiken, (z. B. das skandalisierte, angebliche Tamponieren im Analbereich im Rahmen der Sanitäterausbildung in der Bundeswehr am Standort Pfullendorf im Jahr 2017) sind besonders geeignet, Skandale hervorzurufen, und damit bewahrenswerte Geheimnisse einer Gruppe zu begründen. Historisch gab es immer wieder Vorwürfe zu Initiationsriten mit homosexuell anmutenden Handlungen in Männergesellschaften (z. B. dem mittelalterlichen Templerorden). Gruppenrituale – und das gilt insbesondere für die Aufnahme von neuen Mitgliedern in die Gruppe bei Initiierungsritualen – dienen der Herstellung von Gemeinsamkeit und sollen den Gruppenzusammenhalt stärken. Gruppen bilden hierbei Rollendifferenzierungen aus und schaffen so Bedarf an Führungsleistungen. Die innerhalb der Gruppe zu erbringende Führungsleistung kann an Herrschaftsbeziehungen angelagert werden, sie muss dies aber nicht tun – es können auch informelle Führungsbeziehungen entstehen (Elbe 2016). Vielfach bietet sich in konkreten Prozessen der Gruppenbildung im Militär die Anlagerung von Führungshandeln an nachgeordnete Vorgesetzte (speziell Unteroffiziere mit Portepee) an, die ihr Spezialistentum mit Führungsanspruch verbinden, formal aber nur geringe Anweisungsbefugnis haben.[5]

---

[4] Die soziologische Bedeutung des Geheimnisses für Formen der Vergesellschaftung hat Georg Simmel bereits 1908 in seinen Überlegungen zum Geheimnis und zur geheimen Gesellschaft betont: „Das Geheimnis bietet sozusagen die Möglichkeit einer zweiten Welt neben der offenbaren, und diese wird von jener auf das stärkste beeinflusst. Es charakterisiert jedes Verhältnis zwischen zwei Menschen oder zwischen zwei Gruppen, ob und wieviel Geheimnis in ihm ist; denn auch wo der andere das Vorliegen eines solchen nicht bemerkt, wird damit doch jedenfalls das Verhalten des Verbergenden, und also das ganze Verhältnis modifiziert." Simmel 1995: 406.

[5] Hierfür spricht u. a. der Anspruch, den Angehörige der Dienstgradgruppe Unteroffizier m. P. (mit Portepee) an die vorgesetzten unmittelbaren Vorgesetzten haben. Die höheren Unteroffiziere m. P. zeigen den geringsten Zufriedenheitswert mit

Führung in Gruppen setzt das Einverständnis der Gruppenmitglieder voraus und wird dann zu einem Anspruch auf Führungsleistung an die Führungskraft. Führung wird so zur Zumutung an den Führenden oder die Führende, da das Führungsverhalten immer wieder aufs Neue gezeigt werden muss und das Führungsspiel immer wieder neu aufzuführen ist (Elbe 2015, 2017b). Führung wird zum zyklischen Prozess – das Führungsspiel wird so lange gespielt bis die Erbringung von Führungsleistungen durch die Führungskraft versagt. Dann wird das Führungsspiel unterbrochen und die Führungsposition als Gruppenrolle wird neu ausgehandelt. Die Gruppe delegiert die Führungserwartung dann an jemanden anderen, wobei auch Spielraum und Spielregeln mit verhandelt werden. Hier findet sich der Unterschied zwischen Führung und formaler Herrschaft: Führung bedarf des Einverständnisses der Geführten, bei hierarchischen Beziehungen ist Einverständnis nicht notwendig und bedarf somit keines Geheimnisses.

Neben Gruppendruck und Einverständnis kommt noch die spezifische Wirkung von Führung und Ritualen auf das menschliche Belohnungssystem zum Tragen. Mitmachen ist verführerisch, nur zu gerne lässt sich das Individuum führen, um durch Unterwerfung positive Aufmerksamkeit und durch die verbotene Handlung Gemeinsamkeit mit dem Superioren schlechthin zu erlangen (Elbe 2017b). Dies ist nicht nur ein gruppendynamischer Prozess, sondern auch ein hirnphysiologischer Vorgang, der Führungsspiele kennzeichnet: Führung unter Einverständnis aktiviert das Belohnungssystem im Gehirn (Hüther 2009) – das macht das Führungsspiel so attraktiv und begründet den Führungshunger (Berne 1979). Viele Menschen wollen geführt werden. Auch Soldaten wollen soziale Aufgehobenheit und Anerkennung erfahren, und dies wird ihnen in Gruppen angeboten. Soziale Aufgehobenheit bedeutet aber auch, dass Kohäsion als soziale Kraft die Tendenz zum Chauvinismus – als Glaube an die Überlegenheit der eigenen Gruppe – in hohem Maß prägt (Lewin 1986). Gruppenkohäsion bedarf des Commitments der einzelnen Gruppenmitglieder und der Grenzziehung nach außen. In der Gruppe wird

---

ihren Vorgesetzten unter allen Dienstgradgruppen. Dörfler-Dierken & Kramer 2014.

eine Exklusivität gemeinsamer sozialer Beziehung hergestellt, die Privatheit erzeugt – und Gruppendruck. Wer mitspielen darf muss auch mitspielen. Die Öffentlichkeit wird von diesen sozialen Beziehungen ausgeschlossen. Solange die Privatheit bewahrt bleibt, bleibt auch die apriorische Anerkennung als Gruppenmitglied und damit der Rahmen für Führungsprozesse in der Gruppe bestehen. Die Herstellung von Privatheit bedingt das Versprechen, die Details der Beziehung der Gruppenmitglieder untereinander als Teilung eines Geheimnisses zu behandeln. Diese Trennung privater Gruppenbeziehungen von öffentlichen sozialen Beziehungen (z. B. als Organisationsmitglieder, als Angehörige des Militärs) betont die Informalität der Beziehungsgrundlage und bewirkt eine Trennung des Führungsspiels in der Gruppe von dienstaufsichtsorientierter Herrschaftsausübung höherer Vorgesetzter. Zwischenvorgesetzte haben hier die Chance, sich zugleich als informelle Führer zu etablieren, indem sie die Privatheit der Gruppe fördern und das Handeln der Soldatinnen und Soldaten in der Gruppe als Gruppenangelegenheit behandeln, die nicht nach außen kommuniziert wird.

Abbildung 2 stellt den Zusammenhang von Akteuren und sozialen Systemen im Spielraum der Führung schematisch dar. Die Pfeile in der Abbildung symbolisieren unterschiedliche Kräfte, die im Feld wirken. Für das Individuum gibt es eine stark wirkende Integrationskraft in die soziale Gruppe, die sein direktes organisationales Umfeld bestimmt (v_1). Es gibt aber auch Kräfte (z. B. Verpflichtung als Soldat auf Zeit), die ihn unmittelbar an die Organisation binden (v_2), sowie Kräfte, die in der Umwelt der Organisation wirken (v_3, z. B. Familie). Diese unterschiedlichen Kräfte können gegeneinander gerichtet sein, sich zu einer neuen Kraft zusammenfassen lassen (die beide Einzelkräfte in ihrer Wirkung aufgreift) oder auch gegenseitig verstärken. Die drei Kraftwirkungen im Feld des Individuums, die oben angeführt wurden, werden durch weitere Kräfte innerhalb der Gruppe, zwischen Gruppe und umgebender Organisation, innerhalb der Organisation und zwischen Organisation und Umwelt ergänzt (v_n). Um aus Sicht des (wissenschaftlichen) Beobachters das Führungsspiel verstehen und erklären zu können, sind die relevanten Kräfte, die im Spielfeld wirken, offenzulegen und in ihrer Beziehung zueinander zu analysieren. Teilnehmer am Spiel hingegen erlernen dieses, indem sie daran mitspielen (Wittgenstein 1997). Als aktiver Mitspieler am Innere-Führungs-Spiel muss man lernen, die anderen Mitspieler in ihren jeweiligen Rollen und mit ihren jeweiligen Interessen sowie die geltenden Regeln einschätzen zu können, und das bedeutet letztlich, das Kräftefeld als Spielraum zu nutzen.

Auf der Ebene der Menschenführung besteht das Führungs-Spiel darin, eine Inszenierung der Führungsrolle und der Gruppenperformance zu schaffen, die das Binnen-Gruppen-Handeln von der Öffentlichkeit der Gesamtorganisation (und damit den Ansprüchen höherer Vorgesetzter) trennt. Auf der Gruppenebene bedeutet dies, dass die formellen Handlungen von Zwischenvorgesetzten (insbesondere von Unteroffizieren) Inszenierung für die Öffentlichkeit sind, die gleichsam auf einer „Vorderbühne" (Goffman 2003) aufgeführt werden und letztlich nur als Schauspiel des Ensembles für die Zuschauer (enge Öffentlichkeit, z. B. im Verband) gedacht sind. Das Führungs-Spiel wird zum Schauspiel, wobei davon ausgegangen werden kann, dass je stärker formalisiert das Gruppenhandeln ist (z. B. Prägung durch Formaldienst und Vorschriftenvorgaben), desto mehr zielt das Handeln auf die Öffentlichkeit ab. In der Inszenierung trennt sich die Gruppe als Ensemble, das ein Stück spielt, von der (engeren und weiteren) Öffentlichkeit als Zuschauer ab. Die eigentlichen Beziehungen in der Gruppe finden aber nicht auf der Vorderbühne, sondern auf der Hinterbühne der Privatheit statt. Hier gilt das Versprechen von Aufgehobenheit, Exklusivität und gegenseitiger Unterstützung.

Die Mitgliedschaft im Ensemble (in der Gruppe) hat aber einen Preis: Privatheit muss eingehalten werden, und dies gilt es abzusichern. Gruppenkohäsion und Chauvinismus werden auch auf der Hinterbühne inszeniert und durch die Teilnahme an der Inszenierung dieser Überlegenheitsrituale erfolgt die Absicherung der Privatheit. Hier wird das Geheimnis der Gruppe symbolisch durch Rituale dargestellt.

Abbildung 2: Kräfte im Spielfeld

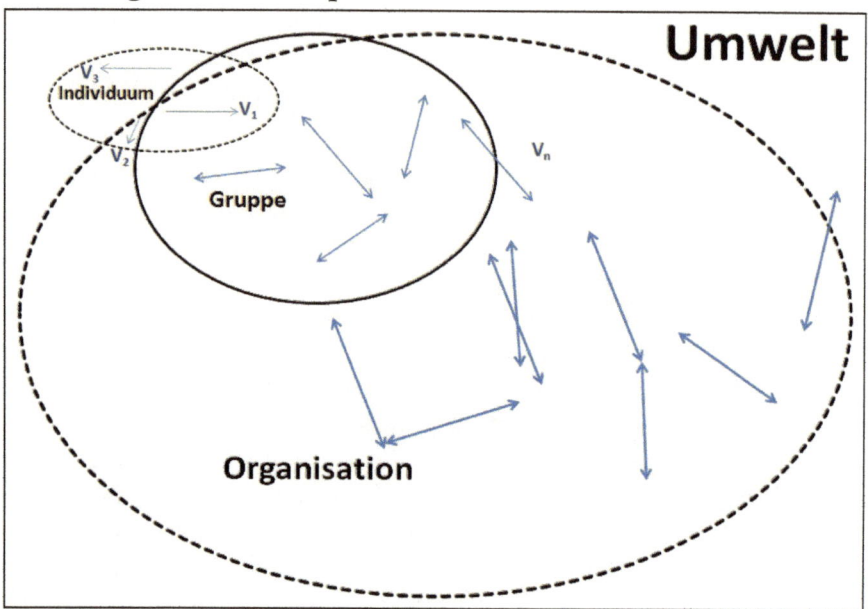

Quelle: Eigene Darstellung

Die Differenz zwischen der Inszenierung auf der Vorder- und der Hinterbühne hängt vom Bedarf an Absicherung der informellen Führung ab. In dem Maß, wie der soziale Status der Führungskraft durch die potenzielle Aufkündigung der Gefolgschaft der Gruppe beschädigt würde (und dies gilt insbesondere für Zwischenvorgesetzte), besteht für die Führungskraft ein Bedürfnis zur Absicherung der Gruppenkohäsion. Die Absicherung erfolgt durch die Inszenierung des Geheimnisses, in das Neulinge in Initiationsriten eingeweiht werden. Zugleich wird durch die Teilnahme am Ritual für alle Gruppenmitglieder das Geheimnis wieder manifest und die Verschworenheit der Gemeinschaft bestätigt. Hierfür bedarf es eines wirklich bewahrenswerten Geheimnisses und ein solches wird durch das Beschämungspotenzial für den Einzelnen oder die Einzelne im Falle des Bekanntwerdens bestimmt.[6] Ein solches Geheimnis muss aufgrund der Trennung von Privatheit und Öffentlichkeit einen Tabubruch der Verhaltenserwartung (Tradition/Moral) der umgebenden Öffentlichkeit beinhalten – sonst müsste das Geheimnis ja nicht bewahrt werden und das Private wäre nicht mehr privat. Ein Tabubruch wird durch die Teilhabe an beschämenden (gegen die Sitte verstoßenden) oder verbotenen Handlungen begangen.

Durch die Intensität der Trennung von Vorder- und Hinterbühne mit inoffiziellen Ritualen wird eine „unechte" Gemeinschaft erzeugt, die zu Rollenkonflikten für die teilhabenden Personen führt.[7] Es ist kein selbsttragender Kooperationsgrund vorhanden, sondern dieser muss inszeniert werden. Moral taucht hier wieder als Folgeproblem von Kooperation und Koordination auf: Einerseits besteht der Bedarf nach Absicherung der Führung und damit der Zielerreichungstendenz – als Handeln im Sinne der Gruppe unter Ausschluss der Öffentlichkeit –, andererseits aber gibt es eine gesellschaftliche Moralvorstellung, die hierzu in ein konfliktäres Verhältnis treten kann.

4. Führungsspiele im Skandal

Inoffizielle Rituale werden von der Organisation tendenziell ignoriert (Biehl & Kümmel 2014) – zumindest so lange es geht. Auf der Organisationsebene wird das Bedürfnis nach symbolischer Inszenierung der hierarchischen Beziehung durch offizielle Rituale bedient. Diese dienen der Verbindung individueller emotionaler Vergemeinschaftung mit kognitiver Rahmung. Es findet eine symbolische Ordnung von Raum, Zeit und Sozialstruktur statt (z. B. Antreten der Soldaten zu formellen Formationen, die sowohl Zusammengehörigkeit als auch

---

[6] Vgl. hierzu die Überlegungen zu Kameradschaft und „brauchbarer Illegalität" (Kühl 2017, Luhmann 1964) sowie zu Rituale und Menschenwürde (Dörfler-Dierken 2011).

[7] Mit unechter Gemeinschaft sind Gruppen gemeint, die das Wir-Gefühl und die soziale Schließung der Gruppe besonders betonen, bei denen aber zugleich kein echter „Wesens-Wille" (Tönnies 1979) der Vergemeinschaftung, im Sinne eines unmittelbaren Zugehörigkeitsgefühls, zugrunde liegt. Dies trifft vielfach auch auf Kameradschaft als Vergemeinschaftungsgrundlage zu, die als spezifische Form der Kollegialität auf dem Prinzip der brauchbaren Illegalität (Kühl 2017, Luhmann 1964) beruht.

Hierarchie symbolisieren), wobei ein festgelegter Ablauf der Interaktion (Positionen und Befehlsketten sowie Kommunikationselemente folgen vorgegebenen Mustern) den Charakter der Inszenierung anzeigt (Meyer 2005). Sowohl Formalisierung von Sprache und Körpersprache (z. B. „heißt Flagge", „Stillgestanden"), der Einsatz von Musik und Staffage (z. B. militärische Gerätschaften, Fackeln) und die Nutzung von Symbolen (z. B. Fahnen, besondere Uniformierung) verdeutlichen den rituellen Charakter und trennen diese offiziellen Rituale vom militärischen Alltagshandeln. Dies gilt auch für spezifische Rituale zur formellen Heraushebung von höheren Vorgesetzten (z. B. Kommandoübergabe: Meyer 2005). Offizielle Rituale bedienen damit das Bedürfnis nach Symbolisierung in der Gesellschaft, es werden aber keine sozialen Beziehungen (insbesondere Führungsbeziehungen) dadurch abgesichert. Bestenfalls werden Wechsel in der Besetzung von Herrschaftspositionen dargestellt. Diese beschränken sich eben auf formal-rationale Handlungserwartungen und Handlungsvollzüge und bedürfen so lange keiner weiteren Absicherung, als sie sich hiermit begnügen. Erst in der Abweichung des tatsächlichen Herrschaftshandelns hin zum Führungshandeln entsteht ein erweiterter Legitimationsbedarf gegenüber dem nachgeordneten Bereich. Dadurch führen Aushandlungsprozesse, Mikropolitik und inoffizielle Rituale zu Spielzügen, die nur für die Mitspieler in ihrer Komplexität voll umfänglich sinnstiftend sind. Eben das meint Kühl (2017) mit dem Begriff der „brauchbaren Illegalität": Das Führungsspiel kann nur dann Koordinationsleistungen über Herrschaftsbeziehungen hinaus erzeugen, wenn diese nicht den herrschaftsspezifischen Kontrollmechanismen unterworfen werden (Formalitätsparadoxon). An der Grenze zwischen dem inszenierten formellen und informellen Handeln können Darstellungsformen des Führungsspiels an die Öffentlichkeit gelangen, die nicht für diese bestimmt waren. Diese Offenbarungen können zu Skandalen werden, wofür sie allerdings wieder speziell inszeniert werden müssen. Hierfür bedarf es der medialen Vermittlung, z. B. durch die Presse. Dies soll im Folgenden hinsichtlich der unterschiedlichen militärischen Führungsebenen (vgl. Abschnitt 2) analysiert werden.

Auf der obersten Führungsebene stellen Skandale eher ein politisches als ein soziologisches Phänomen dar (z. B. Kießling-Affäre 1984,

Blomberg-Fritsch-Affäre 1938: Möllers 2016). Auf der politischen Ebene wird dabei von interessierten Akteuren ein Skandal inszeniert, der bisher der Öffentlichkeit nicht zugängliche Informationen (mithin dem Geheimnis nicht unähnlich) als sitten- oder rechtswidrig darstellt. Vielfach genügt schon die Inszenierung – unabhängig vom Wahrheitsgehalt –, um angestrebte Ziele (wie die Ablösung ausgewählter Personen von bestimmten Positionen) zur erreichen. Skandale auf der Organisationsebene haben damit zwar einen vollkommen anderen Charakter als Skandale auf der Gruppenebene, letztere können sich aber durchaus zu gesamtorganisationalen Skandalen entwickeln.

Auf der Gruppenebene bedeutet die Offenbarung von Geheimnissen die Aufgabe bisheriger Grenzziehung durch Herstellen von Öffentlichkeit hinsichtlich privat inszenierter Gruppenprozesse (Elbe 2016). Aus Führungssicht ist der Skandal als Aufkündigung des Einverständnisses mit der Führung, ggf. aber auch mit der Gruppenzugehörigkeit einzelner Personen oder einer Teilgruppe zu interpretieren. Im letzteren Fall entsteht eben durch die gemeinsame Verschwörung einer Teilgruppe gegen die bisherige Gesamtgruppe ein Geheimnis um den Verrat oder die Rebellion. Auch hier tritt ein Tabubruch durch bisherige Gruppenmitglieder auf, der durch die Information von Medien(-vertretern) als Skandal inszeniert wird. Ihren Rollenwechsel müssen die Informanten wiederum darstellen und sich nun als Opfer oder als reuige Sünder inszenieren, die die Last des Geheimnisses nicht mehr zu tragen vermögen. Die stärkste Bindungskraft als geheimnisstiftende Gruppenprozesse haben sexualisierte Handlungen in ritualisiertem Kontext, da diese den größten Tabubruch fordern. Privatheit der Gruppengemeinschaft wird durch Verletzung externer Privatheit – z. B. in Männerbünden: doppelter Tabubruch durch Handlungen, die als homosexuell motiviert interpretiert werden können, obwohl sich die Beteiligten in der Öffentlichkeit nicht als homosexuell darstellen – durchbrochen (Elbe 2017a). Der Einzelne wird erpressbar. Solche Rituale können keine semioffizielle Duldung (Biehl & Kümmel 2014) erlangen, sondern müssen auf der Ebene der Menschenführung durch höhere Vorgesetzte entweder bewusst gewürdigt oder (ebenso bewusst) ignoriert werden. Für höhere Vorgesetzte gilt dabei: Entweder sie spüren vermutete Geheimnisse auf und unterbinden damit verbundene Rituale – dadurch würden sie aber das bestehende faktische Führungssystem zerstören –, oder sie ziehen sich auf die Position „Habe nichts gewusst!" zurück. Dies kann zwar als Verletzung der Dienstaufsichtspflicht interpretiert werden (Elbe 2017a), hält aber die Illusion funktionierender Führung aufrecht. Dies ist ein durchaus verständliches Herrschaftsverhalten, denn es geht von der Hoffnung aus: „Wenn das Konsequenzen hat, bin ich nicht mehr da." Aufgrund der regelmäßigen Positionswechsel in Kommandofunktionen ist dies eine nachvollziehbare Abweichung vom Idealtyp rationaler Herrschaft, bleibt aber hinsichtlich des Sinnbezugs dem Prinzip partieller, weil temporärer Hierarchie verpflichtet (Elbe & Peters 2016).

Aus der Binnensicht der Gruppe ist bei Skandalisierung die formale Inszenierung aufrecht zu erhalten, aber das Publikum ändert sich von einem geschlossenen Zuschauerkreis (z. B. Verband) hin zu einer erweiterten Öffentlichkeit (Dienstaufsicht, Presse). Damit ändert sich das Spiel: Auf der Hinterbühne steigt der Druck, um Aufführungen auf der Vorderbühne weiter leisten zu können (Goffman 2003). Ritualisierte, heimliche Handlungen werden unterbrochen und auf der Hinterbühne kleingeredet, auf der Vorderbühne aber geleugnet. Die beteiligten Führungskräfte ziehen sich zunehmend auf ihre hierarchische Position zurück, reduzieren die Aktivität auf der Hinterbühne und verletzen damit die Regeln des Führungsspiels. Als Konsequenz hieraus übernehmen andere Personen faktisch die Führung und die bisherige Inszenierung auf der Hinterbühne wird abgesetzt. Auch die Führenden werden abgesetzt (als Führende) oder versetzt (als Zwischenvorgesetzte). In Abänderung von Hirschman (2004) gibt es aus der Herrschaftsperspektive zwei Handlungsmöglichkeiten für den Umgang mit informeller Führung und dazugehörigen Symbolisierungen (u. a. Ritualen): Markierung des Fehlverhaltens, was im Regelfall zu einer Ablösung aus diesem Bereich führen wird (Voice & Exit) oder Verantwortungsübernahme im Sinne brauchbarer Illegalität und Führung des Bereichs mit den bestehenden Hilfsmitteln (Loyalty & Persistence). In beiden Fällen ist die Stabilität des Führungssystems nicht mehr gegeben. Eine Neuinszenierung auf der Vorderbühne wird nur durch den formell-hierarchischen Rahmen am Laufen gehalten, es gibt aber (noch) kein Commitment der Ensemblemitglieder und keine neue Grundlage sozialer Schließung, also auch noch kein neues Führungsspiel.

Riten sind ein Teil der Militärkultur (Winslow 1999, Meyer 2005). Der dem Management-Guru Peter Drucker zugeschriebene Satz "Culture eats Leadership for breakfast" weist darauf hin, dass das Führungsspiel generell ein Kulturproblem ist. Empirisch weist Kunert (2016: 8) nach,

„dass sowohl die Organisationskultur als auch der Führungsstil signifikant mit Innovations- und Unternehmenserfolg korrelieren. Berechnet man die Zusammenhänge mit Hilfe einer multiplen Regression jedoch simultan, verschwindet der Einfluss der Leitungskräfte vollständig und nur der gemeinschaftlich geteilte Werte- & Normenkanon bleibt als einziger Prädiktor für Erfolg übrig."

Hinsichtlich des Führungsspiels lassen sich folgende Lösungen für dieses Problem formulieren:

1. Gibt es einen tieferliegenden Grund der Kohäsion über den Tabubruch hinaus (z. B. aufgrund gemeinsamer Werte der Inneren Führung), dann handelt es sich um eine resiliente Gruppe, deren echte Gemeinschaft keiner weiteren Absicherung der Privatheit bedarf. Der Kooperationsgrund trägt apriori. Hier stellt das Führungsspiel einen einfachen Regelkreis dar: Führung und Hierarchie stimmen überein und sind systemisch funktional, sie unterstützen die Aufrechterhaltung der Organisation.

2. Gibt es hingegen in einem Teilbereich keinen wirklichen Kooperationsgrund (insbesondere kein tragfähiges gemeinsames Ziel und keine gemeinsamen Werte), dann findet eine vergemeinschaftende Gruppenbildung nur oberflächlich statt und es bedarf einer weiteren Absicherung der sozialen Schließung. Hier ist die Gruppe auf geliehene, organisationsfremde Traditionen und Rituale angewiesen. Es entstehen neue Hinterbühnen und neue Gemeinsamkeit in Ablehnung oder Ergänzung der offiziellen Inszenierung. Mit dem Auftreten falscher Privatheit, neuer Geheimnisse und Tabus sowie weiterer Skandale wird ein alternativer Regelkreis in Gang gesetzt: Führung und Hierarchie stimmen nicht überein. Dies wirkt zwar systemisch dysfunktional, führt aber zu Systemwandel und Innovation (z. B. der Setzung eines neuen

Traditionserlasses aufgrund mehrerer Skandale um ungewollte Traditionsinszenierungen). Das Führungsspiel ist in diesem Sinn ein Beitrag zur Anpassungsfähigkeit der Organisation.

5. Wer führt wirklich? Das Professionalisierungsspiel

Eine der grundsätzlichen Herausforderungen des Militärs besteht darin, ständigen Systemwandel mit dem Versprechen, Tradition zu bewahren, in Übereinstimmung zu bringen und dies der Öffentlichkeit glaubhaft zu vermitteln. Armeen müssen modern sein, sie müssen technisch und organisatorisch dem jeweiligen Bedrohungsszenario angepasst sein, zugleich aber die Einbindung in die bestehenden gesellschaftlichen Normen und Werte vermitteln. Haas, Kernic und Plaschke (2012) stellen fest, dass der fortschreitende Wandel der Europäischen Armeen von Verteidigungsauftrag und Wehrpflicht hin zu Expeditionsauftrag und Berufsarmee zu einer Professionalisierung geführt habe, die die Führungsforschung vor neue Herausforderungen stellt. Ohne Zweifel führt der Wandel von einer Wehrpflicht- zu einer Berufsarmee zu Professionalisierungseffekten – die Frage ist nur: Betreffen diese die Führung? Eine Antwort hierauf hängt letztlich vom Führungsverständnis selbst ab.

Wird Führung als formale Koordinationsfunktion im Rahmen der organisationalen Arbeitsteilung verstanden, dann ist diese an Hierarchie und sozialen Status geknüpft. Der Anspruch, führen zu wollen und führen zu dürfen, leitet sich dann aus der Zugehörigkeit zum Offizierkorps ab und Offizieranwärter werden als „Führungsnachwuchskräfte" von Beginn ihrer militärischen Laufbahn (in der Regel mit Eintritt in die Bundeswehr nach der Schulzeit) dahingehend sozialisiert. Ihnen wird das Innere-Führungs-Spiel in seinen Grundlagen auf allen Ebenen vermittelt. Sie erhalten eine grundständige Ausbildung in Menschenführung, lernen die Grundlagen der Truppenführung und werden dazu befähigt, politische Führungsprozesse in der (formalisierten) Politischen Bildung zu vermitteln. Über das grundlegende militärische Handwerk in seinem jeweiligen Verwendungsbereich hinaus ist die generelle Führungskompetenz das zentrale Ziel der Ausbildung von Offizieranwärterinnen und Offizieranwärtern. Grundsätzlich gilt hierbei, dass die militärischen Fach- und Führungsausbildungteile um einen zivilen Studienabschluss zu ergänzen sind. Die Ausbildung ist in hohem Maß formal und einheitlich geregelt. Neben der Kompetenz ist die Motivation zu führen ein Sozialisationsziel, es wird das berufliche Selbstverständnis des Offiziers vermittelt und die Zugehörigkeit zu einer berufsständischen Institution, dem Offizierkorps, postuliert. Hier liegt also ein hohes Maß an Professionalisierung vor, das zumindest für die Zeit der Zugehörigkeit zur Bundeswehr trägt, zum Teil – im Selbstverständnis als Offizier und Führungskraft – auch über die Bundeswehrzeit hinaus (vgl. Marr 2002). Führungsfähigkeit und Führungsanspruch werden also durch den Eintritt in eine spezifische Laufbahn begründet, die „Ware Führung" wird quasi durch Selbstverpflichtung als Statusmerkmal erworben.

Eine andere Führungsauffassung nimmt die tatsächlichen Führungsprozesse in Gruppenkontexten in den Blick. Dabei wird Führung als Kulturphänomen behandelt, das in allen Organisationen und Gruppen stattfindet, unabhängig von formellen Statusfragen. Diese Form der Führung muss sich als stimmig (kontingent), gesundheitsförderlich (salutogen) und wiederholend (zyklisch) bewähren (Elbe 2017b), um in der Gruppe akzeptiert zu werden und entzieht sich damit der Professionalisierung. „Wahre Führung" findet sich im spielerischen Aushandeln der beteiligten Personen und falls sich Offiziere geschickt anstellen im Innere-Führungs-Spiel, dann kommen die beiden Führungsperspektiven zur Deckung, der hierarchische Anspruch realisiert sich im tatsächlichen Handeln.

6. Spielende

Auch wenn Herrschaftsposition und Führungshandeln zusammenfallen, bleibt der spielerische Charakter des Führens erhalten, nur ist kein Bedarf für überschießende Initialisierungsrituale und gemeinsam bewahrte Geheimnisse – und genau hierin besteht der Unterschied zum Inszenierungsbedarf der Zwischenvorgesetztenposition von Unteroffizieren. Vorder- und Hinterbühne der Inszenierung des Führungsspiels bei Offizieren stimmen im besten Fall in hohem Maß überein, zur Deckung können sie aber nicht kommen, da ansonsten die Zwischenvorgesetzten ihre Funktion verlieren würden. Unter anderem hierin besteht die Herausforderung an die höheren Vorgesetzten, genau diese Funktion von Führung zu respektieren und Vorgesetzte mit Führungsanspruch nicht zu übersteuern, solange diese sich sinnhaft im Werte-Rahmen des Innere-Führungs-Spiels bewegen. Dieser Rahmen lässt sich in Anlehnung an Wolf Graf von Baudissin mit den Begriffen „… ,gewissengeleitetes Individuum', ,verantwortlicher Gehorsam' sowie ,konflikt- und friedensfähige Mitmenschlichkeit' …" (Dörfler-Dierken 2005: 7) umreißen.

Für alle Führungsebenen gilt: Es führen diejenigen wirklich, die es schaffen, das Innere-Führungs-Spiel sinnkonform zur Anwendung zu bringen, und das bedeutet, einen kulturellen Rahmen zu schaffen, der es dem nachgeordneten Bereich ermöglicht, sein Führungsspiel selbst zu entwickeln, brauchbare Illegalität zu tolerieren und dabei wertebezogen Grenzen zu setzen, deren Verletzung zu einem Spielabbruch führen. Im Sinne von Crozier und Friedberg (1993) gilt letztlich: Besondere Macht haben diejenigen, die das Spiel beenden können.

Literatur

Berne, E. (1970): Spiele der Erwachsenen. Psychologie der menschlichen Beziehungen. Reinbek bei Hamburg.

Berne, E. (1979): Struktur und Dynamik von Organisationen und Gruppen. München.

Biehl, H. & Kümmel, G. (2014): Ritual und Bundeswehr, in: Staack, M. (Hg.): Im Ziel? Zur Aktualität der Inneren Führung. Opladen, 43-75.

BMVg – Bundesministerium der Verteidigung (2017): ETHIXX: Ein Spiel zur Inneren Führung. URL: https://www.bundeswehr.de/portal/a/bwde/start/aktulles/aus_der_truppe/!ut/p/z1/hY_NCoMwEITfyI22anpUpEVItVT7k1xK0GBTbCIhlR768I0UvEn3MLAzu9ywOAKTPFRdtxKrXjvesqiW4pJTYJNEJATRign BS7DAPkIrAMl38jzMVooRIEVSuAOka8yCgjqIABa4XXaCXsp FYoK512hlttvEEb20_JyxiXeLIvws9eP5lP9J9ruU1ngdZ3l6n IAPPvL3vMub6Wmgd67aXhx0k_yM4bnFRRF2X1b2NRg!/dz/d5/L2dBIEvZ0FBIS9nQSEh/#Z7_B8LTL2922LU800ILN8O5 2010O6; letzter Zugriff 27.11.2017.

BMVg – Bundesministerium der Verteidigung (2015): Innere Führung. Selbstverständnis und Führungskultur der Bundeswehr – A-2600/1. Berlin: BMVg.

Crozier, M. & Friedberg, E. (1993). Die Zwänge kollektiven Handelns. Über Macht und Organisation. Frankfurt a. M.

Dörfler-Dierken, A. (2005): Ethische Fundamente der Inneren Führung. Baudesins Leitgedanken: Gewissengeleitetes Indviduum – Verantwortlicher Gehorsam – Konflikt- und friedensfähige Mitmenschlichkeit. (SOWI-Bericht 77) Strausberg.

Dörfler-Dierken, A. (2011): Rituale und Menschenwürde, in: Jahrbuch für Recht und Ethik 19, 2011, 85-105.

Dörfler-Dierken, A. (2013): Führung in der Bundeswehr. Soldatisches Selbstverständnis und Führungskultur nach der ZDv 10/1 Innere Führung. Berlin.

Dörfler-Dierken, A. & Kramer, R. (2014): Innere Führung in Zahlen. Streitkräftebefragung 2013. Berlin.

Elbe, M. (2017a): Ritual, Führung & Skandal: Alte Stücke neu inszeniert. In: BehördenSpiegel newsletter Verteidigung. Streitkräfte. Wehrtechnik. Nr. 181 vom 25.04.2017, 1.

Elbe, M. (2017b): Zyklische Führung – zur Bewältigung von Komplexität und Unsicherheit. In: Au, C. v. (Hg.): Führung im Zeitalter von Veränderung und Diversity. Leadership und angewandte Psychologie. Bd. 4. Wiesbaden, 21-37.

Elbe, M. (2016): Sozialpsychologie der Organisation: Verhalten und Intervention in sozialen Systemen. Berlin.

Elbe, M. (2015): Führung unter Ungewissheit. Zehn Thesen zur Zukunft der Führung. Berlin.

Elbe, M. (2014): Führen mit Zielen und Zielvereinbarungen in militärischen Organisationen. In: Kern, E.-V. & Richter, G. (Hg.): Streitkräftemanagement. Neue Planungs- Und Steuerungsinstrumente der Bundeswehr. Wiesbaden, 11-30.

Elbe, M. & Peters, S. (2016): Die temporäre Organisation: Grundlagen der Kooperation, Gestaltung und Beratung. Berlin.

Fiedler, F. & Mai-Dalton, R. (1995): Führungstheorien – Kontingenztheorie. In: Kieser, A., Reber, G. & Wunderer, R. (Hg.): Handwörterbuch der Führung. 2. Aufl., Stuttgart, 940-953.

Freimuth, J. & Stoltefaut, M. (1997): Mein Körper und ich sind nicht mehr per du - die Angst der Manager - auf der Suche nach einer neuen Identität und Professionalität in sich selbst steuernden Organisationen. In: Freimuth, J. / Haritz, J. / Kiefer, B.-U. (Hg.): Auf dem Wege zum Wissensmanagement. Göttingen, 111-124.

Goffman, E. (2003): Wir alle spielen Theater. Die Selbstdarstellung im Alltag, 10. Aufl., München.

Goffman, E. (1973): Asyle. Über die soziale Situation psychiatrischer Patienten und anderer Insassen. Frankfurt a. M..

Haas, H., Kernic, F. & Plaschke, A. (2012): Preface and Introduction: Leadership in Challenging Situations. In: diess. (Hg.): Leadership in Challenging Situations. Frankfurt a. M. u.a., 9-22.

Hirschman, A. (2004): Abwanderung und Widerspruch: Reaktion auf Leistungsabfall bei Unternehmungen, Organisation und Staaten. Tübingen.

Hüther, G. (2009): Wie gehirngerechte Führung funktioniert. Neurobiologie für Manager. In: ManagerSeminare, 01/2009, 30-34.

Kunert, S. (2016): Lernförderliche Arbeitsgestaltung und Innovation. In: ABWF-Bulletin. 1/2016, 6-9.

Kühl, S. (2017): Zur Erosion von Kameradschaft. Informale Normen in staatlichen Gewaltorganisationen. Working Paper 15/2017. Bielefeld. URL:

http://www.uni-bielefeld.de/soz/personen/kuehl/pdf/Kuehl-Stefan-Working-Paper-15_2017-Die_ungewollten_Nebenfolgen _von_Kameradschaft_05.09.2017.pdf; letzter Zugriff am 30.01.2018.

Küpper, W. & Ortmann, G. (1988) (Hg.): Mikropolitik. Rationalität, Macht und Spiele in Organisationen. Opladen.

Lewin, K. (1968): Die Lösung sozialer Konflikte, 3. Aufl., Bad Nauheim.

Luhmann, N. (1964): Funktion und Folgen formaler Organisation. Berlin.

Marr, R. (2002) (Hg.): Kaderschmiede Bundeswehr? Vom Offizier zum Manager. Karriereperspektiven von Absolventen der Universitäten der Bundeswehr in Wirtschaft und Verwaltung, 2. Aufl., Neubiberg: gfw.

Meyer, G.-M. (2005): „Stillgestanden!" – Eine soziologische Annäherung an militärische Rituale. In: Collmer, S. & Kümmel, G. (Hg.): Ein Job wie jeder andere? Zum Selbst- und Berufsverständnis von Soldaten. Baden-Baden, 109-122.

Möllers, H. (2016): Die Kießling-Affäre 1984. In: VfZ - Vierteljahrshefte für Zeitgeschichte, Vol. 64 3/2016, 517-550.

Neuberger, O. (1995): Mikropolitik. Der alltägliche Aufbau und Einsatz von Macht in Organisationen. Stuttgart.

Neuberger, O. (2002): Führen und führen lassen: Ansätze, Ergebnisse und Kritik der Führungsforschung, 6. Aufl., Stuttgart.

Simmel, G. (1995): Soziologie. Untersuchungen über die Formen der Vergesellschaftung. (= Gesamtausgabe Band II), 2. Aufl., Frankfurt a. M.

Tönnies, F. (1979): Gemeinschaft und Gesellschaft. Grundbegriffe der reinen Soziologie. 8. Aufl. (Nachdruck). Darmstadt.

Weber, M. (1980): Wirtschaft und Gesellschaft. Grundriß der verstehenden Soziologie, 5. Aufl., Tübingen.

Winslow, D. (1999): Rites of Passage and Group Bonding in Canadian Airborne. In: Armed Forces & Society, Vol. 25, 3/1999, 429-457.

Wittgenstein, L. (1997): Werkausgabe. Band 1. 11. Aufl. Frankfurt a. M.

„Das gehört dazu, denn das haben wir alle schon durchgemacht!"
Initiationsrituale in der Bundeswehr

Jan Peter Gülden

Einstieg

Im Januar 2017 erlangte die deutsche Öffentlichkeit Kenntnis von mehreren Vorfällen im Ausbildungszentrum Spezielle Operationen in Pfullendorf. Die Bandbreite der Vorwürfe reichte von „Erniedrigungen von Rekruten, Gewaltrituale[n] unter Mannschaftssoldaten bis hin zur sexuellen Nötigung."[1] Der Kommandeur der Ausbildungseinrichtung sowie zwei weitere Soldaten wurden versetzt, vier Mannschaftssoldaten wurden fristlos aus der Bundeswehr entlassen. Besonders schwer wog für das Ansehen der Bundeswehr in der Öffentlichkeit der Vorwurf, die Vorfälle seien nur dadurch ermöglicht worden, dass Vorgesetzte nicht ausreichend hingeschaut oder gar einige Verfehlungen gebilligt und unter den Teppich gekehrt hätten. Es entstand eine länger anhaltende öffentliche Diskussion um die Führungskultur der Bundeswehr. Einen Beitrag dazu lieferte der Journalist Christoph Hickmann. Er meldete sich in der Süddeutschen Zeitung zu Wort und titelte: „Die hässlichen Bundeswehr-Klischees sind zurück." In seinem Artikel thematisierte er die Bemühungen von Ministerin von der Leyen, die Bundeswehr zu einem modernen Arbeitgeber des 21. Jahrhunderts zu machen. Am Ende stellte er fest: „Was bei all diesen Bemühungen trotzdem nicht herauskommen darf: eine aseptische Bundeswehr. In einer Armee, auch einer modernen, muss Raum für das Archaische sein, für Initiationsriten und Rituale, die von außen betrachtet womöglich seltsam wirken."[2]

---

[1] Gebauer, Sadistische Rituale bei der Kampfsanitäter-Ausbildung. Spiegel-online, 27.01.2017, online unter:
http://www.spiegel.de/politik/deutschland/bundeswehr-sex-rituale-bei-der-kampffretter-ausbildung-a-1132072.html; letzter Zugriff 23.02.2018.
[2] Hickmann, Die hässlichen Bundeswehr-Klischees sind zurück. Süddeutsche Zeitung, 30.01.2017, online unter:

Der Haltung, welche dieser Aussage Hickmanns zugrunde liegt, die in dem Artikel jedoch gänzlich unbegründet stehenbleibt, soll dieser Beitrag nachgehen. Handelt es sich wirklich nur um „hässliche Bundeswehr-Klischees", oder beinhaltet dieser Titel nicht schon eine Relativierung der schwerwiegenden Vorfälle? Als Ausgangspunkt der Untersuchung ist anzunehmen, dass Streitkräfte eine latente Anfälligkeit für solche Vorfälle im Rahmen von Initiations- oder Schwellenritualen[3] haben. Das Heer der Bundeswehr thematisiert wohl nicht ohne Grund in seinem Leutnantsbuch, mit dem junge Offiziere in dem offiziellen Selbstverständnis des Heeres geprägt werden sollen, die Frage der Rituale und macht deutlich, wie mit „hässlichen" Ritualen umgegangen werden soll. Eine (vermeintlich typische) Unteroffiziersaufnahme wird darin zu diesem Zweck geschildert:

„Die Stimmung wurde heiterer. Einige Unteroffiziere wurden mit der Zeit lauter und es begannen bald lautstarke Trinkspiele, in die die teilweise übermüdet aussehenden Unteroffizieranwärter vor allem eingebunden wurden. Als der erste ernsthaft betrunkene Anwärter sich übergeben musste, wollte der Spieß ihm das weitere Trinken mehrerer Schnäpse befehlen. Ich konnte nur noch sehen, wie der Oberleutnant und der Spieß daraufhin gemeinsam den Raum verließen. Als sie zurückkamen, mit ernster Miene, waren die Trinkspiele vorbei. Erst am Tag darauf realisierte ich, was geschehen war. Der Oberleutnant hat das entwürdigende Ritual gegen den Widerstand eines wesentlich dienstälteren Kompaniefeldwebels beendet. Und nicht nur das. Er hat den Spieß sogar gemaßregelt."[4]

---

http://www.sueddeutsche.de/politik/staufer-kaserne-die-haesslichen-bundeswehr-klischees-sind-zurueck-1.3354441, letzter Zugriff 23.02.2018.

[3] Beide Begriffe werden im Folgenden synonym verwendet.

[4] Kommando Heer (Hg.): Leutnantsbuch. 83, 99-100. Auch im internationalen Vergleich werden entwürdigende Aufnahmerituale und deren Folgen thematisiert. Das US-amerikanische Department of Defense hat deshalb 2012 den Think-Tank RAND Corporation mit einer Studie beauftragt. S. Keller / Matthews / Hall et. al. 2015; online verfügbar unter:
https://www.rand.org/pubs/research_reports/RR941.html, letzter Zugriff 23.02.2018.

Das Eingreifen des jungen Oberleutnants wird daraufhin lobend hervorgehoben. Offenbar halten die Verfasser des Leutnantsbuches es für geboten, dass den Offizieranwärtern die Botschaft mitgegeben wird, ein junger Oberleutnant muss den Spieß gegebenenfalls maßregeln und manchem „Spaß" ein Ende setzen. Ob solche Praktiken und auch das Eingreifen alltäglich sind, kann in dieser Untersuchung nicht geklärt werden. Denn hierfür wäre eine quantitative Untersuchung der häufig im Verborgenen in den geschlossenen militärischen Einheiten stattfindenden Rituale nötig, was nicht ohne erheblichen Aufwand und mit der notwendigen Zustimmung der Streitkräfte zu leisten wäre. Deshalb soll der Fokus dieses Aufsatzes auf den Charakteristika von Ritualen im Allgemeinen und von Initiationsritualen im Besonderen liegen. Speziell wird es dabei um Initiationsrituale in der Bundeswehr gehen. Dafür erfolgt zunächst eine allgemeine Beschreibung von Ritualen, bevor einige Beispiele von Initiationsritualen in der Bundeswehr dargestellt und diese anschließend aus ethischer Perspektive eingeordnet werden. Insgesamt sollen zwei Fragen für die Analyse leitend sein: Zum einen, ob Initiationsrituale eine militärische Funktionsnotwendigkeit sind, und zum anderen, wo die rote Linie bei solchen Ritualen verläuft, die durch die Forderung der Beachtung der Menschenwürde markiert wird.

Charakteristika von Ritualen

Rituale sind in menschlichen Gesellschaften allgegenwärtig. Als Alltagsrituale wie etwa der morgendliche Gruß, Lebensabschnittsrituale wie etwa Taufe, Erwachsenwerden oder Hochzeit, oder aber als Struktursymbol des Jahreszyklus durchdringen sie sämtliche Bereiche des Lebens.[5] Rituale sind als solche Handlungen mit Symbolgehalt, die nützlich zur Selbstvergewisserung des Individuums sind und die soziale Ordnung der Gemeinschaft bekräftigen. Weiterhin erzeugen sie „eine Gemeinschaft unter den Teilnehmern und stärken die soziale Kohäsion der Gesellschaft."[6] Wenngleich eine Differenzierung in private und öffentliche sowie individuelle und kollektive Rituale möglich wäre, ist festzuhalten, dass aufgrund der breiten Überschneidun-

---

[5] Vgl. Gareis 2010: 297-298.
[6] Gareis 2010: 301.

gen dieser Kategorien die Grenzen zwischen den einzelnen Typen von Ritualen sehr unscharf sind. Wichtiger – vor allem im Hinblick auf diese Untersuchung – ist, dass Rituale stets eine Form symbolischer Kommunikation darstellen, weshalb ihre Interpretation sowohl für die Teilnehmer an solchen Ritualen als auch für Beobachter von außen eine Kenntnis der spezifischen Symbolik und der durch die Rituale repräsentierten sozialen Ordnung voraussetzen. Ritual, soziale Ordnung und Werteordnung stehen dabei in einem Verhältnis der Wechselseitigkeit zueinander. Für die Bewertung einzelner Ritualpraktiken der Bundeswehr ist es daher wesentlich hervorzuheben, dass von Form und Inhalt des Rituals zwangsläufig auf die Werteordnung der praktizierenden Gemeinschaft rückgeschlossen werden kann.

Rituale lassen sich auch nach ihren jeweiligen Anlässen unterscheiden. Speziell im Hinblick auf das Militär ist zudem eine Kategorisierung in Alltags-, Krisen- sowie Initiationsrituale möglich.[7]

Alltagsrituale dienen zur Strukturierung des Alltäglichen, wobei unerheblich ist, ob sie privat oder öffentlich, individuell oder kollektiv vollzogen werden. Sie sind zumeist völlig unspektakulär. Im Bereich des Militärs treten sie als formale Routinen in Erscheinung, wie beispielsweise als militärischer Gruß oder das tägliche Antreten. Die Formen der hierbei auftretenden rituellen Handlungen sind für die Bundeswehr zum einen durch eine Dienstvorschrift[8] geregelt und zum anderen durch Verhaltensfibeln[9] insbesondere für Offiziere praktisch vorgegeben. Als Alltagsrituale können weitere funktionelle Handlungen beschrieben werden, die häufig in ritualisierter Form durchgeführt werden, jedoch weniger reglementiert sind und in einzelnen Einheiten durchaus unterschiedlich gehandhabt werden können. Hier wäre zum Beispiel an das Anlegen und Verbessern von Tarnung vor dem Gefechtsdienst oder das „Einlaufen und Entklap-

---

[7] Diese Kategorisierung folgt Ebeling & Seiffert 2012: 6-8.

[8] Amt für Heeresentwicklung (Hg.): Zentralrichtlinie A2-221/0-0-1280 – Formaldienstordnung.

[9] S. Hagen 2012. Darin untersucht der Autor u.a. mittels einer qualitativen Dokumentenanalyse dieser Fibeln das Leitbild der Offiziere der verschiedenen Teilstreitkräfte.

pern" von Ausrüstung vor einem Spähtrupp zu Fuß zu denken.[10] Militärische Alltagsrituale, welche nicht selten von alltäglichen Routinen kaum zu unterscheiden sind,[11] geben dem Soldaten also zunächst Handlungssicherheit und Ordnung.[12] Darüber hinaus bilden sie in ihrer Gesamtheit einen Formalismus aus, der als fester Handlungsrahmen für den Soldaten existiert und die für das Militär notwendige Disziplinierung des Einzelnen unterstützen soll.[13]

Krisenrituale sind schon vom Wort her zu verstehen als absolut außeralltäglich und stehen somit in ihrer Funktion den Alltagsritualen entgegen. Dabei ist der Begriff der Krise wörtlich zu verstehen als Wendepunkt.[14] Die Enzyklopädie der Neuzeit benutzt die etwas allgemeiner gehaltene Formulierung „Rituale des Lebenszyklus".[15] Gemeint sind hier – sozusagen im zivilen Sinn – Rituale, die einzelne Wendepunkte oder einmalige Ereignisse des menschlichen Lebenslaufes strukturieren: „Geburt, Heirat und Tod [...sowie] alle bedeutenden Passagepunkte menschlicher Existenz".[16] Diese Rituale des Lebens-

---

[10] „Einlaufen und Entklappern" haben einen funktionalen Zweck, da dadurch der Sitz der Ausrüstung und dessen möglichst geräuscharme Verpackung überprüft wird. Dass diese Beispiele weniger reglementiert sind, bezieht sich auf die Art und Weise deren Durchführung, da es durchaus Vorschriften für das Tarnen und den Spähtrupp zu Fuß gibt. Trotz des vornehmlich funktionalen Aspektes liegt hierbei ein Akt symbolischer Kommunikation vor, da den Teilnehmern durch diesen Prozess als letzte Tätigkeit vor dem Einsatzbeginn auch der Ernst der Lage verdeutlicht werden soll.

[11] Hier kommt es auf das Verständnis der sozialen Kommunikation an: Für den einen ist eine Handlung bloße Routine, für den anderen wird sie zum Ritual.

[12] Ebeling & Seiffert 2012: 6.

[13] Ebeling & Seiffert 2012: 6, zählen auch durchaus gängige Praktiken wie den Seemannssonntag (Kuchenessen am Donnerstag an Bord eines Schiffes), den Coin-Check (gemeinsames Vorzeigen der Kompaniemünze auf Forderung – hat ein Kamerad seinen Coin nicht dabei, muss er in der Regel den Anwesenden ein Getränk spendieren) oder das so genannte Dienstabschlussbier zu den Alltagsritualen. In dieser Auslegung folge ich ihnen nicht, da diese Praktiken nicht ausschließlich ordnende und disziplinierende Funktionen haben und darüber hinaus zu unbestimmt und unterschiedlich sind, um m.E. als per se rituell verstanden zu werden. Zwar dienen solche Handlungen durchaus der sozialen Kohäsion, allerdings fehlt es grundsätzlich an symbolischer Kommunikation.

[14] Ebeling & Seiffert 2012: 7.

[15] Gareis 2010: 301-302.

[16] Gareis 2010: 301.

zyklus lassen sich nicht pauschal auf die Sphäre des Militärischen übertragen, zumal die genannten Ereignisse dort wohl selten auftreten.[17] Dennoch lassen sich speziell für das Dasein des Soldaten verschiedene ähnlich existenzielle Ereignisse als Passagepunkte feststellen. Ebeling und Seiffert definieren militärische Krisenrituale daher als Formen „zur Bewältigung dramatischer Ausnahmesituationen" und nennen als Beispiele etwa das Letzte Geleit und Welcome-Back-Feiern nach dem Auslandseinsatz.[18] Sowohl Verabschiedungs- als auch Rückkehrerappelle zu Ehren von Einsatzsoldaten, insbesondere jedoch Trauerfeiern unterliegen, ähnlich wie die meisten Alltagsrituale, in ihrem Zeremoniell vorgegebenen Formen.[19] Auch hier ist also ein schematischer Ablauf mit einem hohen Grad der Reglementierung erkennbar.

Als Initiationsrituale in der Bundeswehr sind lediglich das Ablegen des Diensteides und das Feierliche Gelöbnis genau reglementiert. Beide Begriffe umfassen das gleiche Ritual, mit dem Unterschied, dass Zeitsoldaten einen Diensteid schwören, während freiwillig Wehrdienstleistende ein Gelöbnis ablegen.[20] Neben diesen beiden existiert jedoch eine Vielzahl von Initiationsritualen in der Bundeswehr, die sich hinter verschlossenen Türen abspielen und der Truppe regelmäßig schlechte Presse bescheren, wenn ihre Einzelheiten ans Licht geraten. Zu nennen sind hier beispielsweise Offiziers- und Unteroffiziersaufnahmen, Litzentaufen zum Ende der truppengattungsspezifischen Ausbildung sowie auch die Aufnahme neuer Studierender an der Helmut-Schmidt-Universität, Universität der Bundeswehr in Hamburg.

---

[17] Hier erscheint es angebracht zu unterstreichen, dass der Tod als mögliches Ereignis eine Rolle im Militär spielt. Jedoch ist der Tod als Ritual des Lebenszyklus eine Unvermeidlichkeit, während es im Militär trotz der mit dem Soldatenberuf verbundenen Gefahr gilt, den Tod für sich und seine Kameraden zu vermeiden. D.h. zum gesamten Lebenszyklus gehört der Tod zwingend dazu, zum Soldatsein eben nicht zwingend und hoffentlich nur äußerst selten.

[18] Ebeling / Seiffert 2012: 7.

[19] Zentrum Innere Führung (Hg.): Zentralrichtlinie A2-2630/0-0-3 – Militärische Formen und Feiern der Bundeswehr.

[20] Zentrum Innere Führung, Militärische Formen, Kap. 1 – Diensteid und Feierliches Gelöbnis, S. 5-9.

Da die Ritualforschung davon ausgeht, dass unabhängig von Inhalt und kulturspezifischer Symbolik die Struktur von Initiations- und Schwellenritualen kulturübergreifend identisch ist,[21] soll im Folgenden zunächst diese Struktur dargestellt werden, bevor einzelne inoffizielle Initiationsrituale in der Bundeswehr beschrieben und diskutiert werden.

Der französische Ethnologe Arnold van Gennep hat in seiner grundlegenden Arbeit zu Initiationsriten – er verwendet den Begriff Übergangsriten (Les rites de passage) – drei Phasen erkannt. Sie lassen sich „bei genauer Analyse in Trennungsriten (‚rites de séparation'), Schwellen- bzw. Umwandlungsriten (‚rites de marge') und Angliederungsriten (‚rites d'aggrégation') gliedern."[22] Diese drei Phasen seien dabei nicht in allen Kulturen gleichmäßig ausgebildet. Wie die Bezeichnungen der einzelnen Phasen bereits zu verstehen geben, wird im Trennungsritual der Passierende, also die Person oder Gruppe, an welcher das Ritual vorgenommen wird, als rituelles Subjekt von altem sozialen Status und sozialer Verortung getrennt und durch das Angliederungsritual schließlich in den neuen Status integriert. In der Zwischenphase befindet sich der Passierende weder in dem einem noch dem anderen.

Der schottische Ethnologe Victor Turner hat auf Grundlage van Genneps diese Zwischenphase gesondert untersucht und ihre Bedeutung für das gesamte Ritual hervorgehoben.[23] Den Schwellenzustand nennt er Liminalität (von lat. Limen – Schwelle; Grenze) und unterscheidet hierbei wiederum zwischen zwei Haupttypen des Schwellendaseins. Zum einen beschreibt er Schwellenrituale als zyklische oder kalendarische Rituale der Statusumkehrung, in welchen „Gruppen oder Kategorien von Personen, die üblicherweise in der Sozialstruktur niedere Statuspositionen einnehmen [...] rituelle Autorität über ihre Übergebenen ausüben."[24] Zum anderen nennt Turner Schwellenrituale der Statuserhöhung, welche für diese Untersuchung in Betracht zu ziehen sind. Diese Form des Rituals, so Turner, „umfasst als wesentli-

---

[21] Gareis 2010: 298.
[22] Gennep 2005: 21.
[23] Turner 2005.Vgl. a. Dörfler-Dierken 2011: 93.
[24] Das in Deutschland verbreitete Brauchtum rund um den Karneval sei hier exemplarisch genannt. In heutigen Streitkräften findet sich ein solches Ritual eher selten wieder.

chen kulturellen Bestandteil die Herabsetzung oder Demütigung des Novizen."[25] „Der Schwellenzustand impliziert, dass es kein Oben ohne das Unten gibt und dass der, der oben ist, erfahren muss, was es bedeutet, unten zu sein."[26] Während der Passierende sowohl in der Trennungs- als auch in der Integrationsphase des Schwellenrituals einen gewissen sozialen Status mit zugewiesener Funktion und relativer sozialer und kultureller Sicherheit innehat, fehlt dieser Status während der Schwellenphase. Das rituelle Subjekt „durchschreitet einen kulturellen Bereich, der wenige oder keine Merkmale des zukünftigen Zustandes aufweist."[27] Seine Analyse der Liminalität leitet Turner dabei aus der Beobachtung ruraler afrikanischer Stammeseinführungsrituale ab. Zudem zieht er bezeichnenderweise militärische Gebräuche zum Beleg seiner Theorie heran, indem er feststellt: „Auch in unseren Gesellschaften kennen wir körperliche Härtetests im Zusammenhang mit Ritualen der Statuserhöhung, wie die Schikanen bei der Aufnahme in Studentenverbindungen und Militärakademien belegen."[28]

Initiationsrituale in der Bundeswehr

Abgesehen von den offiziellen, durch Vorschriften und Erlasse in feste Form gegossenen Alltags- und Krisenritualen, die oben beschrieben wurden und weitestgehend unkritisch sind,[29] treten auch in der Bundeswehr immer wieder Initiationsrituale in Erscheinung, die demütigenden Charakter haben und geeignet sind, Soldaten als rituelle Subjekte zu entwürdigen. Eine Aufzählung entwürdigender Praktiken vom „Fuxtest" (Verzehr ekelerregender Speisen und Alkohol bis zum Erbrechen) bis zur Äquatortaufe (dabei müssen die Novizen unter anderem ekelerregende Dinge von den Füßen des Kapitäns oder eines anderen Vorgesetzten ablecken) kann beispielsweise aus der Boule-

---

[25] Turner 2005: 160
[26] Turner 2013: 249.
[27] Turner 2013: 247.
[28] Turner 2005: 164.
[29] Dabei werden auch Alltags- und Krisenrituale durchaus kritisiert. Jedoch geschieht dies meist nicht aufgrund einer darin erkennbaren Entwürdigung, sondern wegen der durch das Rituelle manifestierten sozialen Ordnung des Staates. Offiziell-öffentliche Militärrituale werden somit als Herrschaftsrituale wahrgenommen und kritisiert. S. hierzu Euskirchen 2005.

vardpresse entnommen werden.[30] Die breite Öffentlichkeit spricht hier von Scham- und Ekelritualen, und nicht wenige ältere Männer, die noch zu Zeiten der Wehrpflicht in der Bundeswehr ihren Dienst versehen haben, können bezeugen, dass sie in ihrer Dienstzeit solche oder ähnliche Praktiken erlebt haben.

Im Folgenden werde ich drei Beispiele entwürdigender Rituale in der Bundeswehr darstellen, von welchen zumindest zwei in ihren Tathergängen gut aufgearbeitet sind, da sie vor Gericht verhandelt wurden. Das dritte Beispiel ist aus meiner eigenen Erfahrung gewonnen.

Zunächst zum Fall einer Aufnahme in ein Unteroffizierskorps im Jahre 1998. Das Bundesverwaltungsgericht fasste in seinem Urteil gegen zwei für die Durchführung des Rituals Verantwortliche die Geschehnisse wie folgt zusammen:

„Im Verlauf der Aufnahme wurde Unteroffizier S. [der Passierende; JPG] mit Bierdeckeln beworfen, musste mit Tabasco gefüllte Kekse und mehrfach 1 Bier und ein 'Artilleriefeuer' (Schnaps) auf Ex zu sich nehmen. Er hatte sich der Prüfung zu unterziehen, aus einer mit Mehl und Eiern gefüllten Schale mit dem Mund – ohne Zuhilfenahme seiner Hände – mit Schnaps gefüllte Waffenölfläschchen herauszuholen, deren Inhalt ihm anschließend in den Mund gespritzt wurde. Weiter hatte er den sog. ‚Unteroffiziertrunk‘, eine aus Lebensmitteln wie Senf, Mayonnaise, Tabasco, Chilipulver, Salz, Pfeffer, Kümmel, Salatöl etc. bestehende Mixtur, zu sich zunehmen. Unteroffizier S. musste sich deswegen im Verlauf der Aufnahme mehrfach übergeben."[31]

Das Gericht stellt dazu weiterhin fest, dass es in der betreffenden Einheit seit mehreren Jahren üblich gewesen sei, junge Unteroffiziere zur Aufnahme in das Unteroffizierkorps einem Aufnahmeritual zu unterziehen. Das hier verhandelte Ritual leitete der Batteriefeldwebel im Dienstgrad eines Hauptfeldwebels, und auch der anwesende Batteriechef im Dienstgrad eines Hauptmanns hatte nicht eingegriffen. Beide verteidigten sich damit, dass sie geglaubt hätten, dem aufzunehmenden Soldaten sei kein Unrecht geschehen, da es sich bei diesem Ritual „um einen alten militärischen Brauch gehandelt habe, dem sich kein Prüfling auf Grund eines Befehls habe unterwerfen müs-

---

[30] S. Dörfler-Dierken 2011: 86.
[31] Bundesverwaltungsgericht: Urteil 2 WD 12.00, 17.10.2000, hier Rd.-Nr. 31.

sen." Sie hätten das Unrecht nicht erkennen können, da sie selbst „gleichsam Gefangene eines militärischen Brauchs" gewesen seien. [32] Das Gericht folgte diesen Einlassungen nicht und verurteilte die Soldaten zu einem Beförderungsverbot von 30 bzw. 48 Monaten nebst Gehaltskürzung. In der Urteilsbegründung führt das Gericht aus: „Die Durchführung und Duldung einer Unteroffizierprüfung als ‚Aufnahmeritual', das sich in seinen Belastungsmomenten für den Betroffenen als Eingriff in seine Menschenwürde und körperliche Unversehrtheit darstellt, haben erhebliches disziplinares Gewicht."[33]

Wie bereits einleitend erwähnt, wurde in der jüngeren Vergangenheit, zu Beginn des Jahres 2017, die Durchführung inoffizieller Rituale aus dem Standort Pfullendorf bekannt. Dort wurden fünf Mannschaftssoldaten fristlos aus der Bundeswehr entlassen, weil sie Kameraden zur Aufnahme in das Mannschaftskorps ihrer Einheit in mehreren Fällen entwürdigenden Ritualen unterzogen hatten.[34] Vier davon klagten gegen ihre Entlassung. Die veröffentlichten Urteile bieten Einblicke in den Ablauf der Initiationsrituale.[35] Dazu wurden die aufzunehmenden Soldaten nach Dienstschluss unter Zwang aus ihren Stuben geholt, gefesselt und mit einem Stiefelbeutel über dem Kopf in der Dusche mit kaltem Wasser abgespritzt. Die Täter waren dabei mit Sturmhauben und ABC-Schutzmasken vermummt und trugen teilweise Uniform. Darüber hinaus waren sie währenddessen alkoholisiert, und ein an den Vorfällen Beteiligter fertigte ein Handy-Video an, welches er später seiner Freundin zeigte. Zu ihrer Verteidigung gaben die vier Soldaten an, dass der Inhalt dieser sogenannten Taufen durch reguläre Ausbildungsinhalte inspiriert gewesen sei.[36] Zudem seien die

---

[32] BVerwG 2 WD 12.00, Rd.-Nr. 38-39.

[33] BVerwG 2 WD 12.00, Rd.-Nr. 61.

[34] Deutscher Bundestag: Unterrichtung durch den Wehrbeauftragten, Jahresbericht 2017 (59. Bericht), Berlin 2018, hier 16; online unter http://dip21.bundestag.de/dip21/btd/19/007/1900700.pdf; letzter Zugriff 03.04.2018.

[35] VerwG Sigmaringen, 5 K 1899/17; 5 K 1934/17; 5 K 3459/17; 5 K 3625/17, jeweils 19.07.2017.

[36] Die Ausbildung, um die es sich hier handelt, nennt sich CAC – Conduct after Capture – und soll Spezial- und spezialisierte Kräfte des Heeres auf eine feindliche Gefangennahme vorbereiten, indem die Soldaten eine derartige Extremsituation und mögliche eigene Verhaltensweisen dafür im Training kennenlernen.

Inhalte dieses Rituals den Aufzunehmenden bekannt gewesen; diese hätten sich mit ihrer Rolle als Opfer einverstanden gezeigt, um in das Mannschaftskorps aufgenommen zu werden. Die Soldaten klagten gegen ihre fristlose Entlassung und blieben in zwei Instanzen erfolglos. Die Urteile sind nun rechtskräftig.[37] Das Gericht stellt fest, dass die hier vollzogenen Handlungen an Folterszenen erinnern, und bekräftigt die Unvereinbarkeit solcher Rituale mit den Dienstpflichten der Soldaten. Dieses Verhalten berühre die Würde der betroffenen Kameraden und verletze diese. Somit hätten die Soldaten „gegen [...] [ihre] Pflichten aus §§ 7, 8 SG [Soldatengesetz] verstoßen, die freiheitlich demokratische Grundordnung im Sinne des Grundgesetzes anzuerkennen und durch [...] [ihr] gesamtes Verhalten für ihre Erhaltung einzutreten."[38]

Zwei weitere Aspekte des Urteils sind besonders hervorzuheben: Zum einen unterstreicht das Verwaltungsgericht Sigmaringen die kameradschaftsschädigende Wirkung des Rituals. Es sei „schon grundsätzlich kameradschaftswidrig, wenn Soldaten der Bundeswehr vom Dienstherrn nicht vorgesehene, selbst geschaffene Aufnahmerituale durchführen."[39] Nach der Auffassung des Gerichtes bergen solche Rituale per se die Gefahr der Entgleisung und weiter der Ehrverletzung von Soldaten, die diese über sich ergehen lassen müssen. Darüber hinaus „widersprechen derartige Aufnahmerituale auch dem Kameradschaftsbild des Soldatengesetzes im Ganzen, das dadurch gekennzeichnet ist, dass der Soldat schon durch seinen Eid und sein Gelöbnis nach § 9 SG [Soldatengesetz] in die Gemeinschaft aufgenommen ist." Das bedeutet nicht weniger, als dass durch die Abgrenzungsfunktion von Initiationsritualen die Kameradschaft gegenüber anderen Soldaten in Mitleidenschaft gezogen werden kann. Offenbar will das Gericht alle Initiationsrituale außer Eid und Gelöbnis, also

---

[37] S. hierzu Verwaltungsgerichtshof Mannheim: Pfullendorf: Entlassung von Bundeswehrsoldaten wegen Aufnahmeritualen rechtskräftig. Pressemitteilung vom 09.02.2018; online unter
http://www.vghmannheim.de/pb/,Lde/Startseite/Medien/Pfullendorf_+Entlassu ng+von+Bundeswehrsoldaten+wegen+Aufnahmeritualen+rechtskraeftig/?LISTP AGE=1213200; letzter Zugriff 21.02.2018.
[38] VerwG Sigmaringen, 5 K 1934/17, S. 13.
[39] VerwG Sigmaringen, 5 K 1899/17, S. 11.

den offiziellen Ritualen unterbinden.

Zum anderen verwahrt sich das Gericht gegen die Argumentation der Soldaten, dass solche Handlungsweisen der militärischen Ausbildung entlehnt und deshalb im militärischen Kontext nicht als verwerflich zu bewerten seien. Es mache eben einen Unterschied, ob „sich jemand unter professionellen Bedingungen mit dem Ziel des Erwerbs bestimmter Kompetenzen [...] in der Rolle eines Opfers möglicherweise einer Belastungssituation aussetzt."[40] Härten zum Zweck des Kompetenzerwerbs muss der Soldat also im Rahmen der Ausbildung über sich ergehen lassen; nicht jedoch Demütigungen zur Initiation in die eine und zur Abgrenzung von der anderen Gemeinschaft.

In den beiden beschriebenen Fällen scheint die Bewertung eindeutig: Rituelle Handlungen, die dazu führen, dass sich Menschen übergeben müssen oder objektiv an Folteropfer erinnern, überschreiten sowohl die Schwelle des guten Geschmacks als bei Weitem; ihrer Durchführung folgt – jedenfalls bei Bekanntwerden – die Strafe bis hin zur Entlassung aus dem Dienstverhältnis. Solche oder ähnliche Vorgänge erreichen zwar eher selten, allerdings doch mit einer gewissen Regelmäßigkeit die Öffentlichkeit, weshalb davon ausgegangen werden kann, dass derartige Bräuche in der Truppe nicht unüblich sind, auch wenn es sich womöglich bei den hier diskutierten Ritualen um Extremfälle handelt.

Weniger extrem, jedoch in seiner Gesamtheit nicht unproblematisch, gestaltet sich der sogenannte Tag der Neuen an der Helmut-Schmidt-Universität, Universität der Bundeswehr in Hamburg. Zum Studium neu hinzu versetzte Offizieranwärter des Studentenfachbereiches für Ingenieurswissenschaften müssen sich einem schikanösen und teilweise demütigenden Procedere unterziehen.[41] Bei der Ankunft an der Universität wird ihnen ein Parkplatz ganz am Rand des Kasernengeländes zugewiesen. Dann wird ihnen befohlen, die gesamte Ausrüstung sowie private elektronische Geräte in die Stube zu bringen. Vorgeblich aus Zeitgründen sei dabei alles auf einmal mitzunehmen. Da-

---

[40] VerwG Sigmaringen, 5 K 1934/17, S. 11.
[41] Sämtliche hier wiedergegebene Sachverhalte zum Tag der Neuen sind durch persönliche Aufzeichnungen von Gesprächen des Autors mit Durchführenden und Teilnehmern dieses Rituals belegt.

her laufen die Neuankömmlinge mit etwa 60 kg militärischer Ausrüstung und zusätzlich privatem Laptop und Ähnlichem ca. 800 m durch das Kasernengelände. Als sei diese willkürliche Erschwernis nicht schon schikanös genug, läuft neben jedem Neuankömmling ein älterer Soldat – natürlich ohne Gepäck. Während des Fußweges werden die Neuen beständig in ruppigem Tonfall angespornt, aufgrund des engen Zeitplanes zügiger zu gehen. An dem Weg sind zusätzlich ältere Kameraden postiert, die keine andere Aufgabe haben, als die Neuen lautstark über korrekte Grußpflicht und Anzugsordnung zu belehren. Angekommen in ihren neuen Unterkünften, müssen sie sämtliche private elektronische Geräte zur Verwahrung abgeben. Wann und ob sie diese wiedererhalten – so wird ihnen gesagt –, entscheide sich an einem Allgemeinbildungs- und einem Mathetest. Der Test zur Allgemeinbildung besteht aus Fragen wie: „Wie hieß der 7. Bundesminister für Verkehr der BRD und wann war er im Amt?" oder „Wie heißt der fünftgrößte isländische Vulkan?". Im Mathetest folgen Aufgaben mit fünffachen Integralen mit imaginären Zahlen. Ältere Studenten geben beiläufig zu verstehen, dass die Aufgaben eigentlich zu leicht seien für die hohen Anforderungen des Studiums. Die Erfahrung des Versagens führt dazu, dass jeder Neue glaubt, seine Unterhaltungselektronik so schnell nicht wiederzusehen. Zusätzlich wird suggeriert, dass jene Studenten, die im Mathetest weniger als 25 % der Punktzahl erreicht haben, freitags und samstags bis je 16:00 Uhr Nachhilfe nehmen müssten. Abwechslung bieten an diesem Tag Sporttests. Gegen 22:00 Uhr steht noch eine Laufeinheit zur Verbesserung der körperlichen Leistungsfähigkeit an. Im Anschluss daran hält ein als Kommandeur verkleideter Student eine Rede, in welcher er seine Enttäuschung über seinen ersten Eindruck von den Neuen zum Ausdruck bringt, bis das ganze Spektakel schließlich als großer Spaß aufgelöst wird.

Nicht wenige Studenten, die dieses Schauspiel über sich ergehen lassen mussten, erklären, dass sie es im Nachhinein als nicht schlimm empfanden, geben aber zu, sich währenddessen unwohl und unangemessen behandelt gefühlt zu haben. Aus psychologischer Sicht kann ein derartiges Erlebnis negative Folgen für die einzelnen Teilnehmer haben. Am Kameradschaftsbegriff des Soldatengesetzes gemessen, steht diese Praxis weit außerhalb dessen, was für junge Staatsbürgern in Uniform zumutbar wäre. Zwar wurde bei den Studierenden in Hamburg niemand im eigentlichen Sinne gefoltert oder gezwungen, schambesetzte Handlungen zu vollführen, jedoch werden die Neuen durch dieses Ritual drangsaliert, verängstigt und vor ihren älteren Kameraden der Lächerlichkeit preisgegeben. Die durch das Soldatengesetz vorgegebene Verpflichtung zu gegenseitiger Achtung, Fairness und Toleranz wird hier außer Kraft gesetzt. Die Erziehung von jungen Soldaten – hier kommt erschwerend hinzu, dass es sich um junge Offizieranwärter, also zukünftiges Führungspersonal der Bundeswehr handelt – im Rahmen der Werte und Prinzipien der Inneren Führung wird dadurch konterkariert.

Den Ablauf des Rituals bestimmen ausschließlich ältere Studierende, welche durchaus motiviert sein dürften, ihren eigenen Tag der Neuen noch einmal zu überbieten. Die Vorgesetzten aus diesem Fachbereich erscheinen erst im Rahmen der Auflösung am Abend. Sie geben also den Neuen zu verstehen, dass sie wissen und billigen, was an diesem Tag geschehen ist. Gegenüber den Vorgesetzten anderer Fachbereiche, die an diesen Praktiken nicht teilnehmen, haben sie auf Nachfrage des Autors das Geschehen unverblümt und rechtfertigend geschildert. Schließlich, so der Tenor, gehöre das dazu und auch sie selbst hätten das alle durchgemacht.

Menschenwürde als rote Linie und funktionelle Aspekte von Ritualen

Menschenwürde ist Staatsziel und Staatszweck der Bundesrepublik Deutschland.[42] Das Grundgesetz beginnt nicht zufällig in Art. 1 mit der Feststellung: „Die Würde des Menschen ist unantastbar. Sie zu achten und zu schützen ist die Verpflichtung aller staatlichen Gewalt." Auch die Bundeswehr und ihre Soldaten sind somit zu Schutz und Achtung der Würde des Menschen in besonderem Maße verpflichtet. Dies wirft die Frage auf, wie es möglich ist, dass im Rahmen von Initiationsritualen in der Bundeswehr immer wieder die Würde Einzelner verletzt wird. Ist es möglich, dass die Menschenwürde von einigen Soldatinnen und Soldaten im Kontext solcher Rituale nicht

---

[42] Dörfler-Dierken 2011: 100.

geachtet wird? Erkennen manche Uniformträger nicht, dass sie möglicherweise eine rote Linie überschreiten? Muss ihnen immer erst ein Gericht bescheinigen, dass sie sich tatsächlich übergriffig und gegen Recht und Gesetz verhalten? Daher soll nun zunächst der Frage nachgegangen werden, welche Grenzen die Selbstbindung der Bundesrepublik Deutschland an die Menschenwürde vorgibt.

Ein umfängliches Referat des Begriffes des Menschenwürde und seiner Bedeutung in verschiedenen Epochen kann hier nicht geleistet werden.[43] Jedoch sind einige Eckpunkte unseres heutigen Verständnisses, welches sich im Grundgesetz widerspiegelt, zu nennen. Zunächst ist jeder Mensch im Besitz von Menschenwürde; unabhängig von Geschlecht, Hautfarbe, Bekenntnis oder sozialem Status. Unerheblich ist dabei auch, ob ein Mensch auf seine persönliche Würde verzichten will oder auf ihr besteht. Man kann die persönliche Würde, insbesondere den Anspruch auf Achtung derselben, weder verlieren noch verschenken. Diesem Verständnis liegt die neuzeitliche Philosophie Immanuel Kants zugrunde, der in seiner Grundlegung zur Metaphysik der Sitten definiert: „Nun sage ich: der Mensch und überhaupt jedes vernünftige Wesen existiert als Zweck an sich selbst, nicht bloß als Mittel zum beliebigen Gebrauche für diesen oder jenen Willen."[44] Das bedeutet also, dass Menschen niemals ausschließlich als Mittel benutzbar sein sollen. Ausgehend von diesem Menschenbild formuliert Kant den Kategorischen Imperativ in seiner zweiten Gestalt – der sogenannten Selbstzweckformel: „Handle so, daß du die Menschheit sowohl in deiner Person, als in der Person eines jeden anderen jederzeit zugleich als Zweck, niemals bloß als Mittel brauchst."[45]

Diese Handlungsanweisung beruht nach Kant auf dem, was er Autonomie des Willens nennt. Diese sei „Grund der Würde der menschlichen und jeder vernünftigen Natur"[46] und bildet das oberste Prinzip der Sittlichkeit. Autonomie, also die Selbstgesetzgebung des Willens erfordere jedoch frei zu sein von anderen Einflüssen, Motiven und Absichten als dem der praktischen Vernunft, um ein moralisch guter

---

[43] S. hierzu den Sammelband von Sedmak (Hg.) 2017.
[44] Kant, Grundlegung zur Metaphysik der Sitten (= Werke, Bd. 4): 427-428.
[45] Kant, Grundlegung: 429. Vgl. hierzu auch Dörfler-Dierken 2011: 101.
[46] Kant, Grundlegung: 435.

Wille sein zu können.[47] Was bedeutet das konkret für die moralische Bewertung von Initiationsritualen?

Initiationsrituale dienen nach Darstellung vieler Ethnologen dem Zweck, das rituelle Subjekt von einem alten Status zu lösen und in einen neuen Status innerhalb einer Gemeinschaft zu integrieren. Zudem soll dadurch – das ist insbesondere ein Argument von Befürwortern von Ritualen in der Bundeswehr – die Gruppenkohäsion gestärkt werden. Dabei funktioniert die Kohäsion im Rahmen von Ekel- und Schamritualen durch die Schöpfung einer Mitwisserschaft, gesellschaftlich tabuisierte, mit Scham belegte oder gar verbotene Handlungen vollzogen zu haben. Der Passierende als rituelles Subjekt, wird im Rahmen des Rituals zum bloßen Objekt. Er wird Mittel zum Zweck der Gruppenkohäsion; denn ein autonomer Wille, der frei ist von Einflüssen wie Gruppenzwang, Autorität von älteren Kameraden und Vorgesetzten oder gar falsch verstandener Tradition kann weder der eigenen noch der Entwürdigung anderer Personen zustimmen. Um dies unmissverständlich zu formulieren: Jeder Mensch würde wohl objektiv am Verstand einer Person zweifeln, die solche Behandlung, wie sie oben geschildert wurden, zum Selbstzweck über sich ergehen lassen würde. Daher kann festgestellt werden: „Die Menschenwürde wird missachtet, wenn Menschen bloßgestellt, lächerlich gemacht, gedemütigt oder beschämt werden. Auch eine Verletzung der Intimsphäre von Menschen missachtet deren Menschenwürde."[48]

Auf der Suche nach der roten Linie ist daher genau diese Frage zu stellen: Könnten die rituellen Handlungen einem Menschen zugemutet werden, wenn sie nicht dem Zweck des Statuswechsels oder der Gruppenkohäsion dienten, sondern um seiner selbst willen geschähen? Kann diese Frage verneint werden, ist die rote Linie gefunden. In Grenzfällen, die auf den ersten Blick nicht eindeutig erscheinen mögen, sollte gegen das Ritual entschieden werden. Denn von Soldaten der Bundeswehr, die in besonderem Maße dem Schutz und der Achtung der Menschenwürde verpflichtet sind, muss zu erwarten sein, dass sie auch nur im geringsten Zweifel bei der Beantwortung dieser Frage solche Ritualhandlungen unterlassen.

---

47 Lutz-Bachmann 2013: 81.
48 Dörfler-Dierken 2011: 101.

Um hier dem Missverständnis erst gar nicht den Weg zu bereiten, sei betont, dass Härten und Entbehrungen aus der Ausbildung des Soldaten nicht wegzudenken sind! Sie bereiten ihn auf das vor, was ihm im Rahmen eines Einsatzes widerfahren kann, und erhöhen die Wahrscheinlichkeit, dass er seinen Auftrag zu erfüllt und – um seiner selbst willen – dabei gesund bleibt. Härte und Entbehrung in der Ausbildung erfährt der Soldat daher nie ausschließlich als Mittel zum Staatszweck, sondern auch immer zum Selbstzweck.

Dieser Aspekt der Härte und Entbehrung trifft im Hinblick auf die Gruppenkohäsion gewiss nicht zu, denn der weit verbreiteten Meinung, Initiationsrituale stärkten die Kohäsion und seien somit für Soldaten unabdingbar wichtig, ist im Hinblick auf Ekel- und Schamrituale entschieden zu widersprechen. Sie sind für die Gruppenkohäsion, an deren Wichtigkeit für Soldaten kein Zweifel bestehen darf, kontraproduktiv. Sie versetzen den Soldaten mittels Gruppenzwang und Anpassungsdruck einer Ambiguität aus, die für das Individuum nur schwer auflösbar ist. Einerseits wird von offizieller Seite stets betont, dass die Bundeswehr den Prinzipien des Grundgesetzes und der Inneren Führung verpflichtet sei, während andererseits in den Einheiten, die im Dienstalltag die militärische Heimat als Identifikationsrahmen ihrer Angehörigen bilden, im Verborgenen fahrlässig oder gar mit Vorsatz gegen den Staatszweck der Achtung der Menschenwürde verstoßen wird. Das Ziel von Schwellenritualen, zu einer Selbstvergewisserung des Individuums beizutragen und die soziale Ordnung der Gemeinschaft zu festigen,[49] wird durch diese Widersprüchlichkeit ad absurdum geführt. Der teilnehmende Soldat wird zu einer Illoyalität dem Staatszweck gegenüber gedrängt und nur schwerlich seine Rolle im sozialen Gefüge der Truppe erkennen, wenn er sich nicht zwischen dem Selbstbild als Staatsbürger in Uniform und jenem als rituell initiierten Teil eines archaischen (Männer-)Bundes entscheidet. Beides erscheint miteinander unvereinbar. Auch für die Funktions- und Einsatzbereitschaft als solches können derartige Praktiken schwerwiegende Folgen haben. Denn schließlich besteht die Gefahr, dass in der sozialen Gruppe einer militärischen Einheit gegenseitige Anerkennung und Wertschätzung als Soldat und Kamerad

---

[49] S. oben Anm. 6.

nicht mehr auf Einsatz- und Leistungsbereitschaft beruhen, sondern auf der Bereitschaft sich in ritueller Praxis demütigen und drangsalieren zu lassen. Wenn Leistung und Einsatzbereitschaft in der sozialen Gruppe nicht oder weniger geschätzt sind, weil man entwürdigenden Ritualen kritisch gegenübersteht oder sie gänzlich ablehnt, erodiert mittel- bis langfristig auch die Effektivität der Truppe.

Schlussbemerkung

Die vorliegende Untersuchung ging den Fragen nach, ob Initiationsrituale eine militärische Notwendigkeit sind und wo die ethische Grenze als rote Linie bei solchen Ritualen liegt. Dazu wurde zunächst festgestellt, dass Rituale an sich, wie eben auch Initiationsrituale, im gesellschaftlichen Zusammenleben des Menschen gang und gäbe sind. Sie haben zur Konstituierung einer Gemeinschaft und zur Selbstverortung und -vergewisserung des Einzelnen in ihr eine wichtige Funktion. Dies ist in der Sphäre des Militärischen nicht anders. Auch dort gibt es neben Alltags- und Krisenritualen offizielle Initiationsrituale, die dieser Funktion dienen. Daneben ist davon auszugehen, dass eine inoffizielle Initiationspraxis weit verbreitet ist, die eben diese Anforderungen erfüllen soll, jedoch durch die permanente Gefahr der Entgleisung kontraproduktiv sein kann. Insbesondere, wenn darin die Menschenwürde der Passierenden verletzt wird, werden die Soldaten zusätzlich durch Gruppenzwang zur Illoyalität gegenüber ihrem Eid gedrängt. Dies kann unauflösbare Identitätskonflikte nach sich ziehen.

Der Anspruch dieser Arbeit war es nicht, festzustellen, ob entwürdigende Rituale in der Bundeswehr alltäglich sind, oder ob die Vorstellung, sie seien alltäglich nur ein „hässliches Klischee" wiedergibt, wie es der eingangs zitierte Artikel von Christoph Hickmann insinuiert. Abschließend kann konstatiert werden: Das wesentlich hässlichere Klischee ist, dass in modernen Armeen Raum sein muss für archaische Initiationsriten und vorzivilisierte Brauchtümer. Denn wenn dem so wäre, dann wären Streitkräfte und der demokratische, die Menschenwürde in den Mittelpunkt stellende Rechtsstaat miteinander unvereinbar.

Literatur

Amt für Heeresentwicklung (Hg.): Zentralrichtlinie A2-221/0-0-1280 – Formaldienstordnung.

Bellinger, Andréa / Krieger, David J. (2013): Ritualtheorien. Ein einführendes Handbuch, 5. Aufl., Wiesbaden.

Bundesverwaltungsgericht: Urteil 2 WD 12.00, 17.10.2000.

Deutscher Bundestag (2018): Unterrichtung durch den Wehrbeauftragten, Jahresbericht 2017 (59. Bericht), Berlin; online unter http://dip21.bundestag.de/dip21/btd/19/007/1900700.pdf; letzter Zugriff 03.04.2018.

Dörfler-Dierken, Angelika (2011): Ritual und Menschenwürde, in: Byrd / Hruschka / Joerden (Hg.) 2011: Jahrbuch für Recht und Ethik, Themenschwerpunkt Politische Ethik, Bd. 19, Berlin, 85-105.

Ebeling, Klaus / Seiffert, Anja (2012): Zur Ritualkultur (in) der Bundeswehr, in: Kompass 02/12, 6-8.

Euskirchen, Markus (2005): Militärrituale. Analyse und Kritik eines Herrschaftsinstruments. Köln 2005.

Gareis, Iris (2010): Ritual, in: Jaeger, Friedrich (Hg.): Enzyklopädie der Neuzeit, Bd. 11: Renaissance – Signatur, Stuttgart u.a., 297-306.

Gebauer, Matthias (2017): Sadistische Rituale bei der Kampfsanitäter-Ausbildung. Spiegel-online, 27.01.2017, online unter:

http://www.spiegel.de/politik/deutschland/bundeswehr-sex-rituale-bei-der-kampfretter-ausbildung-a-1132072.html; letzter Zugriff 23.02.2018.

Gennep, Arnold van (2005): Übergangsriten (= Les rites de passage). Campus Studienausgabe, 3. Aufl., Frankfurt a.M u.a.

Hagen, Ulrich vom (2012): Homo militaris. Perspektiven einer kritischen Militärsoziologie, Bielefeld.

Hickmann, Christoph (2017): Die hässlichen Bundeswehr-Klischees sind zurück. Süddeutsche Zeitung, 30.01.2017, online unter:

http://www.sueddeutsche.de/politik/staufer-kaserne-die-haesslichen-bundeswehr-klischees-sind-zurueck-1.3354441; letzter Zugriff 23.02.2018.

Kant, Immanuel: Grundlegung zur Metaphysik der Sitten. Werke, Bd. 4, S. 385-463.

Keller/Matthews/Hall et. al. (2015): Hazing in the U.S. Armed Forces. Recommendations for Hazing Prevention Policy and Practice, Santa Monica; online verfügbar unter:

https://www.rand.org/pubs/research_reports/RR941.html; letzter Zugriff 23.02.2018.

Kommando Heer (Hg.): Leutnantsbuch. 83. Offizieranwärterjahrgang des Heeres, Bonn o.J.

Lutz-Bachmann, Matthias (2013): Grundkurs Philosophie, Bd. 7: Ethik, Stuttgart.

Sedmak, Clemens (2017) (Hg.): Menschenwürde. Vom Selbstwert des Menschen, Grundwerte Europas Bd. 7, Darmstadt.

Turner, Victor (2005): Das Ritual. Struktur und Anti-Struktur, Campus Studienausgabe, Frankfurt a.M.

Turner, Victor (2013): Liminalität und Communitas. In: Bellinger, Andréa/Krieger, David J.: Ritualtheorien. Ein einführendes Handbuch, 5. Aufl., Wiesbaden, 247-258.

VerwG Sigmaringen, 5 K 1899/17; 5 K 1934/17; 5 K 3459/17; 5 K 3625/17, jeweils 19.07.2017

Verwaltungsgerichtshof Mannheim (2018): Pfullendorf: Entlassung von Bundeswehrsoldaten wegen Aufnahmeritualen rechtskräftig. Pressemitteilung vom 09.02.2018; online unter

http://www.vghmannheim.de/pb/,Lde/Startseite/Medien/Pfulle ndorf_+Entlassung+von+Bundeswehrsoldaten+wegen+Aufnah meritualen+rechtskraeftig/?LISTPAGE=1213200; letzter Zugriff 21.02.2018.

Zentrum Innere Führung (Hg.): Zentralrichtlinie A2-2630/0-0-3 – Militärische Formen und Feiern der Bundeswehr.

Die Einsatzkultur der Bundeswehr. Deutsche Militärangehörige und das einsatzbezogene Selbstverständnis

Philipp Fritz

Die Bundeswehr steht in einem Spannungsfeld zwischen den Erfordernissen einer Einsatzarmee sowie den Anforderungen der Landes- und Bündnisverteidigung. Es war jedoch in erster Linie das deutsche Engagement in internationalen Einsätzen, welches auf institutioneller Ebene die Entstehung einsatzorientierter Strukturen sowie einen kontinuierlichen technischen und strukturellen Transformationsprozess bedingte. Parallel zu diesem Wandel wurden innerhalb der deutschen Streitkräfte Rollenkonflikte um das soldatische Selbstverständnis aufgeworfen.[1] Bis heute sehen sich die Soldatinnen und Soldaten mit den Erfordernissen einer berufsethischen Neuorientierung und Sinngebung konfrontiert. Sie stehen der Herausforderung gegenüber, sich in einer Armee zu verorten, die komplexen sicherheitspolitischen Rahmenbedingungen unterliegt, wechselnden Gefährdungspotenzialen Rechnung tragen muss und sich durch einen fortwährenden Transformationsprozess im Veränderungsstress befindet. Gleichzeitig ist ihr Dienst durch ein sich stetig erweiterndes Auftragsspektrum und globale Einsatzräume geprägt.

Mit den Auslandseinsätzen der Bundeswehr bildete sich unter den deutschen Soldatinnen und Soldaten eine militärische Einsatzkultur heraus, die sich an den Realitäten und den Gefechtserfahrungen im Ausland ausrichtet und dort ihren Ausgangspunkt findet. Gleichzeitig taten sich in der Truppe Freiräume für ein einsatzbezogenes Traditionsverständnis auf, welche erst durch das Ausbleiben einer Traditionslinie entstehen konnten, die den neuen Einsatzrealitäten hinreichend Rechnung trägt. Dieses Vakuum wurde durch die Einsatzkultur und die einsatzerfahrenen Bundeswehrangehörigen mit ihren ganz persönlichen Einsatzrealitäten und Gefechtserfahrungen gefüllt.

---

[1] Vgl. Seiffert 2013: 11-16; vgl. auch Schilling 2011: 75-88.

Dies hatte und hat bis heute direkte Auswirkungen auf den dienstlichen und kulturellen Alltag der Bundeswehrangehörigen – aber auch auf die Verankerung der Streitkräfte in der Zivilgesellschaft. Das Ringen um ein belastbares Traditionsverständnis für die Truppe sowie die jüngste Debatte um die Neuformulierung der Richtlinien zum Traditionsverständnis der Bundeswehr waren hierfür beispielgebend.

Die Kultur des Einsatzes

Mit den Rahmenbedingungen einer Einsatzarmee, den sich in der Bundeswehr auftuenden Lücken für ein einsatzbezogenes Berufsbild und mit den Einsatzrealitäten von einsatz- und kampferfahrenen Bundeswehrsoldaten ging in den Streitkräften auch eine Tradierung von Einsatzerfahrungen einher. Ausdruck findet diese Tradierung in einer Vielzahl von Symbolisierungen und subkulturellem Brauchtum, das von den Soldatinnen und Soldaten gepflegt wird. Hierzu zählen unter anderem spezifische Abwandlungen von Ausrüstungsgegenständen und Uniformteilen, die Stärkung von kameradschaftlichen Beziehungen und das Aufkommen informeller Verfahrensweisen bei unterschiedlichsten Abläufen, die sich an den Notwendigkeiten der Auslandseinsätze ausrichten. Das vornehmliche Mittel des Erhalts und der Verbreitung dieser Einsatzkultur sind die Geschichten aus den Einsatzgebieten. Die Erzählungen sind durch eine authentische Perspektive der Einsatzsoldatinnen und -soldaten geprägt und haben zumeist Einsatzbelastungen, Gefechtshandlungen sowie Grenzsituationen zum Gegenstand.

Dabei gehen die Einsatzkultur und die dazugehörigen Erzählungen auf eine zweite innermilitärische Sozialisation zurück, die sich direkt auf die Teilnahme an einem oder mehreren Auslandseinsätzen bezieht. Denn bereits im Verlauf der erstmaligen Einsatzteilnahme entwickeln sich unter den Soldatinnen und Soldaten neue Muster des sozialen und dienstlichen Handelns,[2] welche die militärische Einsatzkultur prägen und zugleich von den Soldatinnen und Soldaten im Auslandseinsatz eine militärische Sozialisationsleistung erfordern. Damit hebt sich die Einsatzkultur von der ersten militärischen Sozialisation während der

---

[2] Tomforde 2010: 206.

Allgemeinen Grundausbildung und den ersten darauffolgenden Monaten ab.

Die erstmalige Teilnahme an einem Auslandseinsatz ist allerdings nicht nur als Zweitsozialisation zu verstehen, sondern ebenso als Initiation in die einsatzbezogene Militärkultur. Die Initiation kann hier im ethnologischen Sinne eines Rituals verstanden werden, wobei Handlungen außerhalb des Alltäglichen und deren aufeinander aufbauende Gliederung sich zum eigentlichen Ritual zusammenfügen. Der Initiationsprozess als Ritual ist dabei in einem nicht-religiösen Zusammenhang zu bewerten und findet sich in dem Übergangsaspekt der räumlichen Trennung von militärischer Einsatzkultur im Ausland und im militärischen Alltag an den heimischen Standorten in Deutschland wieder. Auch in der einhergehenden Stärkung inoffizieller soziokultureller Strukturen jenseits vorgegebener dienstlicher Strukturen zeigt sich der Prozess des Übergangs.

Dementsprechend bietet sich das Konzept der Übergangsriten (rites de passage) des französischen Ethnologen Arnold van Gennep zur Erklärung der einsatzorientierten Initiation an.[3] Van Gennep unterteilt den Übergangsritus – hier auf die Teilnahme an einem Auslandseinsatz übertragen – in drei Phasen: die Ablösungsphase (Trennungsritus), in welcher die Lösung von der vorangehenden Lebens- oder Arbeitsphase stattfindet; die Schwellenphase (Schwellen- bzw. Umwandlungsritus), in welcher die Grundlage für den Übergang gegeben wird; und die abschließende Integrationsphase (Aufnahme- und Angliederungsritus), welche den endgültigen Übergang in den neuen Status des Individuums umfasst.[4] Dieser aufeinander folgende Dreiklang lässt sich auf die drei zeitlichen Phasen übertragen, die eine Soldatin oder ein Soldat während der Teilnahme an einem Auslandseinsatz durchläuft. Damit bildet der Auslandseinsatz das Strukturschema eines Übergangsritus.

Die mit der Ankunft im Einsatzgebiet einsetzende erste Phase bildet die Ablösungsphase und umfasst zugleich einen räumlichen Übergang. Es wird sich von der militärischen Binnenkultur gelöst und sich

---

[3] Vgl. van Gennep 2005 [1909].
[4] Van Gennep 2005 [1909]: 21.

schrittweise der Einsatzkultur angenommen. Häufig beginnt diese Phase der Ablösung schon im Vorfeld eines Einsatzes, da sich die für den Einsatz vorgesehenen Soldatinnen und Soldaten bereits Monate zuvor durch die Einsatzvorausbildung sowie psychisch auf ihren Einsatz vorbereiten.

Die darauffolgende Schwellenphase wird durch die Einsatzsoldatinnen und -soldaten während der längeren Phase des eigentlichen Aufenthaltes im Einsatzland durchlaufen. Hierbei wird die Grundlage geschaffen, auf der die Integrationsphase als Zustand des abgeschlossenen Übergangs aufbaut.

Die letzte Phase, die Integrationsphase, wird mit der Verleihung der Einsatz-Medaillen sowie mit dem Verlassen des Einsatzgebietes abgeschlossen. Insbesondere die Einsatz-Medaille beendet für die Soldatinnen und Soldaten den Zustand der Liminalität – sie werden zu initiierten Einsatzsoldaten.

Bereits 2006 erkannte Maren Tomforde in der erstmaligen Einsatzteilnahme eine Initiationsstufe, die Bundeswehrangehörige in die bundeswehrinterne Statusgruppe der „Einsatzerfahrenen" erhebt.[5] So gilt es in der Truppe als überaus erstrebenswert, dieser Statusgruppe anzugehören. Die Initiation über einen Auslandseinsatz ermöglicht den Soldatinnen und Soldaten aber nicht nur die Aufnahme in eine inoffizielle Statusgruppe, sondern verhilft ihnen ebenfalls zu einer neuen sozialen Qualität innerhalb der Einheiten. Die neu gewonnene soziale Qualität zeigt sich in der Steigerung des innermilitärischen Ansehens, welches unabhängig vom geführten Dienstgrad und der Truppenzugehörigkeit ist. Generalmajor Erich Pfeffer merkte im Jahre 2013 nach seinem Kommando über das Regionalkommando Nord der ISAF-Mission an, dass die Soldaten durch den Einsatz „erwachsen" geworden wären.[6] Eben dieses „Erwachsen"-werden steht für die Initiationsstufe zum einsatzerfahrenen Soldaten.

In Anbetracht von allgemeinen Einsatzbelastungen und Extremsituationen zeigen sich bei den Einsatzsoldatinnen und -soldaten neue

---

[5] Vgl. Tomforde 2006: 107.
[6] Vgl. Seiffert 2013: 11-16.

Formen des sozialen Umgangs und die Offenlegung von individuellen Charakterzügen. Infolgedessen sind während des Auslandseinsatzes vermehrt soziale Beziehungen über die Hierarchieebenen hinweg zu beobachten. Gerade die Schwellenphase bietet für die Soldatinnen und Soldaten die Gelegenheit, die soziale Trennung entlang von Dienstgradgruppen aufzuweichen und sich diesem Unterschied jenseits der dienstlichen Vorgaben zu entledigen.[7] Der Ethnologe *Victor Turner* spricht hier von einer Intensivierung der Kameradschaft, die in dieser Ausprägung sonst nur bei niedrigeren Dienstgradgruppen vorzufinden sei.[8] Neben der Kameradschaft werden auch weitere Elemente der ersten innermilitärischen Sozialisation und des alltäglichen Dienstes in Deutschland während des Auslandseinsatzes transformiert, verstärkt oder verschwinden gänzlich. Dabei erleben die Soldatinnen und Soldaten aus ihrer Perspektive eine ,neue' Bundeswehr. Die Einsatzkultur ist hierbei nicht lokal an die Einsatzgebiete gebunden, sondern wird bis in den dienstlichen Alltag an den heimischen Standorten zurückgetragen und wird dort etabliert sowie tradiert.

Somit entwickeln bereits Bundeswehrangehörige ohne persönliche Einsatzerfahrungen relativ genaue Vorstellungen von der Einsatzkultur und der Bedeutung einer persönlichen Teilnahme an einem Auslandseinsatz. Eine Einsatzteilnahme wird infolge von Soldatinnen und Soldaten als bedeutsame Initiationsleistung betrachtet und mit der Möglichkeit des Zugewinns von Anerkennung und eines sozialen Aufstiegs außerhalb der formalen Karrierelaufbahnen verbunden. Dies wird zusätzlich durch den Umstand verstärkt, dass in der Bundeswehr erstmalig vor allem junge Soldatinnen und Soldaten der niedrigeren Dienstgradgruppen von Einsatzerfahrungen höchster Intensität berichten können.[9]

Darüber hinaus werden mit dem gemeinsamen Erfahrungsschatz aus den Einsätzen informelle Strukturen bedeutsamer als abstrakte Konzepte und Wertevorstellungen. Entsprechend ist eine militärische Binnenkultur, an deren Spitze die Führungskonzeption der Inneren Führung und das gültige Leitprinzip des Staatsbürgers in Uniform

---

[7] Vgl. Turner 1989 [1969]: 191.
[8] Vgl. Turner 1989 [1969]: 192.
[9] Vgl. Seiffert 2013: 15; vgl. auch Tomforde 2010: 195.

stehen, der Gefahr ausgesetzt, unter den Militärangehörigen an Bedeutung für das eigene berufliche Selbstverständnis zu verlieren. So richten sich zum Beispiel immer weniger Einsatzsoldatinnen und -soldaten an dem jeweiligen politisch festgelegten Ziel eines Auslandseinsatzes aus.[10] Stattdessen wird zumeist aufgrund der innermilitärischen Initiationsleistung an einem Auslandseinsatz teilgenommen und sich vor Ort in erster Linie an den Erfordernissen der soldatischen Realitäten im Einsatzgebiet orientiert – wozu in den meisten Fällen auch die Befähigung zum Kampf gehört.[11]

Der subkulturelle „Kämpfertypus"

Über die Initiation durch einen Auslandseinsatz hinausgehend ist es Militärangehörigen möglich, ihre innermilitärische Anerkennung weiter zu steigern. Dies geschieht über eine weitere Initiationsinstanz, welche ausschließlich während eines Einsatzes durchlaufen werden kann: die aktive Teilnahme an Gefechtshandlungen. Diese weiterführende Initiation umfasst das Bestehen eines Gefechtes, in welchem die Soldatinnen und Soldaten direkter Waffenwirkung ausgesetzt sind und selbst den ‚scharfen Schuss' abgeben. Eine solche Gefechtsteilnahme erhebt die entsprechenden Militärangehörigen inoffiziell in die ‚höchste' soziale Statusgruppe innerhalb der Truppe.

Die Erfahrungen und Einsatzgeschichten dieser Statusgruppe prägen maßgeblich eine einsatzorientierte Subkultur und das Idealbild eines Kämpfers, was über die Einsatzkultur hinausgeht. Das hierbei mitschwingende Bild vom martialischen Kämpfer ist nach Ansicht des kritischen Militärsoziologen *Ulrich vom Hagen* der Idealtyp des „homo militaris"[12], welcher rein funktional und unabhängig von politischen Vorgaben agiert. An diesem Idealbild richtet sich die Subkultur des Kämpfertypus aus.

Dabei sehen sich die betreffenden Soldatinnen und Soldaten nicht in der geforderten Rolle des ‚Peacekeepers', die sich in einem unbefriedigenden Bild des ‚Entwicklungshelfers in Uniform' oder des ‚Brun-

---

[10] Vgl. Seiffert 2004: 161.
[11] Vgl. Hartmann 2008: 149.
[12] Vgl. Hagen 2012: 272.

nenbohrers' erschöpft. Vielmehr bietet sich ihnen ein überschaubares militärisches Aufgabenspektrum, mit dem bewaffneten Kampf als zentralem Kern, als ein attraktiveres und klareres Selbstbild an.[13] Diese inoffizielle Subkultur überbetont die Erfahrungen der Auslandseinsätze und formiert sich um eine Art Kämpferethos.

Diese Vorstellung um ein Kämpferbild findet sich vorwiegend in der Teilstreitkraft Heer, da das Heer den mit Abstand größten Anteil infanteristischer Verbände vereint und überdies die meisten gefechtserfahrenen Soldatinnen und Soldaten stellt. Dies begründet sich in der nur bedingten Nutzbarmachung eines waffentechnischen Vorsprungs, was in Konflikten auch weiterhin ,boots on the ground' notwendig macht. Zumal fehlen den Angehörigen von Kampftruppen im Vergleich zu anderen Bundeswehrangehörigen, die beispielsweise als Logistiker, Sanitäter oder Informatiker eingesetzt sind, die Möglichkeit, ihre dienstlichen (kampfbezogenen) Aufgaben in einen zivilen Bezug zu setzen. In der Folge sind es die infanteristischen Verbände, welche zum zentralen Kulturträger der Einsatzkultur sowie der Subkultur eines Kämpfertypus geworden sind und dabei Einfluss auf die gesamte Bundeswehr nehmen.

Das Anforderungsprofil der Auslandseinsätze geht jedoch weit über den Kampf und über als genuin militärisch geltende Fähigkeiten hinaus. Insbesondere die asymmetrischen und hochdynamischen Einsatzfelder erfordern von jeder Soldatin und jedem Soldaten interkulturelle Kompetenzen und zivile Fähigkeiten. Das Selbstverständnis eines rein funktional definierten Berufsbildes passt damit ebenso wenig zu den komplexen Anforderungen der aktuellen Auslandseinsätze, wie auch in die Zivilgesellschaft Deutschlands. Dieser Umstand macht es dem Teil der Soldatinnen und Soldaten der Bundeswehr, welche sich vornehmlich auf dieses Verständnis stützen, umso schwerer, einen Weg zu finden, welcher gesellschaftliche Anerkennung und zugleich einen professionalisierten Selbstanspruch gewährleistet.

---

[13] Vgl. Beckmann 2015: 11.

Eine heldenlose Tradition des Einsatzes

Einen Anspruch als Orientierungshilfe haben die „Richtlinien zum Traditionsverständnis und zur Traditionspflege in der Bundeswehr" – auch bekannt als Traditionserlass der Bundeswehr. Für die genauere Ausgestaltung der Traditionen waren in dem bis vor Kurzem noch gültigen Traditionserlass von 1982 weitere Freiräume gegeben. So galt es laut des letzten Traditionserlasses, dass angesichts der in einer pluralistischen Gesellschaft variierenden Verbindlichkeit historischer Ereignisse Tradition stets eine „persönliche Entscheidung"[14] sei. Bereits unter diesen Rahmenbedingungen und in Verbindung mit den Auslandseinsätzen wurde die Bundeswehr selbst zum wichtigsten Traditionsgeber – insbesondere über die Einsatzkultur.[15]

Während die Eigentradition der Bundeswehr zunehmend an Bedeutung gewann, besteht jedoch bis heute in Bezug auf die unmittelbaren Kampferfahrungen aus den Auslandseinsätze kein klarer historischer Bezugspunkt für die Bundeswehrangehörigen, da sich keine angebotene Traditionslinie explizit auf Kampfhandlungen bezog. In Ermangelung eines solchen Traditionsangebotes wurden in der Truppe immer wieder Bezüge zur Wehrmacht hergestellt. Verbrechen während des Zweiten Weltkrieges, die in direkter Verbindung zur Wehrmacht stehen, wurden dabei teilweise ausgeblendet. Dieses Ausblenden seitens der Soldatinnen und Soldaten geschieht – und das ist ausdrücklich zu betonen – zumeist ohne politische Motivation. In erster Linie werden bei derartigen Wehrmachtsbezügen unter einem rein funktionalen Aspekt Orientierungspunkte für historische Kampferfahrungen gesucht. Inzwischen ist davon auszugehen, dass diese Bezüge von der Einsatzkultur kontinuierlich verdrängt werden. Denn die Eigentradition der Bundeswehr ist für die Angehörigen der deutschen Streitkräfte deutlich präsenter als historische Bezugspunkte, die weit in der Vergangenheit liegen und abstrakt erscheinen.

Die Bundesministerin der Verteidigung, Dr. Ursula von der Leyen, hat mit dem 2017 ausgegebenen Befehl, den gültigen Traditionserlass von 1982 überarbeiten zu lassen, eine Entscheidung getroffen, welche

---

[14] Bundesministerium der Verteidigung: Richtlinien zum Traditionsverständnis und zur Traditionspflege in der Bundeswehr. Bonn BMVg, 1982: 1.
[15] Vgl. Hagemann 2012: 144.

den soldatischen Einsatzrealtäten Rechnung tragen sollte. Denn der Erlass von 1982 bot für die Bundeswehr als eine Einsatzarmee mit einer sich immer weiter verfestigenden Einsatzkultur keine hinreichende Traditionsgrundlage mehr.

Die im März 2018 in Kraft getretenen neuen Richtlinien zum Traditionsverständnis und zur Traditionspflege in der Bundeswehr lösten den Traditionserlass von 1982 ab. Der neue Erlass stellt nun die eigene Geschichte der Bundeswehr seit 1955 in den Vordergrund und integriert aktuelle soldatische Realitäten in das Traditionsrepertoire der Streitkräfte. Gemäß dem neuen Traditionserlass soll sich das Traditionsbewusstsein und die Traditionspflege der Truppe zukünftig auf vorbildhafte Handlungen konzentrieren, welche in der Geschichte der Bundeswehr selbst zu finden sind. Mit dieser Form der Eigentradition geht auch eine Würdigung der Einsatzkultur einher. Und trotz des Bemühens, das wildwüchsige Brauchtum der Einsatz- und Subkultur einzufangen, bieten ebendiese den Soldatinnen und Soldaten eine direkte subjektive Erfahrbarkeit und suggerieren ihnen eine unmittelbare Zweckmäßigkeit.

Gleichzeitig wurden mit der Einführung des Ehrenkreuzes der Bundeswehr für Tapferkeit durch den damaligen Verteidigungsminister Franz-Josef Jung im Jahre 2008 sowie mit der Einführung der Einsatzmedaille ‚Gefecht‘ im Jahre 2010 militärische Auszeichnungen geschaffen, welche die einsatzbezogene Subkultur auf der Symbolebene mittragen. Trotz dieser militärischen Auszeichnungen und Würdigungen sind sich Bundeswehrangehörige bewusst, dass sie sich in einer sie umgebenen postheroischen Gesellschaft befinden.[16] Infolgedessen haben Opferbereitschaft, Heldentum und militärische Gewaltanwendungen keinen festen Platz mehr in der zivilen Gesellschaft und ein Großteil der Soldatinnen und Soldaten der Bundeswehr empfinden nicht nur außergewöhnliche Einzeltaten von Bundeswehrangehörigen, sondern ebenfalls den eigenen Militärdienst nicht angemessen durch die Gesellschaft gewürdigt.[17] Nach Münkler betrifft die fehlende Würdigung speziell die „rettende Tat".[18] Ein solches Verhal-

---

[16] Münkler 2016: 9.
[17] Bald 2016: 53.
[18] Münkler 2016: 10

ten zeichnet sich durch die Opferbereitschaft einer Heldin oder eines Helden aus. Die Auslandseinsätze bringen selbstlose Handlungen dieser Art mit sich.

Unter dem Aspekt von Tugenden, die in den Streitkräften als soldatisch, ehrenhaft oder heldenhaft gelten, knüpft die Einsatz- und Subkultur an die als genuin militärisch geltenden Werte von Tapferkeit, Mut, Opferbereitschaft und die Bereitschaft zum Kampf an. Die Auslandseinsätze haben eine Generation von Soldatinnen und Soldaten hervorgebracht, welche ihre Einsatzerfahrungen unter dem Aspekt der benannten Werte reflektieren und bewerten. Dennoch hat die Subkultur des Kämpfertypus innerhalb der Bundeswehr keine bundeswehrinternen Helden hervorgebracht. Auch die Umbenennung der ehemaligen Emmich-Cambrai-Kaserne[19] oder die Einführung der Gefechtsmedaille sowie des Ehrenkreuzes der Bundeswehr für Tapferkeit haben keine ersichtliche Heldenkultur entstehen lassen.

Stellvertretend für die Ablehnung einer bundeswehrinternen Heldenkultur stehen die mit dem Ehrenkreuz der Bundeswehr für Tapferkeit ausgezeichneten Soldaten Daniel Seibert[20] und Jared Sembritzki[21]. Sie führen ihre Auszeichnung nicht auf eine heldenhafte Einzeltat zurück,

---

[19] Die Emmich-Cambrai-Kaserne wurde am 28. März 2018 in Hauptfeldwebel-Lagenstein-Kaserne umbenannt. Die Umbenennung geschah zu Ehren des in Afghanistan gefallenen Feldjägers Tobias Lagenstein. Damit ist sie die erste Kaserne, die nach einem im Auslandseinsatz gefallenen Bundeswehrsoldaten benannt wurde. Im Rahmen der feierlichen Umbenennung der Kaserne wurden auch die neuen Richtlinien zum Traditionsverständnis und zur Traditionspflege in der Bundeswehr unterzeichnet.

[20] Daniel Seibert nahm von April 2009 bis Oktober 2010 an der ISAF-Mission in Afghanistan teil und gehörte dem schnellen Eingreifverband (Quick Reaction Force) an. Die Einheit wurde am 4. Juni 2009 in ein schweres Gefecht mit Aufständischen verwickelt. Der damalige Hauptfeldwebel wurde am 22. Januar 2010 für sein vorbildliches Verhalten bei diesem Gefecht mit dem Ehrenkreuz der Bundeswehr für Tapferkeit ausgezeichnet.

[21] Der inzwischen zum Brigadegeneral beförderte Jared Sembritzki ist der erste Offizier der Bundeswehr, der mit dem Ehrenkreuz der Bundeswehr für Tapferkeit ausgezeichnet wurde. Die Auszeichnung erhielt der damalige Oberstleutnant und Kommandeur des schnellen Eingreifverbandes für seine Verdienste während eines schweren Gefechts im Juni 2011 um einen vorgeschobenen Militärposten bei Shahabuddin in Afghanistan.

sondern sehen im vorbildlichen Bestehen von Gefechten das auszu-
zeichnende Handeln.[22] Der bewaffnete Kampf bleibt auch unter diesem Blickwinkel der Kern des soldatischen Selbstverständnisses und
bestärkt die gefechtsbezogene Subkultur – aber eben ohne Helden aus
den eigenen Reihen.

Literatur

Alten, Saara von (2016): „Helden nein, Vorbild ja", in:Zur Sache BW
29: 14-15.

Bald, Detlef (2016): „Wie zeitlos ist die Innere Führung?", in: Zur
Sache BW 29: 52-55.

Beckmann, Klaus (2015): „Heldenspektakel", in: if – Zeitschrift für
innere Führung 2015/2: 10-11.

Bundesministerium der Verteidigung (1982): Richtlinien zum Traditionsverständnis und zur Traditionspflege in der Bundeswehr.
Bonn: BMVg [Fü S I 3].

Hagemann, Frank (2012): „Tradition und Neuausrichtung der Bundeswehr", in: Birk, Eberhard / Heinemann, Winfried / Lange,
Sven (Hg.): Tradition für die Bundeswehr. Neue Aspekte einer alten Debatte. Berlin, 139-150.

Hagen, Ulrich vom (2012): Homo militaris. Perspektive einer kritischen Militärsoziologie. Bielefeld.

Hartmann, Uwe (2008): Innere Führung – Erfolge und Defizite der
Führungsphilosophie für die Bundeswehr. Berlin.

Münkler, Herfried (2016): Kein Platz für Helden?, in: Zur Sache BW
29: 8-13.

Schilling, Axel (2011): Berufsethische Qualitätssicherung. Perspektiven für eine neue Organisationskultur der Bundeswehr, in: Bohn,
Jochen / Bohrmann, Thomas / Küenzlen, Gottfried (Hg.): Die
Bundeswehr heute: Berufsethische Perspektiven für eine Armee
im Einsatz. Hamburg, 75-88.

---

[22] Alten 2016: 14.

Seiffert, Anja (2013): „Generation Einsatz", in: Aus Politik und Zeitgeschichte: Bundeswehr 63 (44), 11-16.

Seiffert, Anja (2004): „Veränderungen des soldatischen Selbstverständnisses unter Einsatzbedingungen", in: Kutz, Martin (Hg.): Gesellschaft, Militär, Krieg und Frieden im Denken von Wolf Graf von Baudissin. (= Forum Innere Führung, 23), Baden-Baden, 155-166.

Tomforde, Maren (2010): Neue Militärkultur(en). Wie verändert sich die Bundeswehr durch die Auslandseinsätze?, in: Apelt, Maja (Hg.): Forschungsthema Militär. Militärische Organisation in Spannungsfeld von Krieg, Gesellschaft und soldatischen Subjekten. Wiesbaden, 193-220.

Tomforde, Maren (2006): „Einmal muss man schon dabei gewesen sein... – Auslandseinsätze als Initiation in die Bundeswehr, in: Hagen, Ulrich vom (Hg.) 2006: Armee in der Demokratie. Zum Spannungsverhältnis von zivilen und militärischen Prinzipien. Wiesbaden, 101-122.

Turner, Victor (1989 [1969]): Das Ritual. Struktur und Anti-Struktur. Frankfurt am Main u.a.

Van Gennep, Arnold (2005 [1909]): Übergangsriten (= Les rites de passage). 3.erweiterte Aufl., Frankfurt am Main u.a.

67 Jahre Innere Führung.
Überlegungen zur Weiterentwicklung des Markenzeichens der Bundeswehr[1]

Matthias Rogg

1. Das Wesen der Inneren Führung: unverfälschter Markenkern und Flexibilität

Wenn ein Markenzeichen nach mehr als zwei Generationen unverändert geblieben ist, dann gibt es nur zwei Möglichkeiten. Entweder der Markenkern ist zeitlos gültig, oder die dahinter stehende Organisation zeichnet sich durch Beharrungsvermögen, Dogmatik und die Unfähigkeit zu Lernen aus. Um es gleich vorweg zu sagen: ich gehöre zu den überzeugten „Inneren Führern" und das hat viel mit meiner Biographie zu tun. Mein Vater gehörte zu den ersten tausend Freiwilligen der Bundeswehr. Als West-Berliner entschied er sich ganz bewusst, zur Bundeswehr zu gehen: nicht obwohl, sondern gerade weil die deutsche Teilung auch unsere Familie getrennt hatte. Ohne die Innere Führung wäre mein Vater vermutlich nicht Soldat geworden, und mit Sicherheit wäre er nicht Soldat geblieben. Dieses Umfeld hat mich geprägt, die Beschäftigung mit der Thematik hat mich schon als Schüler interessiert und nicht zuletzt gehörte dazu die Begegnung mit vielen Menschen, die für mich das Bild vom Staatsbürger in Uniform glaubhaft vertraten. An dieser Einschätzung haben die Erfahrungen aus 34 Dienstjahren – und dazu gehören auch persönliche Enttäuschungen – nichts geändert.

Die größte Stärke der Inneren Führung ist zugleich ihre größte Schwäche. Der weite Horizont, verbunden mit einem hohen intellektuellen und moralischen Anspruch, der auf den Werten einer freiheitlichen Grundordnung fußt, machte die Innere Führung zu einem zeitlosen Konzept. Das radikal Neue der Innere Führung lag in der

---

[1] Der vorliegende Beitrag versteht sich als eine bewusst subjektive Annäherung an das Thema. Er spiegelt Erfahrungen, Wertungen und Handlungsempfehlungen des Autors und möchte einen Diskussionsbeitrag zur aktuellen Debatte leisten. Aus diesem Grund wurde die Vortragsdiktion weitgehend beibehalten.

„Verbindung des vollwertigen Soldaten mit dem freien Menschen"[2]. Der Terminus der „Führungsphilosophie" steht beispielhaft dafür. Anderseits sind es gerade die Intellektualität und die damit verbundene Abstraktionshöhe, die dazu führen, dass viele mit der Inneren Führung von Anfang an fremdelten und es bis heute tun[3]. Insofern wundert es nicht, dass eine immer wahrnehmbare Kritik an der Inneren Führung, häufig verdeckt und nicht selten unsachlich, gleichsam Teil ihrer eigenen Geschichte ist. Dazu gehört auch, dass die Innere Führung immer schon, ob bewusst oder unbewusst sei einmal dahingestellt, missverstanden wurde und missverstanden wird.

Ich selbst erinnere mich noch an einen Offizier und Ausbilder an der damaligen Panzertruppenschule in Munster, der uns jungen Offizieranwärtern Mitte der 80er Jahre unverblümt im Unterricht sagte: „Die Innere Führung ist etwas für den Friedensbetrieb, aber nicht kriegstauglich. Die Wehrmacht hatte auch keine Innere Führung, funktionierte aber hervorragend." Diese Aussage muss weder historisch noch berufsethisch eingeordnet werden. Sie geht zudem von einem falschen militärischen Lagebild aus und offenbart ein hohes Maß an fehlender Professionalität. Der „strategische Kern" der Inneren Führung, wie es Uwe Hartmann treffend formuliert hat, gründete in der Aufbauphase nämlich nicht primär in der Implementierung eines neuen Menschenbildes, sondern in den Veränderungen des Kriegsbildes nach 1945[4]. Um unter den Bedingungen des Kalten Krieges, der bipolaren Welt und der atomaren Bedrohung bestehen zu können, sollte der Soldat durch „geistige Rüstung" schlagkräftiger gemacht werden. „Schlagkraft" ist kein allgemeiner, zeitlos gültiger Begriff, sondern muss vielmehr immer wieder an die sicherheitspolitischen und damit militärischen Veränderungen angepasst werden[5]. Baudissin selbst schrieb dazu vor fast 60 Jahren:

„Die Bedrohung der Menschheit durch ein Lebensprinzip, das alle personalen Werte leugnet und vom einzelnen bedingungslose Unterwerfung fordert, ist zu einer Auseinandersetzung ohne Grenzen in Raum und Zeit geworden, die den einzelnen zur Entscheidung for-

---

[2] Nägler 2007: 85.
[3] Beispielhaft Stoltenow 2017: 26-29.
[4] Hartmann 2015: 71ff.
[5] Stachelbeck 2010; Creveld 2005.

dert und in der geistige Neutralität bereits zur Unterstützung der Gegenseite wird. Der Feind richtet seinen Angriff auf den einzelnen. Mit meisterhafter Beherrschung der Propaganda, im Spiel aller Register von der frechen Drohung bis zur einschläfernden Beruhigung, von der sozialen Zersetzung bis zum Appell an das Nationalgefühl, durch Verkehrung aller Begriffe versucht er den einzelnen in die Unterwerfung zu zwingen, lange bevor er daran denkt, Gewalt anzuwenden. Erst wenn ihm die gegnerische Front genügend geschwächt und unterminiert erscheint, wird er bereit sein, bei gegebenen Umständen auch zu den Waffen zu greifen."[6]

Das hier vermittelte Bedrohungsbild kommt uns vertraut vor, mehr noch: es ist hoch aktuell und wüsste man nicht die Quelle, könnte man es auch als eine Zustandsbeschreibung aktueller Konfliktszenarien verstehen. Das Changieren zwischen latenter und offener Gewalt, der bewusste Einsatz von Desinformationen, der gezielte Angriff auf das Individuum und die Entgrenzung und zumindest subjektiv empfundene Beschleunigung von Gewalt sind Elemente, die wir heute der Gewalttypologie des „Hybriden Kriegs" subsumieren[7]. Gerade weil der Kalte Krieg primär kein supranationaler sondern vor allem ein ideologisch grundierter, systemischer Konflikt war[8], brauchten die Soldaten zwingend eine „innere Rüstung", um in der „äußeren Rüstung" bestehen zu können. Die Integration von Streitkräften in Staat und Gesellschaft, idealerweise erreicht durch ein hohes Maß an Interessenidentität, war mithin die zwingende Voraussetzung, damit die Verteidigung des Gemeinwesens überhaupt gelingen konnte.

Weil der Kalte Krieg ein systemischer, man könnte auch sagen: ganzheitlicher Konflikt war, brauchte es für die Soldaten ein Leitbild:

- das Professionalität und Menschenbild miteinander verband,

- das sich klar von der kontaminierten jüngeren Vergangenheit und den ideologischen Angriffen der Gegenwart abgrenzte,

- das anpassungsfähig genug war, auf sicherheitspolitische und gesellschaftliche Veränderungen reagieren zu können,

---

[6] Baudissin, hg. von Rosen 2014: 155f.
[7] Herberg-Rothe 2017; Schreiber 2016; Hartmann 2016.
[8] Stöver 2010.

- und das schließlich die Chance bot, Streitkräfte in die freiheitliche Grundordnung der Bundesrepublik Deutschland integrieren und dadurch zugleich legitimieren zu können.

Diese Rahmenbedingungen haben sich als ein Glücksfall erwiesen. Denn ähnlich wie das Grundgesetz, das vor dem Hintergrund der Diktatur- und Gewalterfahrung und dem „Tiefpunkt der menschlichen Zivilisation" (Raphael Groß) entstand und nur auf einer völlig neuen Werteordnung aufbauen konnte, musste auch die Führungsphilosophie deutscher Streitkräfte vollkommen neu ansetzen. Grundgesetz und Innere Führung lassen sich insofern miteinander vergleichen, weil sie, vom gleichen Menschenbild ausgehend und in scharfer Abgrenzung zu den Ideologien des 20. Jahrhunderts, Wertegebundenheit, Pragmatismus und Anpassungsfähigkeit miteinander verknüpfen. Darin liegt für mich die eigentliche Begründung, warum die Innere Führung, trotz zahlreicher gesellschaftlicher und sicherheitspolitischer Veränderungen nunmehr in der dritten Generation ihren Markenkern behalten hat. Von der Wiederbewaffnung der 50er Jahre, den heißen Phasen des Kalten Krieges, über die internen Bundeswehrkrisen der 60er Jahre, die massiven gesellschaftlichen Veränderungen der 70er und die Nachrüstungsdebatten der 80er Jahre, die Wiedervereinigung und schließlich die neuen sicherheitspolitischen Herausforderungen im Rahmen von internationalen Einsätzen hat die Bundeswehr ihren Markenkern nicht angefasst[9]. Das liegt vor allem daran, dass die Innere Führung von Anfang an kein Dogma, sondern ein Konzept war. Ein Konzept, dass sich nicht zuletzt dadurch bewährte, dass es immer wieder erklärt werden musste[10]. Dieser von vielen als mühselig empfundene Prozess zwang zur gesellschaftlichen Auseinandersetzung, zur Begründung der Legitimation soldatischen Dienens, zur Befragung, wie es um die Motivation der Soldaten stand und wie der Dienst gestaltet werden müsste. Schon die Schlüsselbegriffe Legitimation, Integration, Gestaltung und Motivation machen deutlich, dass der Diskurs letztlich entscheidend dazu beitrug, die Innere Führung in den Streitkräften zu verankern. Dieser Blick in den historischen

---

[9] Reeb 2015.
[10] Nägler 2011.

Rückspiegel ist wichtig, weil er deutlich macht, worin der Wert der Innere Führung lag und nach meiner Meinung bis heute liegt. Sie scheint mit ihrer Mischung aus wertegebundener Konzeption und gleichzeitiger Flexibilität wie geschaffen, auch weiterhin auf veränderte gesellschaftliche und sicherheitspolitische Rahmenbedingungen reagieren zu können[11].

Was heißt das nun konkret für die Innere Führung, im Kontext der aktuellen und zukünftigen Rahmenbedingungen für die Bereitstellung und den Einsatz von Streitkräften – soweit wir das heute schon antizipieren können. Ich möchte mich dabei schlaglichtartig und sehr knapp auf drei Felder konzentrieren: die Frage der Identität und des Selbstverständnisses von Soldaten, das Thema Bildung und die bislang aus meiner Sicht eher stiefmütterlich betrachtete Gruppe der Unteroffiziere und Mannschaften.

2. Professionalität und Identität

Allenthalben wird momentan über die gesellschaftlichen Fliehkräfte in unserem Land, aber auch in Europa diskutiert. Globalisierungsängste, der Vormarsch des Populismus, zunehmende soziale Fragmentierungen und die immer offener diskutierte Frage, ob der liberal grundierte, verfassungsmäßige Rechtsstaat und die Demokratie nicht an sich in Gefahr sind, sollen als Stichworte genügen[12]. Diese gesellschaftlichen Veränderungen machen natürlich auch vor der Bundeswehr nicht halt. Auch wenn das Bild der Bundeswehr als „Spiegel der Gesellschaft" selbst in Zeiten der Wehrpflicht ein Euphemismus war, so bilden Streitkräfte dennoch kein hermetisches Soziotop. Sie sind gesellschaftlich durchlässiger und absorptionsfähiger als es vordergründig scheint. Programmatisch auf den Punkt gebracht sind Streitkräfte, zumal wenn es sich um Wehrpflichtarmeen handelt, der Resonanzboden für gesellschaftliche Prozesse. Was ich in den letzten 20 Jahren in der Ausbildung, vor allem junger Unteroffiziere und Offiziere beobachtet habe (zuerst in der Truppe, dann in der Lehre und nun in der

---

[11] Ein programmatischer Aufriss bei Naumann 2017: 14-21.
[12] Vgl. dazu auch das Positionspapier der EKD „Konsens und Konflikt: Politik braucht Auseinandersetzung"
https://www.ekd.de/ekd_de/ds_doc/20170814_konsens_und_konflikt.pdf

akademischen Ausbildung) ist ein zunehmender Hunger nach Antworten zum beruflichen Selbstverständnis. Die Frage der Identität, was den Kern des Soldatseins ausmacht, ob der Beruf des Soldaten „sui generis" zu definieren ist oder nicht, das treibt die jungen Männer, und in deutlich abgeschwächter Form auch die jungen Frauen, um[13]. Es ist dabei häufig gar nicht ein unterentwickeltes politisches Bewusstsein: im Gegenteil. Es ist vielmehr die Frage: Welche Rolle spielt in einer sich wandelnden Gesellschaft ein sich wandelnder Soldatenberuf?[14]

Vor bald 40 Jahren schrieb der damalige Hauptmann Helmut W. Ganser das seinerzeit viel diskutierte Buch „Technokraten in Uniform"[15] – ergänzt durch ein Vorwort von Wolf Graf Baudissin. Der Herausgeber und Autor Ganser kritisierte dabei die Zunahme eines soldatischen Selbstverständnisses, das sich auf die rein handwerkliche und organisatorische Professionalität fokussiere und dabei die Grundwerte des respektvollen Miteinanders außer Acht ließe. In der Truppe ging seinerzeit der lockere Spruch um vom „Fahren, funken, schießen" – mehr brauche es eigentlich nicht. Diese Reduzierung auf eine rein handwerkliche Professionalisierung erfuhr vor etwa 15 Jahren eine Renaissance mit dem Slogan „Vom Einsatz her denken"[16]. In diesem Motto schwingt nicht nur der Wechsel von der Konzentration auf die Landes- und Bündnisverteidigung zur Armee im Einsatz mit. Vor allem lässt sich fragen, warum das Motto nicht erweitert wurde, zum Beispiel „Vom Einsatz und vom Menschen her denken"? Dieser Hinweis ist mehr als „Gefechtsfeldsemantik". Die Einsatzszenarien an sich sind heute nämlich so vielschichtig, wie es die Bundeswehr selbst ist – und das betrifft nicht nur die „Drinnis" und die „Draussis". Ein UN-Einsatz im Sudan oder Georgien eröffnet dem Soldaten einen ganz anderen Erlebnishorizont als ein Einsatz in Mali oder in

---

[13] Instruktiv dazu: Dörfler-Dierken & Kümmel (Hg.) 2010. Zu den Normativen ebd., Ohm 2010: 41-46; vgl. auch das Schwerpunktthema „Was den Laden zusammenhält. Wie viel Gemeinsamkeit brauchen wir - und wie viel Konflikt?", in: Zur Sache Bw 2/2017.
[14] Programmatisch dazu Bohnert & Reinstetter (Hg.) 2014. Eine hervorragende Einordnung bietet die differenzierte Rezension von Meißner 2015.
[15] Ganser 1980.
[16] Anonym 2011: „Nicht nur vom Einsatz her denken".

Afghanistan. Ein Feldjäger, der als Personenschützer eingesetzt ist, ein KSK-Soldat oder der Marinesoldat eines Boarding-Teams machen ganz andere Erfahrungen, als ein IT-Spezialist, der das Lager während seines gesamten Einsatzes nicht verlässt oder ein Smutje auf einer Fregatte.

Die Engführung auf den Einsatz, der mit bestimmten habituellen Vorstellungen verbunden ist, kondensiert in der Sucht nach der Bewährung in der „Feuertaufe". Beispielhaft steht dafür die „Einsatzmedaille Gefecht", die nur Soldaten verliehen wird, die mindestens einmal Gefechtshandlungen ausgesetzt waren[17]. Die dahinterstehende Idee, den Einsatz unter besonders gefährlichen Bedingungen sichtbar zu würdigen, offenbart bei genauerem Hinsehen ihre Tücken. Denn die Besatzung eines gepanzerten Fahrzeugs, das mit kleinkalibrigen Handwaffen beschossen wird, fällt unter die Kategorie der „Einsatzmedaille Gefecht" – nicht aber die Patrouille oder der Minenräumtrupp, die sich allein durch den Auftrag besonderer Gefahr ausgesetzt haben, aber nicht in Gefechtshandlungen verwickelt waren. Und wie ist die Hubschrauberbesatzung einer Fregatte zu würdigen, die bei schwerer See einen über Bord gegangenen Kameraden unter Einsatz ihres Lebens birgt? Problematisch wird das Szenario vor allem dann, wenn sich Soldaten bewusst einer Gefährdung aussetzen, um anschließend ausgezeichnet zu werden. Dabei handelt es sich nicht um eine theoretische Annahme oder ein Konstrukt. Die „Geilheit auf die Gefechtsmedaille" ist vielmehr Einsatzrealität, sicher nicht bei allen, aber unbestritten bei einer signifikanten Größe[18].

Diese Sucht nach Bestätigung durch Überprofessionalisierung spiegelt sich auch in der, nach meinen Erfahrungen sehr unterschiedlichen Rezeption von Angehörigen der Bundeswehr, die im Dienst gestorben sind. Während das Ehrenmal der Bundeswehr in Berlin die mehr als 3200 „an den Folgen ihres Einsatzes für die Bundesrepublik Deutschland" ums Leben gekommenen Angehörigen der Bundeswehr würdigt und dies in einer bewusst nüchternen, ästhetisch distanzierten Form tut, richtet der „Wald der Erinnerungen" in Potsdam

---

[17] http://www.bundeswehr-journal.de/2015/tapferkeit-und-trauma-und-5782-gefechtsmedaillen/

[18] Mein Dank geht an zahlreiche Kameraden, die nicht genannt werden wollen, sowie an Vertreter des Deutschen Bundeswehrverbandes.

das Augenmerk auf die bislang 37 „durch Fremdeinwirkung" im Einsatz gefallenen Soldaten (von insgesamt 107, die in Einsätzen seit 1992 verstorben sind)[19].

Zwar kann ich mich nicht auf einen empirisch validen Befund stützen. Aber nach dem Besuch beider Orte mit mehreren Gruppen junger Offiziere, stellt sich für mich ein eindeutiges Bild: Der Wald der Erinnerungen wird deutlich positiver angenommen als das Ehrenmal am Bendlerblock. Die Gründe sind vielschichtig und haben sicherlich auch mit der Ästhetik zu tun. Wichtig ist aber auch, dass im Wald der Erinnerungen der konkrete Bezug zum zeitlich nahen Tod im Einsatz und die Einwirkung von Gewalt, in der Regel durch den Tod im Gefecht, im Mittelpunkt stehen. Das Ehrenmal in Berlin wird hingegen als Ort wahrgenommen, der den Tod des Soldaten eher abstrakt, über einen Zeitraum von 60 Jahren und primär verbunden mit dem Tod durch Ausbildung oder deren Folgen thematisiert.

Schließlich offenbaren die jüngsten Debatten über das Traditionsverständnis der Bundeswehr nicht nur große Unsicherheiten, sondern auch eine teilweise hilflos anmutende Suche nach Identität[20]. Auch hier sind die in der Regel meinungsfreudigen jungen Offiziere in der universitären Ausbildung ein guter Seismograph für gesellschaftlichen Wandel. Beispielhaft zeigen die immer wieder eingeworfenen Hinweise auf Konzepte einer „military ethics" (wie zum Beispiel in den US-Streitkräften), einer „Berufsethik sui generis" oder die lange sehr kontrovers geführte Diskussion über die Einführung einer Paradeuniform für Offiziere, dass die Frage nach dem beruflichen Selbstverständnis Leerstellen offenbart, denen wir mehr Aufmerksamkeit schenken müssen. Die Innere Führung, das wird in internen Gesprächsrunden teilweise offen gesagt, genüge den Anforderungen des Einsatzes nicht mehr, weil sie nicht zuletzt in Kampfsituationen wenig Hilfestellung liefere und kaum Vorbilder anbiete[21]. Der immer lauter werdende Wunsch nach Konkretion, nach Riten und Symbolen offenbart ein Suchen nach Handlungssicherheit, das wir nicht länger übergehen dürfen. Erinnerung braucht Dinglichkeit: Das gilt nicht nur für die

---

[19] Rogg 2015: 55-71.
[20] Beispielhaft Neitzel 2017: 42-44.
[21] Vgl. auch Hartmann 2015; ders. 2016.

Bezugspunkte eines kollektiven Gedächtnisses und elaborierte erinnerungspolitische Diskurse. Es gilt auch für das Schöpfen kollektiver und individueller Tradition.

Vor diesem Hintergrund stößt der gebetsmühlenartige Hinweis auf intellektuelle Konzepte auf taube Ohren. Die Gründe dafür sind vielschichtig, aber dazu gehört auch eine bei manchen erschreckend offen zur Schau gestellte antiintellektuelle Attitüde. Ein befreundeter Professor an der Helmut Schmidt Universität, selbst Reserveoffizier, sagte mir erst vor kurzem „Es fehlt an Empathie fürs Transzendente - und wo das nicht vorhanden ist, fällt es schwer, über ethische Fragen zu diskutieren." Dieser Thematik muss sich die Innere Führung zwingend und rasch annehmen. Es geht nicht nur darum, die Defizite und die Leerstellen im Auge zu behalten, sondern mehr noch darum, konkrete, verständliche Angebote zu machen, bevor das Vakuum anders und durch andere gefüllt wird.

3. Plädoyer für einen „vernetzten Bildungsansatz": Politische Bildung, Historische Bildung, Ethische Bildung

Der zweite Punkt ist mit dem ersten verschränkt, denn er ist ein klares Plädoyer für einen „vernetzten Bildungsansatz" in der Bundeswehr, der sich kurz zusammenfassen lässt[22]. Die von Baudissin so bildhaft eingängig als „innere Zurüstung" beschriebene Aufgabe der Inneren Führung würden wir heute mit dem Begriff „Resilienz" umschreiben[23]. Wir brauchen mehr Bildung in den Streitkräften, gerade weil wesentliche Felder durch Erziehung in der Familie, durch Schule, durch Vereinsleben oder Kirche nicht mehr bedient werden. Es nützt dabei herzlich wenig, wenn die Bundeswehr auf diese Defizite verweist, um sich damit von Verantwortung frei zu sprechen. Das tun wir bei der schon seit Jahren beklagten körperlichen Fitness auch nicht. Vielmehr antworten wir mit gezielter körperlicher Ertüchtigung vom ersten Tag an, damit die Soldatinnen und Soldaten ihren künftigen Aufgaben gewachsen sind.

---

[22] Dörfler Dierken 2012.
[23] Vgl. das Themenheft „Resilienz": if 2.2017.

Die Bundeswehr ist keine „Schule der Nation" im Sinne autoritärer oder ideologisch bestimmter Wertvorstellungen des 19. und 20. Jahrhunderts[24]. Aber sie kann und muss noch mehr tun, um aus Soldaten auch verantwortungsbewusst denkende und entsprechend handelnde Staatsbürger zu machen. Die hohe Verantwortung, die schon junge Soldaten als Ausbilder oder im Einsatz haben, rechtfertigt hier jede Mühe.

Mit der Aussetzung der Wehrpflicht sind wir zudem gezwungen, hier mehr zu tun. Bis weit in die 90er Jahre hinein konnte die Bundeswehr fast zwei Drittel ihrer Zeit- und Berufssoldaten über die Wehrpflicht rekrutieren (übrigens diametral entgegengesetzt zur NVA in den 70er und 80er Jahren)[25]. Die Wehrpflicht war damit nicht nur „Personalpool", sondern auch ein Filter: sowohl für den zukünftigen Militärprofi, der sich erst einmal ein Bild von der Bundeswehr machen konnte als auch für die Streitkräfte selbst, die aussortieren oder gezielt ansprechen und werben konnten. Heute hat die „Konkurrenz um die besten Köpfe" mit anderen Bedarfsträgern, wie zum Beispiel Bundes- und Landespolizei, zugenommen. Mit Blick auf die „Trendwende Personal" wird es nicht leichter, geeignetes Personal für die anspruchsvollen Aufgaben in der Bundeswehr zu gewinnen. Meine Erfahrung an der Bundeswehruniversität in Hamburg zeigt mir, dass wir trotz der hohen ethischen Ansprüche an den Soldatenberuf, trotz ausgezeichneter Ausbildungsangebote, finanzieller Sicherheit und vielfältiger Karrierechancen oft nur noch die zweite Wahl bekommen. Das ist, wie gesagt, mein subjektiver Eindruck nach fast 15 Jahren Lehrtätigkeit an der HSU, aber sie deckt sich mit der Wahrnehmung vieler Kolleginnen und Kollegen.

Was wir brauchen ist eine konzertierte und konzentrierte Bildungsagenda, in der zentralen Themen der Inneren Führung verstärkt und aufeinander bezogen sichtbar mehr Raum gegeben wird. Konkret geht es um Politische Bildung, historische Bildung und ethische Bildung. Allein in den Diskussionen zum Thema Tradition habe ich in den letzten Monaten erfahren müssen, wie dünn der Firnis historischen Wissens geworden ist. Gründliches historisches Wissen ist aber

---

[24] Frevert 2001.
[25] Vgl. Rogg 2009: 209-274.

eine zwingende Voraussetzung für politische Einordnung und Bewertung. Und ohne historische Bildung (das heißt: Wissen und Bewerten historischer Ereignisse und Prozesse) ist eine Traditionsstiftung im Sinne einer wertenden Auswahl aus der Geschichte nicht möglich. Beides, politische und historische Bildung, stößt bei den Soldatinnen und Soldaten auf offene Ohren, wenn die Inhalte konkret mit der eigenen Erlebniswelt verknüpft sind[26]. Historische und politische Bildung macht resistent gegen jede Form von politischem Extremismus – wie wichtig das ist, haben wir gerade in der jüngsten Vergangenheit schmerzhaft erfahren dürfen.

Und schließlich plädiere ich für eine verstärkte ethische Ausbildung in den Streitkräften. Dieses Thema wurde in der Vergangenheit dankbar an die Militärseelsorgen „abgeschichtet", die mit ihrem Lebenskundlichen Unterricht zwar eine unverzichtbare Arbeit leisteten, doch weitgehend allein gelassen wurden. Ethische Bildung für Soldaten darf aber nicht bei der eher abstrakten Grundsatzfrage der Legitimation von Gewaltanwendung stehen bleiben. Was wir neben der allgemeinen Berufsethik auch brauchen, ist eine Ethik im Einsatz und damit in letzter Konsequenz eine Ethik im Kampf. Diesem Thema haben sich Bundeswehr und Militärseelsorge bislang nur sehr zögerlich gestellt[27]. Dieser Befund verwundert einmal mehr, denn ein ethisches Fundament sorgt in Grenzsituationen für Handlungssicherheit und damit für ein professionelleres agieren. Der Kommandeur ZInFü, Generalmajor Zudrop hat es jüngst auf den Punkt gebracht: „Wir sind gut beraten, wenn wir politische Bildung und Lebenskundlichen Unterricht mehr als bisher als scharfes Schwert gegen Populismus und Indoktrination verstehen und tatsächlich auch nutzen"[28].

4. Mannschaften, Unteroffiziere und Feldwebel: der „verlorene Haufen" der Inneren Führung

Neben Identität und Bildung zielt mein dritter Punkt auf die Gruppe, die man beim Kriegsvolk der Frühen Neuzeit des 16. und 17. Jahr-

---

[26] Vgl. die Überlegungen von Naumann 2017: 34-47.
[27] Ein beispielhafter Ansatz der kritischen Auseinandersetzung bei Uslar & Walther 2012.
[28] if 2.2017: 4.

hunderts als „verlorenen Haufen" bezeichnet hat[29]. Der verlorene Haufen war die Speerspitze, die Avantgarde, der Hauptträger des Gefechts; aber damit auch der „abgeschriebene" Teil der Streitmacht. Diese abgehängte Truppe scheint mir im Wirkungsfeld der Inneren Führung die Gruppe der Mannschaften und Unteroffiziere zu sein. Schon dann, wenn wir nur auf die Vermittlungsangebote schauen, auf Ausbildungsmittel zur politischen und historischen Bildung oder zur Ethik, dann sehen wir die größte Gruppe der Soldaten stark unterrepräsentiert[30].

Während das verdienstvolle erste Lehrbuch zur Militärgeschichte für die Bundeswehr, die „Grundzüge deutscher Militärgeschichte" 1993 auf dem Markt kam, dauerte es nicht weniger als 20 Jahre, bis mit dem „Kompass Militärgeschichte" ein vergleichbares Werk für Unteroffiziere zur Verfügung stand[31]. Bei den Unterrichtsmitteln in der politischen und ethischen Bildung steht es kaum besser. In den letzten Jahren hat der Stundenanteil in der historischen und politischen Bildung an den Unteroffizierschulen der Bundeswehr erfreulicherweise zugenommen, er liegt aber immer noch deutlich unter dem für Offiziere. Die Mannschaftssoldaten fallen in diesem Feld der Ausbildung völlig durch das Raster – und fühlen sich offenbar auch nicht mitgenommen[32]. Dieses Defizit ist alarmierend, denn die Unteroffiziere sind nicht nur „der Kitt, der eine Armee zusammen hält"[33]. Sie sind neben den Mannschaften auch die Hauptträger des Gefechts. Das Interesse an den Kernthemen der Inneren Führung ist auch bei Mannschaften und Unteroffizieren hoch. Es müsste aber mit attraktiven und damit auch niederschwelligen Angeboten bedient werden. So gibt es zwar ein vorzügliches Handbuch „Friedensethik im Einsatz"[34], das selbst für Fachleute schwere Kost bedeutet, aber eben kein Taschenbuch „Ethik im Einsatz für Praktiker". Dabei finden sich ermu-

---

[29] Rogg 2016: 47ff.
[30] Vgl. Dörfler-Dierken 2015; dies. 2017; in dieser Hinsicht folge ich Stoltenow 2017: 28.
[31] Neugebauer (Hg.) 1993; Rogg 2013.
[32] Vgl. Suche nach dem Fundament. Was Mannschafter über Tradition denken, in: JS Magazin. Die evangelische Zeitschrift für junge Soldaten, 02.2018.
[33] Das Zitat wird Napoleon zugeschrieben, zum Kontext vgl. Klein 2006: 473.
[34] Evangelisches Kirchenamt für die Bundeswehr 2010.

tigende Beispiele, wie das jüngst vom Zentrum für Militärgeschichte und Sozialwissenschaften herausgegebene Heft „Innere Führung – konkret"[35]. Solche Projekte und Produkte machen Mut und zeigen zugleich, wo wir dringend anpacken müssen. Die Ausbildung und Vermittlungsarbeit wird noch zu stark ‚top down‘ und zu wenig ‚bottom up‘ gedacht. Erst wenn wir wissen, wie die Basis mit ihren politischen und historischen Selbst- und Leitbildern „tickt" können wir die Abholpunkte für unsere Lerninhalte, Formate und Produkte definieren und mehr Freiräume für die politische, historische und ethische Bildung in den Streitkräften einfordern. Dieser Prozess kann nur gelingen, wenn er ernstgemeint als bundeswehrgemeinsame, hierarchiedurchlässige Aufgabe begriffen wird.

5. Zusammenfassung

- Die Innere Führung ist, allen kritischen Einwänden zum Trotz, die richtige Antwort auf die sicherheitspolitischen und militärischen Herausforderungen des 21. Jahrhunderts; sie funktioniert aber nur, wenn sie vorgelebt und erlebbar gemacht wird.

- Die Attraktivität des Soldatenberufs hängt nicht primär von Verdienst, sozialer Sicherheit oder qualifizierter Ausbildung ab. Ungleich wichtiger ist, das eigene Tun als sinnvoll und gesellschaftlich akzeptiert zu verstehen. Darum brauchen wir eine Profilierung der eigenen Identität und Berufsethik.

- Wir brauchen eine neue Bildungsoffensive im Sinne eines „vernetzten Bildungsansatzes". Historische, politische und ethische Bildung müssen dabei miteinander verschränkt werden, und zwar in <u>allen</u> Bereichen.

- Auf allen Ebenen der Inneren Führung müssen wir den Unteroffizieren und Mannschaften mehr Aufmerksamkeit widmen, damit aus der „Speerspitze" kein „verlorener Haufen" wird.

- Wir brauchen mehr offene Diskussionen, mehr Sichtbarkeit der Soldaten in der Öffentlichkeit und im Alltag, um verloren gegan-

---

[35] Zentrum für Militärgeschichte und Sozialwissenschaften der Bundeswehr (Hg.) 2017.

genes Vertrauen wieder zu gewinnen. Um im militärischen Sprachgebrauch zu bleiben: mehr „Flagge zeigen" und mehr „Farbe bekennen"!

Literatur

Anonym (2011): „Nicht nur vom Einsatz her denken", in: FAZ vom 15.04.2011.

Anonym (2018): Suche nach dem Fundament. Was Mannschafter über Tradition denken, in: JS Magazin. Die evangelische Zeitschrift für junge Soldaten 2, 8-11.

Baudissin, Wolf Graf von (2014): Grundwert Frieden in Politik - Strategie - Führung von Streitkräften, hg. von Claus von Rosen, Berlin.

Bohnert, Marcel & Reinstetter, Lukas J. (Hg.) 2014: Armee im Aufbruch: Zur Gedankenwelt junger Offiziere in den Kampftruppen der Bundeswehr, Berlin.

Creveld, Martin van (2005): Kampfkraft, Militärische Organisation und Leistung der deutschen und amerikanischen Armee 1939-1945, Graz.

Dörfler-Dierken, Angelika (2012), Bildung in der Bundeswehr: politisch, historisch, ethisch, in: Jahrbuch Innere Führung 2012, 102ff.

Dörfler-Dierken, Angelika (2015): Der strategische Gefreite, in: Jahrbuch Innere Führung, 149ff.

Dörfler-Dierken, Angelika (2017): Inszenierungen des Tabubruchs. Was sind die Ursachen für unethisches Verhalten in der Kameradengruppe? Fünf Deutungsansätze, in: Zur Sache Bw 2, 50-54.

Dörfler-Dierken, Angelika & Kümmel, Gerhard (Hg.) 2010: Identität, Selbstverständnis, Berufsbild. Implikationen der neuen Einsatzrealität für die Bundeswehr, Wiesbaden.

EKD (2017): Konsens und Konflikt: Politik braucht Auseinandersetzung.

Evangelisches Kirchenamt für die Bundeswehr (2010): Friedensethik im Einsatz. Ein Handbuch der Evangelischen Seelsorge in der Bundeswehr, München.

Frevert, Ute (2001): Die kasernierte Nation. Militärdienst und Zivilgesellschaft in Deutschland, München.

Ganser, Helmut W. (1980): Technokraten in Uniform. Die innere Krise der Bundeswehr, Reinbek bei Hamburg.

Hartmann, Uwe (2015): Hybride Kriege als neue Bedrohung von Freiheit und Frieden: Zur Relevanz der Inneren Führung in Politik, Gesellschaft und Streitkräften, Berlin, 71ff.

Hartmann, Uwe (2016): Innere Führung und Hybride Kriegführung, in: Jahrbuch Innere Führung, Berlin, 137ff.

Herberg-Rothe, Andreas (2017): Der Krieg. Geschichte und Gegenwart. Eine Einführung, Frankfurt a.M.
https://www.ekd.de/ekd_de/ds_doc/20170814_konsens_und_konflikt.pdf

Klein, Paul (2006), Unteroffiziere als Führer Ausbilder und Erzieher sowie als Fachleute in Technik und Verwaltung, in: Handbuch Militär- und Sozialwissenschaft, hg. von Sven Bernd Gareis & Paul Klein, 2. erw. Aufl., Wiesbaden, 473.

Meißner, Burkhard (2015): „Aufbruch wohin?", in: if 2.2015, 5-10.

Nägler, Frank (2007): Muster des Soldaten und Aufstellungskrise, in: Die Bundeswehr 1955 bis 2005. Rückblenden, Einsichten, Perspektiven, hg. von Frank Nägler, München.

Nägler, Frank (2011): Der gewollte Soldat. Personelle Rüstung und Innere Führung in den Aufbaujahren der Bundeswehr 1956 bis 1964/65, München.

Naumann, Klaus (2017): Die Qual der Traditionswahl. Wie viel Wehrmacht braucht die Bundeswehr?, in: Zur Sache Bw 2, 34-47.

Naumann, Klaus (2017): Innere Führung 4.0: Gedanken zum Konzept des Staatsbürgers in Uniform, in: if 60, 14-21.

Neitzel, Sönke (2017): "Die sollen töten können", in: Der Spiegel, Nr. 29, 42-44.

Neugebauer, Karl-Volker (Hg.) 1993: Grundzüge der deutschen Militärgeschichte. 2 Bände, Freiburg i.Br.

Ohm, Dieter (2010): Soldatische Identität – normativ, in: Dörfler-Dierken & Kümmel (Hg.) 2010: 41-46.

Reeb, Hans-Joachim (2015): 60 Jahre Innere Führung: Das Wesensmerkmal der Bundeswehr im Lauf der Geschichte, in: if 59, 23-30.

Rogg, Matthias (2009): Armee des Volkes? Militär und Gesellschaft in der DDR, Berlin, 2. Aufl., 209-274.

Rogg, Matthias (2013): Kompass Militärgeschichte. Ein historischer Überblick für Einsteiger, Freiburg i.Br. (3., überarb. Aufl. 2017).

Rogg, Matthias (2015): Totengedenken in der Bundeswehr – der lange Weg zum Ehrenmal, in: Der Zweite Weltkrieg. Last oder Chance der Erinnerung? Widerspruch gegen das Ehrenmal der 35. Infanterie-Division Karlsruhe. Symposium am 6. November 2014 in der Erinnerungsstätte Ständehaus, hg. vom Stadtarchiv Karlsruhe, Karlsruhe, 55-71.

Rogg, Matthias (2016): Avantgarde - from battle ground to art term, in: The Power of the Avantgarde - now and then, Katalog der gleichnamigen Ausstellung im BOZAR, Brüssel, 47ff.

Schreiber, Wolfgang (2016): Der neue unsichtbare Krieg. Zum Begriff der „hybriden Kriegführung", in: APuZG 35-36, 11-15.

Stachelbeck, Christian (2010): Militärische Effektivität im Ersten Weltkrieg. Die 11. Bayerische Infanteriedivision 1915 bis 1918, Paderborn 2010.

Stoltenow, Sascha (2017): Einhegung statt Identitätsstiftung. Die Innere Führung gilt vielen als Erfolgsgeschichte, doch viele Soldaten hadern mit ihr. Warum ist das so? In: Zur Sache Bw, 2.2017, 26-29.

Stöver, Bernd (2010): Der Kalte Krieg 1947 bis 1991. Geschichte eines radikalen Zeitalters, München.

Uslar, Rolf von & Walther, Marc-André (2012): Kampfmoral: Voraussetzung für das Bestehen im Einsatz, in: Jahrbuch Innere Führung 2012. Der Soldatenberuf im Spagat zwischen gesellschaftlicher Integration und suis generis-Ansprüchen, Berlin, 73-89.

Zentrum für Militärgeschichte und Sozialwissenschaften der Bundeswehr (2017) Hg.: Innere Führung – konkret.

Zur Sache Bw (2017): Schwerpunktthema „Was den Laden zusammenhält. Wie viel Gemeinsamkeit brauchen wir - und wie viel Konflikt?" Frankfurt a.M., H. 2.

Autorenregister

Angelika **Dörfler-Dierken** (Prof. Dr.), Ev. Theologin, ist Projektbereichsleiterin für Innere Führung – Ethik – Militärseelsorge im Forschungsbereich Sicherheitspolitik und Streitkräfte am ZMSBw in Potsdam und apl. Prof. am Fachbereich Evangelische Theologie der Universität Hamburg.

Martin **Elbe** (Prof. Dr.), Dipl.-Kaufmann und Soziologe, ist Projektleiter für Organisationspsychologie am ZMSBw in Potsdam im Forschungsbereich Militärsoziologie. Seine Arbeitsschwerpunkte sind Militärsoziologie und Sozialpsychologie.

Philipp **Fritz,** Ethnologe, promoviert an der Goethe-Universität Frankfurt am Main mit dem Schwerpunkt „Militärethnologie". Neben seiner wissenschaftlichen Tätigkeit am Frankfurter Forschungszentrum Globaler Islam (FFGI) am Exzellenzcluster "Die Herausbildung normativer Ordnungen" an der Goethe-Universität Frankfurt ist er Oberleutnant der Reserve.

Jan Peter **Gülden**, Historiker, ist Hauptmann a.D. Er diente in verschiedenen Funktionen über mehrere Jahre als Offizier in der Luftlandetruppe. Nach seiner Zeit als Offizier der Bundeswehr studierte er Friedensforschung und Sicherheitspolitik und ist heute am Zentrum für Ethische Bildung der Bundeswehr (ZEBIS) wissenschaftlicher Redakteur für das E-Journal ‚Ethik und Militär'.

Hildegard **Hamdorf-Ruddies**, Ev. Theologin, hat jahrzehntelang das Seelsorgeseminar der Mitteldeutschen Kirche in Halle geleitet.

Gerhard **Kümmel** (Dr.), Sozialwissenschaftler, ist Leiter des Projektbereichs Wandel von Streitkräften im Forschungsbereich Militärsoziologie am ZMSBw und Lehrbeauftragter im Studiengang Militärsoziologie an der Universität Potsdam.

Matthias **Rogg** (Prof. Dr.), Historiker, Oberst und geschäftsführender Vorstand des neu gegründeten German Institute for Defense and Strategic Studies (GIDS), zugleich Professor für Neuere und neueste Geschichte an der Helmut-Schmidt-Universität, Universität der Bundeswehr in Hamburg.

Dierk **Spreen** (PD Dr.), Soziologe und Politologe. Schwerpunkte seines wissenschaftlichen Interesses sind Sicherheits- und Militärsoziologie, Mediensoziologie und die Soziologie der artifiziellen Gesellschaft.

Meike **Wanner** (Dr.), Soziologin, ist Projektleiterin im Projektbereich Innere Führung – Ethik – Militärseelsorge im Forschungsbereich Sicherheitspolitik und Streitkräfte am ZMSBw in Potsdam. Forschungsinteressen: Quantitative und qualitative Methoden der empirischen Sozialforschung, Innere Führung, Sicherheitspolitik, Meinungsklimaforschung, Medienwirkungsforschung.

Jens **Warburg** (PD Dr.) ist Sozialwissenschaftler und Publizist. Schwerpunkte seines wissenschaftlichen Interesses sind Soziologie des Krieges, Militärsoziologie und Sozialpsychologie.

Carola Hartmann Miles-Verlag

Militär und Gesellschaft

Uwe Hartmann, *Innere Führung. Erfolge und Defizite der Führungsphilosophie für die Bundeswehr,* Berlin 2007.

Hans-Christian Beck, Christian Singer (Hrsg.), *Entscheiden – Führen – Verantworten. Soldatsein im 21. Jahrhundert,* Berlin 2011.

Eberhard Birk, Winfried Heinemann, Sven Lange (Hrsg.), *Tradition für die Bundeswehr. Neue Aspekte einer alten Debatte,* Berlin 2012.

Angelika Dörfler-Dierken, *Führung in der Bundeswehr,* Berlin 2013.

Wolf Graf von Baudissin, *Grundwert Frieden in Politik – Strategie – Führung von Streitkräften,* hrsg. von Claus von Rosen, Berlin 2014.

Marcel Bohnert, Lukas J. Reitstetter (Hrsg.), *Armee im Aufbruch. Zur Gedankenwelt junger Offiziere in den Kampftruppen der Bundeswehr,* Berlin 2014.

Arjan Kozica, Kai Prüter, Hannes Wendroth (Hrsg.), *Unternehmen Bundeswehr? Theorie und Praxis (militärischer) Führung,* Berlin 2014.

Angelika Dörfler-Dierken, Robert Kramer, *Innere Führung in Zahlen. Streitkräftebefragung 2013,* Berlin 2014.

Phil C. Langer, Gerhard Kümmel (Hrsg.), *„Wir sind Bundeswehr." Wie viel Vielfalt benötigen/vertragen die Streitkräfte?,* Berlin 2015.

Alois Bach, Walter Sauer (Hrsg.), *Schützen.Retten.Kämpfen. Dienen für Deutschland,* Berlin 2016.

Marcel Bohnert, Björn Schreiber (Hrsg.), *Die unsichtbaren Veteranen. Kriegsheimkehrer in der deutschen Gesellschaft,* Berlin 2016.

Donald Abenheim and Carolyn Halladay, *Soldiers, War, Knowledge and Citizenship: German-American Essays on Civil-Military Relations,* Berlin 2017.

Dirk Freudenberg, *Theorie des Irregulären. Erscheinungen und Abgrenzungen von Partisanen, Guerillas und Terroristen im Modernen Kleinkrieg sowie Entwicklungstendenzen der Reaktion,* 3 Bde., Berlin 2018.

Erinnerungen und Tradition

Blue Braun, *Erinnerungen an die Marine 1956–1996,* Berlin 2012.

Harald Volkmar Schlieder, *Kommando zurück!,* Berlin 2012.

Klaus Grot, *So war's, damals. Dienstchronik eines Pionieroffiziers im Kalten Krieg 1954–1991,* Berlin 2014.

Gustav Lünenborg, *Bürger und Soldat. Innere Führung hautnah 1956–1993, 1993–2015,* Berlin 2015.

Adolf Brüggemann, *Als Offizier der Bundeswehr im Auswärtigen Dienst. Meine Erinnerungen als Militärattaché in Seoul (Republik Korea) 1978–83 und in Prag (Tschechoslowakei/Tschechien) 1988–1993,* Berlin 2015.

Rainer Buske, *Eine Reise ins Innere der Bundeswehr. Wundersame Geschichten aus einer anderen Welt,* Berlin 2016.

Heinz Laube, *Duell am Himmel,* Berlin 2016.

Viktor Toyka, *Dienst in Zeiten des Wandels. Erinnerungen aus 40 Jahren Dienst als Marineoffizier 1966-2000,* Berlin 2017.

Dieter Hanel, *Military Link. Sicherheitspolitische Zeitreise eines Offiziers und Rüstungsmanagers,* Berlin 2018.

Joachim Welz, *Vom Kontingentsheer zum Reichsheer: Militärkonventionen als Motor der Wehrverfassung,* Berlin 2018.

Donald Abenheim, Uwe Hartmann (Hrsg.), *Tradition in der Bundeswehr. Zum Erbe des deutschen Soldaten und zur Umsetzung des neuen Traditionserlasses,* Berlin 2018.

Jahrbuch Innere Führung

Uwe Hartmann, Claus von Rosen, Christian Walther (Hrsg.), *Jahrbuch Innere Führung 2009. Die Rückkehr des Soldatischen,* Eschede 2009.

Helmut R. Hammerich, Uwe Hartmann, Claus von Rosen (Hrsg.), *Jahrbuch Innere Führung 2010. Die Grenzen des Militärischen,* Berlin 2010.

Uwe Hartmann, Claus von Rosen, Christian Walther (Hrsg.), *Jahrbuch Innere Führung 2011. Ethik als geistige Rüstung für Soldaten,* Berlin 2011.

Uwe Hartmann, Claus von Rosen, Christian Walther (Hrsg.), *Jahrbuch Innere Führung 2012. Der Soldatenberuf zwischen gesellschaftlicher Integration und suis generis-Ansprüchen,* Berlin 2012.

Uwe Hartmann, Claus von Rosen (Hrsg.), *Jahrbuch Innere Führung 2013. Wissenschaften und ihre Relevanz für die Bundeswehr als Armee im Einsatz,* Berlin 2013.

Uwe Hartmann, Claus von Rosen (Hrsg.), *Jahrbuch Innere Führung 2014. Drohnen, Roboter und Cyborgs – Der Soldat im Angesicht neuer Militärtechnologien*, Berlin 2014.

Uwe Hartmann, Claus von Rosen (Hrsg.), *Jahrbuch Innere Führung 2015. Neue Denkwege angesichts der Gleichzeitigkeit unterschiedlicher Krisen, Konflikte und Kriege*, Berlin 2015.

Uwe Hartmann, Claus von Rosen (Hrsg.), *Jahrbuch Innere Führung 2016. Innere Führung als kritische Instanz*, Berlin 2016.

Uwe Hartmann, Claus von Rosen (Hrsg.), *Jahrbuch Innere Führung 2017. Die Wiederkehr der Verteidigung in Europa und die Zukunft der Bundeswehr*, Berlin 2017.

Standpunkte und Orientierungen

Daniel Giese, *Militärische Führung im Internetzeitalter – Die Bedeutung von Strategischer Kommunikation und Social Media für Entscheidungsprozesse, Organisationsstrukturen und Führerausbildung in der Bundeswehr*, Berlin 2014.

Dirk Freudenberg, *Auftragstaktik und Innere Führung. Feststellungen und Anmerkungen zur Frage nach Bedeutung und Verhältnis des inneren Gefüges und der Auftragstaktik unter den Bedingungen des Einsatzes der Deutschen Bundeswehr*, Berlin 2014.

Uwe Hartmann (Hrsg.), *Lernen von Afghanistan. Innovative Mittel und Wege für Auslandseinsätze*, Berlin 2015.

Fouzieh Melanie Alamir, *Vernetzte Sicherheit – Quo Vadis?*, Berlin 2015.

Hartwig von Schubert, *Integrative Militärethik. Ethische Urteilsbildung in der militärischen Führung*, Berlin 2015.

Uwe Hartmann, *Hybrider Krieg als neue Bedrohung von Freiheit und Frieden. Zur Relevanz der Inneren Führung in Politik, Gesellschaft und Streitkräften*, Berlin 2015.

Klaus Beckmann, *Treue.Bürgermut.Ungehorsam. Anstöße zur Führungskultur und zum beruflichen Selbstverständnis in der Bundeswehr*, Berlin 2015.

Florian Beerenkämper, Marcel Bohnert, Anja Buresch, Sandra Matuszewski, *Der innerafghanische Friedens- und Aussöhnungsprozess*, Berlin 2016.

Martin Sebaldt, *Nicht abwehrbereit. Die Kardinalprobleme der deutschen Streitkräfte, der Offenbarungseid des Weißbuchs und die Wege aus der Gefahr,* Berlin 2017.

Christian J. Grothaus, *Der „hybride Krieg" vor dem Hintergrund der kollektiven Gedächtnisse Estlands, Lettlands und Litauens,* Berlin 2017.

Uwe Hartmann, *Der gute Soldat. Politische Kultur und soldatisches Selbstverständnis heute,* Berlin 2018.

Christian Bauer, Marcel Bohnert, Jan Pahl, *Vitalis Innere Führung! Zum Status Quo der Führungskultur in den deutschen Streitkräften,* Berlin 2018.

Militärgeschichte

Eberhard Kliem, Kathrin Orth, *"Wir wurden wie blödsinnig vom Feind beschossen". Menschen und Schiffe in der Skagerrakschlacht 1916,* Berlin 2016.

Eberhard Birk, *"Auf Euch ruht das Heil meines theuern Württemberg!". Das Gefecht bei Tauberbischofsheim am 24. Juli 1866 im Spiegel der württembergischen Heeresgeschichte des 19. Jahrhunderts,* Berlin 2016.

Eckhard Lisec, *Der Unabhängigkeitskrieg und die Gründung der Türkei 1919–1923,* Berlin 2016.

Hans Frank, Norbert Rath, *Kommodore Rudolf Petersen. Führer der Schnellboote 1942–1945. Ein Leben in Licht und Schatten unteilbarer Verantwortung,* Berlin 2016.

Eckhard Lisec, *Der Völkermord an den Armeniern im 1. Weltkrieg – Deutsche Offiziere beteiligt?,* Berlin 2017.

Ingo Pfeiffer, *Heinz Neukirchen. Marinekarriere an wechselnden Fronten,* Berlin 2017.

Siegfried Lautsch, *Grundzüge des operativen Denkens in der NATO. Ein zeitgeschichtlicher Rückblick auf die 1980er Jahre,* Berlin [2]2018.

Eckhard Lisec, *Die Türkische Armee – Von Mete Han (209 v. Chr.) über Atatürk zur Gegenwart,* Berlin 2018.

Joachim Welz, *Erfolgsstory oder Trauma – die Übernahme von Armeen. Lehren aus der Übernahme des österreichischen Bundesheeres in die Wehrmacht 1938 und der Reste der NVA in die Bundeswehr 1990,* Berlin 2018.

Georg Neuhaus, *Am Anfang war ein Speer. Eine Chronographie der Kriegs- und Militärtechnologien,* Berlin 2018.